职业教育汽车技术专业
"岗""课""赛""证"综合育人
新形态创新教材

智能网联汽车环境感知技术

李 卫　李欣欣　熊其兴　主编

天津出版传媒集团

天津科学技术出版社

内 容 提 要

本书主要内容包括：智能汽车环境感知技术的认识、环境感知传感器技术技能提升、智能网联汽车环境感知技术应用、智能网联汽车环境感知技术技能进阶、智能网联汽车技术相关考级链接。

本书可作为职业院校汽车专业教材，也可作为相关人员参考用书。

图书在版编目（CIP）数据

智能网联汽车环境感知技术 / 李卫，李欣欣，熊其兴主编. —天津：天津科学技术出版社，2021.5（2025.1重印）

ISBN 978-7-5576-8930-8

Ⅰ.①智… Ⅱ.①李… ②李… ③熊… Ⅲ.①汽车—智能通信网—教材 Ⅳ.①U463.67

中国版本图书馆 CIP 数据核字（2021）第 062060 号

智能网联汽车环境感知技术
ZHINENG WANGLIAN QICHE HUANJING GANZHI JISHU

责任编辑：李荔薇
责任印制：赵宇伦

出　　版：	天津出版传媒集团
	天津科学技术出版社
地　　址：	天津市西康路 35 号
邮　　编：	300051
电　　话：	（022）23332390
网　　址：	www.tjkjcbs.com.cn
发　　行：	新华书店经销
印　　刷：	昌昊伟业（天津）文化传媒有限公司

开本 889×1194　1/16　印张 13　字数 374 000
2025 年 1 月第 1 版第 2 次印刷
定价：48.00 元

Preface 前言

  自动驾驶作为汽车产业发展的必然趋势，受到全世界各国的追捧，跨界造车新闻屡见不鲜，与之相关的产业链也在蓬勃发展；自动驾驶汽车技术是一项庞大且复杂的系统工程，如果将自动驾驶车辆比作一个人的话，环境感知就是他的"五官"，是车辆与外界环境进行信息交互第一环节，正因为有了环境感知，车辆才不会成为"无头苍蝇"。

  正因环境感知对自动驾驶汽车来说至关重要，所以它也就成了智能网联汽车专业学生必须掌握的知识与技能；对于已经开设或准备开设"智能汽车技术应用""智能网联汽车技术""新能源汽车"等专业，"环境感知"就是核心专业课程和专业方向课之一；而市面上已经出版的"环境感知"的教材屈指可数，多偏向理论理念等开发研究，偏离了"实际应用"教学初心。

  编者通过走访各大企业院校，实地调研，了解用人岗位需求，编写了"智能网联汽车技术"系列丛书，学生在完成《智能网联汽车概论》《自动驾驶汽车技术》的学习，对自动驾驶环境感知有初步的、概括性的了解后，再通过本书学习，就能对自动驾驶汽车环境感知技术的核心——传感器与算法有了更进一步掌握。

  本教材以环境感知系统中激光雷达、毫米波雷达、超声波雷达、摄像头、高精地图、GPS、惯性导航等实物构造及感知原理入手，以实际工作内容为导向，以检测标定安装为技能点，对行人监测、车辆识别、车道线识别、信号灯识别等系统中传感器的工作原理、算法、应用、测试装调等进行深度剖析，辅以自适应巡航、碰撞预警系统、自动泊车系统与盲点辅助系统等常见故障诊断与排除，从"认知、提升、应用、进阶"四个阶段循序渐进地让学生掌握环境感知技术，为后续胜任智能汽车测试装调岗位奠定基础。

  《智能网联汽车环境感知技术》作为"智能汽车技术应用专业"学生的主要学习内容之一，也可适用于汽车维修、新能源汽车检测与维修等相近专业的学生作为方向课程进行学习，同时也可供从事自动驾驶汽车相关工作的工程技术人员参考和使用。

  最后，感谢所有参与本书编写、或提供相关参考资料的各位专家，正因为您们的全力支持，本书才能够顺利成稿。但在编写过程中，由于编委水平、时间、教材篇幅等原因涉及系统性问题在所难免，敬请广大读者不吝赐教便于及时修订。

编 者

编委会

主　审　何仁基

主　编　李　卫　李欣欣　熊其兴

副主编（排名不分先后）

　　　　　罗少辉　童晓红　唐志英

　　　　　郭　迪　李小静　程　亮

编　者（排名不分先后）

　　　　　张　智　郑永乐　梁　康

　　　　　李冠效　马　骏　杨永翀

　　　　　龙　乐　朱晓亮　黄芸良

　　　　　黄玉琅

Contents 目录

学习任务一　智能汽车环境感知技术的认识 1
　　学习点一　智能汽车环境感知概述 1
　　学习点二　环境感知系统组成 6

学习任务二　环境感知传感器技术技能提升 12
　　学习点一　视觉传感器专项技能 12
　　学习点二　超声波雷达专项技能 37
　　学习点三　毫米波雷达专项技能 45
　　学习点四　激光雷达专项技能 52
　　学习点五　GPS 定位系统专项技能 62
　　学习点六　惯性导航系统专项技能 71
　　学习点七　高精地图专项技能 79
　　学习点八　多传感器融合技术专项技能 93

学习任务三　智能网联汽车环境感知技术应用 100
　　学习点一　环境感知与识别概述 100
　　学习点二　行人检测 101
　　学习点三　车辆识别 114
　　学习点四　车道线识别 122
　　学习点五　信号灯识别 126

学习任务四　智能网联汽车环境感知技术技能进阶 131
　　学习点一　自适应巡航故障诊断与排除 131
　　学习点二　碰撞预警系统故障诊断与排除 135
　　学习点三　自动泊车系统与盲点辅助系统故障诊断与排除 140

学习任务五　智能网联汽车技术相关考级链接 146
　　学习点一　智能网联汽车测试装调职业技能等级证书 146
　　学习点二　新能源竞赛理论考试 148

参考文献 197

学习任务一　智能汽车环境感知技术的认识

学习点一　智能汽车环境感知概述

【情景描述】

环境感知作为实现自动驾驶的第一环节,处于智能驾驶车辆与外界环境信息交互的关键位置,其关键在于使智能驾驶车辆更好地模拟人类驾驶员的感知能力,从而理解自身和周边的驾驶态势,由此诞生了多种环境感知技术,而核心就是毫米波雷达、激光雷达、摄像头等环境感知传感器。

【学习目标】

知识目标:了解环境感知的目的、对象与方法。
能力目标:能够正确认识环境感知技术。

【知识链接】

导学视频

一、环境感知技术

自动驾驶四大核心技术,分别是环境感知、精确定位、路径规划、线控执行,如图1-1所示。

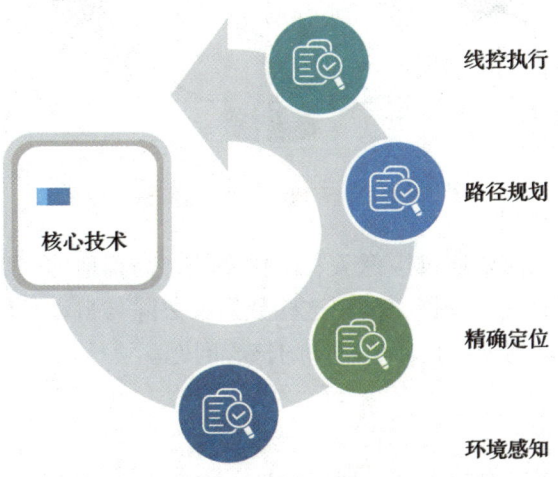

图1-1　自动驾驶四大核心技术

环境感知是其中被研究最多的部分，不过基于视觉的环境感知是无法满足无人汽车自动驾驶要求的。实际的无人驾驶汽车面对的路况远比实验室仿真或者试车场的情况要复杂很多，这就需要建立大量的数学方程。而良好的规划必须建立对周边环境，尤其是动态环境的深刻理解。

环境感知主要包括路面、静态物体和动态物体三个方面，如图1-2所示，涉及道路边界检测、车辆检测、行人检测等技术。特别是对于动态物体，不仅要检测还要对其轨迹进行追踪，并根据追踪结果，预测该物体下一步的轨迹（位置）。

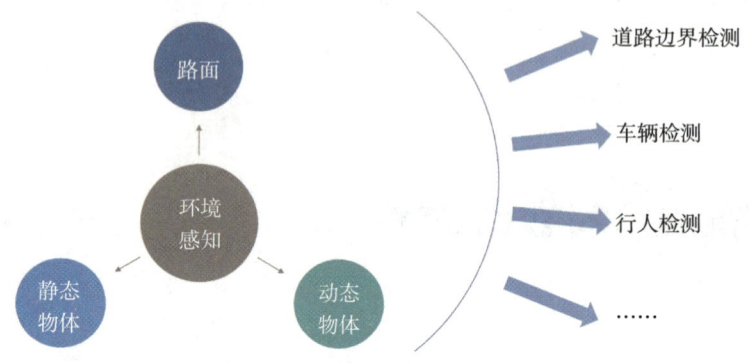

图1-2 环境感知对象及技术

环境感知所用到的传感器一般包括摄像头、激光雷达、毫米波雷达、超声波雷达等等，如图1-3所示，由于各个传感器的天然属性不同，具有各自的适应范围和局限性，单个传感器满足不了各种工况下的精确感知，车辆想要在各种环境下平稳运行，急需要运用到多种传感器融合技术，这项技术也是环境感知的关键所在。

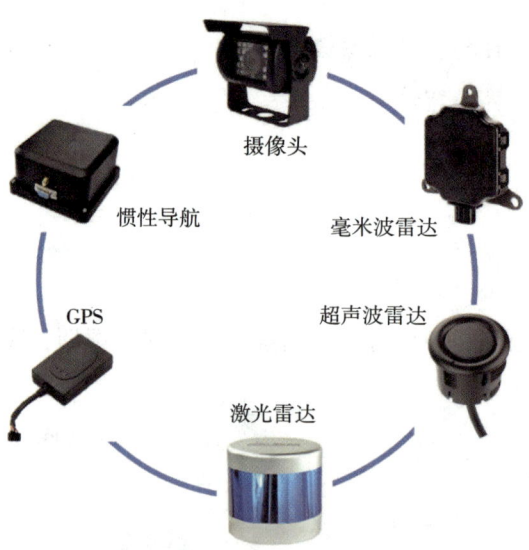

图1-3 环境感知的传感器

与此同时，智能驾驶车辆还需要通过摄像头、定位系统、高精地图来获取环境信息，数据形式包括图像、视频、点云等。而如何有效地挖掘、利用这些数据，去除与自动驾驶无关的冗余信息，抽取并融合对驾驶有用的信息，实现自动驾驶，是环境感知的核心问题。

二、环境感知的目的

环境感知是为了保证自动驾驶过程中良好的通过性、安全性、经济性和平顺性，见表1-1所列。

表 1-1 环境感知的目的

目的	含义
通过性	基于自身行驶性能和共识规则,能实时、可靠、准确识别并规划出路径方案,可保证车辆规范、安全、迅速到达目的地
安全性	在行驶过程中,能够实时、准确识别出行驶路径周边对行驶安全可能存在安全隐患的物体,为自身采取必要操作以避免发生交通安全事故
经济性	为车辆高效、经济的行驶提供参考依据
平顺性	为车辆平顺行驶提供参考依据

三、环境感知对象

环境感知对象主要包括行驶路径、周边物体、驾驶状态和驾驶环境等,如图1-4所示。

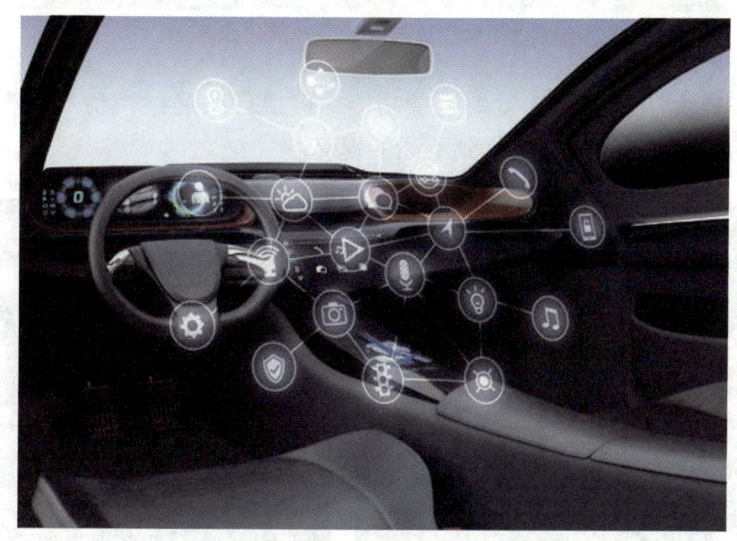

图 1-4 环境感知

1. 行驶路径

对于结构化道路而言,则包括行车线、道路边缘、道路隔离物、恶劣路况的识别;对于非结构化道路而言,则包括车辆欲行驶前方路面环境状况的识别和可行驶路径的确认。

2. 周边物体

包括车辆、行人、地面上可能影响车辆通过性、安全性的其他各种移动或静止物体的识别以及各种交通标志的识别。

3. 驾驶状态

包括驾驶员驾驶精神状态、车辆自身行驶状态的识别。

4. 驾驶环境

包括路面状况、道路交通拥堵情况、天气状况的识别。

四、环境感知方法

(一)视觉传感

基于机器视觉获取车辆周边环境两维或三维图像信息,通过图像分析识别技术对行驶环境进行感知,如图1-5所示。

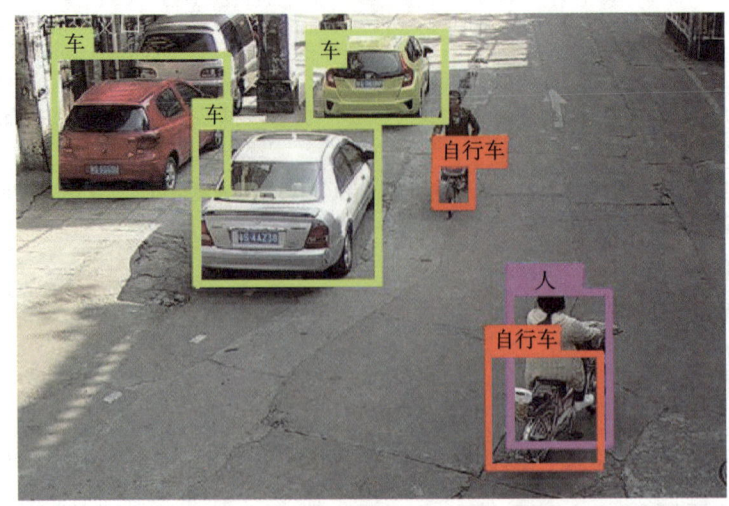

图 1-5 车载单目视觉 – 运动物体检测

虽然摄像头无法完成大脑和人体视觉的复杂功能，但摄像头通过模仿人体视觉系统，如图 1-6 所示，能获取绝大部分环境信息，处理能力得到不断的提高。

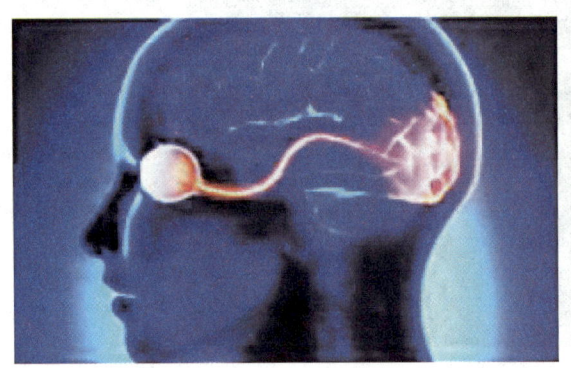

图 1-6 摄像头模仿人体视觉系统

（二）激光传感

基于激光雷达，如图 1-7 所示，获取车辆周边环境两维或三维距离信息，如图 1-8 所示，通过距离分析识别技术对行驶环境进行感知。

图 1-7 车载线扫描激光雷达检测前方障碍物

图1-8 车载三维激光雷达及环境感知成像

(三)微波传感

基于微波雷达获取车辆周边环境两维或三维距离信息,如图1-9所示,通过距离分析识别技术对行驶环境进行感知。

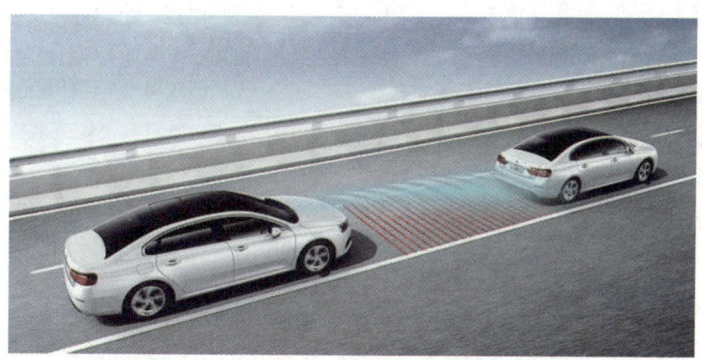

图1-9 微波传感技术

(四)通信传感

基于无线、网络等近、远程通信技术获取车辆行驶周边环境信息,如图1-10所示。

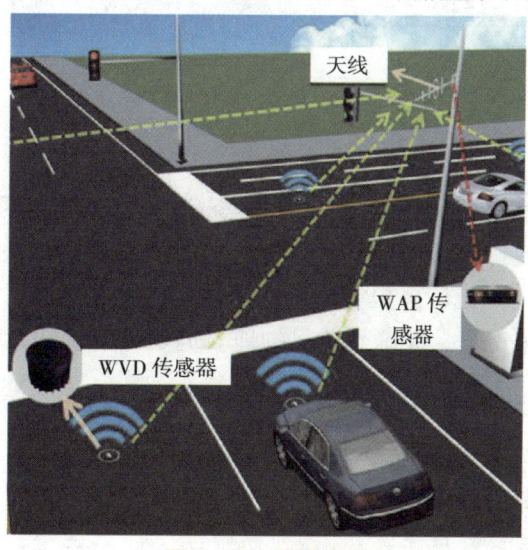

图1-10 通信传感

(五)融合传感

具体而言,多传感器融合就是将多个传感器获取的数据、信息集中在一起综合分析以便更加准确可靠地描述外界环境,从而提高系统决策的正确性。虽然在原理上看似简单,但是在自动驾驶场景中则显得充满挑战。多传感器融合,需要对每个传感器采集的信息进行快速处理,从而让高速行驶的汽车及时进行反馈动作,以应对突发的交通情况。由此可见,多传感器融合并不仅仅是硬件方面的协同配合,还包括决策层的算法和算力支持。

(六)环境感知方式的优缺点(表1-2)

表1-2 环境感知方式的优缺点

传感方式	优点	缺点
视觉传感	信息量丰富、实时性好、体积小、能耗低	易受光照环境影响、三维信息测量精度较低
激光传感	能够直接获取物体三维距离信息、测量精度高、对光照环境变化不敏感	无法感知无距离差异的平面内目标信息、体积较大、价格昂贵、不便于车载集成
微波传感	能够以较高精度直接获取物体三维距离信息、受光照环境变化影响小、实时性好、体积较小	无法感知无距离差异的平面内目标信息、国外成熟产品对我国禁运而难以获得
通讯传感	能够获取其他传感手段难以实现的宏观行驶环境信息、可实现车辆间信息共享、对环境干扰不敏感	可用于车辆自主导航控制的信息不够直接、实时性不高、无法感知周边车辆外其他物体信息
融合传感	能够获取丰富的周边环境信息、具有优良的环境适应能力、为安全快速自主导航提供可靠保障	感知系统过于复杂、难以集成、造价昂贵、实用性差

【练 习】

1. 自动驾驶为什么需要环境感知技术?
2. 环境感知的对象包括哪些?
3. 常用的环境感知方法包括哪些?

学习点二 环境感知系统组成

【情景描述】

环境感知技术是智能网联汽车关键技术之一,它是通过安装在智能网联汽车上的传感器或自组织网络,对道路、车辆、行人、交通标志、交通信号灯等进行检测和识别的技术,主要应用于先进驾驶辅助系统,如自适应巡航控制系统、车道偏离报警系统、道路保持辅助系统、汽车并线辅助系统、自动刹车辅助系统等,保障智能网联汽车安全、准确到达目的地。但是环境感知系统又是由哪些部件组成的呢?

【学习目标】

知识目标:了解车载传感器的组成。
能力目标:能够正确认识车载传感器。

【知识链接】

一、车载感知系统

智能驾驶汽车获取和处理环境信息主要用于状态感知和 V2X 网联通信。状态感知主要通过车载传感器对周边及本车环境状态信息进行采集和处理，主要包括交通状态感知和车身状态感知。然而，V2X 网联通信是结合现代通信与网络技术，实现智能驾驶车辆与外界设施以及车辆之间的互联互通、信息共享和协同控制。

其中，交通状态感知功能的实现，依赖于环境感知传感器以及相应的感知技术。环境感知是一个复杂的系统，它需要多种车载传感器实时获取周边环境的信息，通过多种算法处理和分析原始数据，给出最合理的决策。

因此，环境感知是硬件设备（即感知设备）和软件算法（即感知技术）的统一体。其中，硬件设备是感知的物理基础，主要指各种车载传感器，包括摄像头、激光雷达、毫米波雷达、超声波雷达、惯性系统、多传感器融合系统、多元信息交互系统等等。

一般而言，原始数据的质量越高，后续数据处理与分析模块的难度就越低，而获取高质量的数据离不开性能优异的车载传感器。由于各传感器的材料属性不同，原理功能不同，他们能够在不同的使用场景里发挥各自的优势。各个传感器能够分别获取不同局部信息，这些信息之间能够互相补充。多传感器融合取长补短，能够显著提供系统的冗余度和容错性，从而保证决策的快速性和正确性。多传感器融合是当前自动驾驶汽车采用的主流环境感知方案。

二、视觉传感器（摄像头）

人们通过感官从自然界获取各种信息，其中以人的视觉获取的信息量最多，约占信息总量的 80%。随着信息技术的发展，为计算机、机器人、智能汽车或其他智能机器赋予人类视觉功能，成为科学家们的奋斗目标。目前，机器视觉技术已经实现了产品化、实用化，镜头、高速相机、光源、图像软件、图像采集卡、视觉处理器等相关产品功能日益完善。

通过视觉传感器捕捉图像，然后将图像传送至处理单元，通过数字化处理，根据像素分布和亮度、颜色等信息，来进行尺寸、形状和颜色的判别，并根据判别结果进而控制生产设备的工作。视觉传感器的工作过程可以分为四个步骤：图像的检测、图像的分析、图像的绘制和图像识别。视觉传感器具有从一幅图像中捕获数以千计像素的能力。视觉信息一般通过光电检测转换为电信号，通过图像信息的变化可以对物体的形状位置等特征信息进行判定。

目前，使用比较多的视觉传感器是光接收装置及其各种摄像机，如光电二极管与光电转换器件、位置敏感探测器（PSD）、CCD 图像传感器、CMOS 图像传感器及其他的摄像元件。通过对拍摄到的图像进行处理，来计算对象物体的特征量（面积、重心、长度、位置、颜色等），并输出数据和判断结果。

要实现汽车根据视觉信息完成相应动作，就必须完成图像坐标系、工作平面坐标系、汽车坐标系三者之间的转换，将图像坐标系中的某点与工作平面坐标系中的相应点对应起来，并且最终都表示在汽车坐标系中。所以就需要进行摄像机的标定和坐标的提取，将图像坐标系和工作平面坐标系统一在汽车坐标系下。

目前，车载摄像头（图 1-11）能够识别行人、自行车、机

图 1-11 车载摄像头

动车、道路轨迹线、路牌、信号灯等环境信息,进而支撑实现车道保持、车道偏离预警、前向碰撞预警、行人碰撞预警、全景泊车、驾驶员疲劳预警等功能。

近年来,相机图像识别系统变得非常便宜,小巧且分辨率高。它们的颜色,对比度和光学字符的识别功能为其提供了一个全新的应用领域。在光线良好的情况下,它们具有最佳的传感器范围,但它们的范围和性能会随着光线水平变暗而降低,因此非常依赖于汽车前灯的光线,如图 1-12 所示。

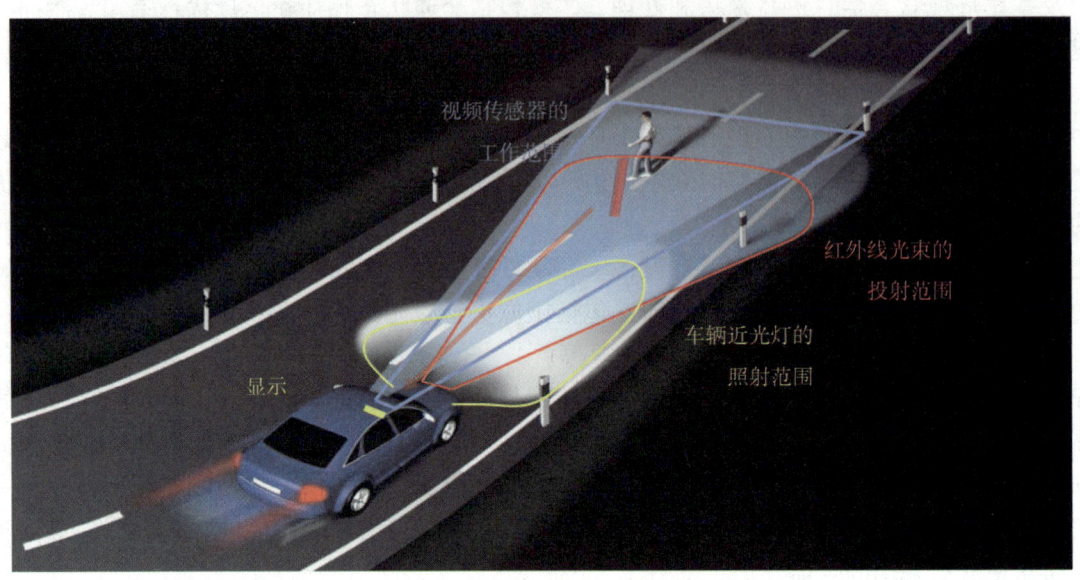

图 1-12　光线对相机图像识别系统的影响

三、超声波传感器

超声波传感器是利用超声波的特性,将超声波信号转换成其他能量信号的传感器,如图 1-13 所示,具有频率高、波长短、绕射现象小等特点,对液体、固体的穿透性较强,用于自动驾驶汽车可帮助车辆探测外部环境并指导车辆对此做出适当的反应。超声波传感器初期主要用于车辆制动辅助系统和倒车雷达,用来检测障碍物避免碰撞和擦蹭,目前已被研究应用在自动泊车和自动刹车系统。

图 1-13　超声波传感器信号传递

超声波的能量消耗较缓慢，在介质中传播的距离比较远，穿透性强，测距的方法简单，成本低。但是它在速度很高情况下测量距离有一定的局限性，这是因为超声波的传输速度容易受天气情况的影响，在不同的天气情况下，超声波的传输速度不同，而且传播速度较慢，当汽车高速行驶时，使用超声波测距无法跟上汽车的车距实时变化，误差较大。另一方面，超声波散射角大，方向性较差，在测量较远距离的目标时，其回波信号会比较的弱，影响测量精度。但是，在短距离测量中，超声波测距传感器具有非常大的优势。

目前来看，宝马最新的 i 系列和 7 系列已经支持使用车钥匙遥控汽车自动泊车，在操作过程中用户只需要发出前进或后退两个指示，汽车就会持续使用超声波传感器检测车位和障碍物，自动操作方向盘和制动器，实现自动泊车。大众第三代超声波半自动泊车系统，泊车辅助系统通常使用 6~12 个超声波雷达，车后部的 4 个短距超声波雷达负责探测倒车时与障碍物之间的距离，一侧的长距超声波雷达负责探测停车位空间。

超声波传感器的种类可分为较传统的等方性传感器以及工艺水平更高的异方性传感器。所谓的等方性传感器为水平角度与垂直角度相同，异方性传感器为水平角度与垂直角度不同。等方性传感器的缺点在于垂直照射角度过大，容易探测到地，无法侦测较远的距离。异方性超声波探头产生的超声波波形强弱较不易稳定，而容易产生误报警的情况。

等方性传感器——水平角度与垂直角度相同，例：120°：120°；
异方性传感器——水平角度与垂直角度不同，例：120°：60° 或 120°：45°

四、毫米波雷达

毫米波雷达，如图 1-14 所示，就是指工作频段在毫米波频段的雷达，测距原理跟一般雷达一样，也就是把无线电波（雷达波）发出去，然后接收回波，根据收发之间的时间差测得目标的位置数据。毫米波雷达就是这个无线电波的频率是毫米波频段的雷达。毫米波的频段比较特殊，其频率高于无线电，低于可见光和红外线，频率大致范围是 10~200GHz。目前，比较常见的车载领域的毫米波雷达频段有三类：24~24.25GHz、77GHz、79~81GHz。

图 1-14　毫米波雷达

其中 77GHz 的优势主要在于距离和速度测定的准确性，此外其角分辨率也更加精准。毫米波雷达可有效提取景深及速度信息，识别障碍物，有一定的穿透雾、烟和灰尘的能力，但在环境障碍物复杂的情况下，由于毫米波依靠声波定位，声波出现漫反射，导致漏检率和误差率比较高。

雷达无法进行颜色、对比度或光学字符识别,但是在确定当前实施中的交通相对速度方面非常有效,常用于自动驾驶 ADAS 系统中,如前方车辆和行人的检测与识别、主动防碰撞、自动巡航等功能。

五、激光雷达

雷达技术作为人类感知世界的"眼睛",具备对于人类视觉范围以外、中远距离的环境感知的能力,在现代军事和民用领域都扮演着重要的角色。众所周知的毫米波雷达、微波雷达、超声波雷达等传统技术发展历程较长,技术相对成熟,激光雷达(LiDAR)是以激光器为辐射源的雷达,它是在微波雷达技术的基础上发展起来的,两者在工作原理及结构上有许多相同之处,而不同之处从名字上就能反映出来(图1-15)。如图1-16所示,相比传统雷达的工作频段,光频段的波长较短,因而可以极大提高雷达的距离分辨力、角分辨力、速度分辨力,并且得益于激光的高方向性和高相干性,可以实现远距离抗干扰探测与测距。

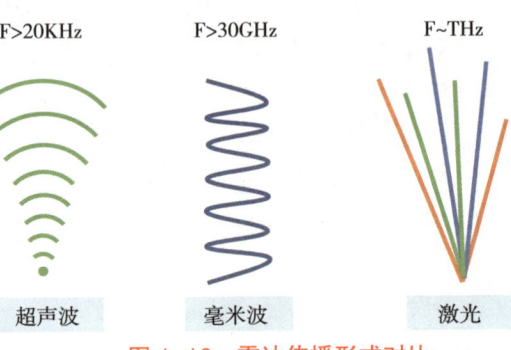

图1-15 激光雷达与传统雷达的区别　　　　图1-16 雷达传播形式对比

激光雷达测距和测速具有不同的工作方式,测距一般可以通过飞行时间法和三角法实现,调频连续波的探测方法则可以实现速度、距离的同时测量。通过高灵敏的探测手段,可以精确获得目标的距离、速度等信息,在导弹制导、测绘、无人驾驶等领域发挥重要的作用(图1-17)。

激光雷达在所有光线条件下都能很好地工作,但由于使用了光谱波长,它们会因为空气中的雪、雾、雨和尘埃颗粒的增加而失效。激光雷达无法检测颜色或对比度,也无法提供光学字符识别功能。

图1-17 扫描式车载激光雷达

六、惯性系统

摄像头、雷达等传感器都是闭环的,即从周边环境获取信息输送给车载处理器,处理器根据获取的信息做出决策和反馈。而惯性系统(惯性导航系统),如图1-18所示,不依赖外部信息,而是以陀螺仪和加速度计为敏感器件进行导航参数解算的系统,该系统根据陀螺仪的输出建立导航系统,根据加速度计的输出解算出运载体在导航坐标系中的速度和位置。

图 1-18　惯性导航模块

惯性导航系统以牛顿力学定律为基础，是一种推导式的导航方式：根据已知点的位置和速度，推算当前的加速度、速度和位置。惯性导航在室内、隧道内等 GPS 信号较弱的场景有着广泛的应用。由于不需要接收外界的信号，惯性导航的隐蔽性较好，基本不受天气条件的限制。但同样的，惯性导航系统的缺点也很明显，由于定位信息是通过对时间的积分获得的，因此误差会随着时间的积累而增加，因此需要利用外部信息辅助校正。

七、多传感器融合是主要方向

在实际行驶场景中，仅仅依赖一种类型的传感器获得的数据往往是不可靠的，且探测范围有限，不可避免地存在时空盲区。为保证环境感知系统实时获得可靠的数据，自动驾驶汽车一般采用多种传感器同时采集数据的方式。

然而多种传感器获得的信息具有互补性，同时也会存在矛盾。对于互补的信息，利用多元信息融合技术对原始数据进行分析、加权和综合，实现各个传感器优势互补，增大容错率，减小视野盲区。对于矛盾的信息，由于处理器在同一个时间点对于某个动作只能给出一个决策，因此必须对原始数据进行筛选和删减。

传感器融合的目的在于获得不同传感器的输入内容，并且使用组合在一起的信息来更加准确地感知周围环境。目前传感器融合主要采用数据级、特征级和决策级三级融合方式。

数据级融合又称像素融合，主要通过整合像素级别的图像，增加边缘、纹理等细节特征。数据融合的实现方式比较简单，但计算量大，对数据的格式也有着较高的要求。

特征级融合是指对原始数据提取的特征向量进行融合，对于特征的融合效果一般优于对原始数据的融合。

决策级融合是指根据多个传感器对同一目标的观察数据进行特征提取和逻辑运算，根据需求进行高级决策。

数据融合的前提是各种传感器之间的标定，其目的是实现各传感器坐标系之间的转换，将不同传感器映射到同一个时空参考系。

【练　习】

1. 环境感知是_____和_____的统一体。其中，_____是感知的物理基础，主要指各种_____。
2. 环境感知系统中的传感器包括哪些？

学习任务二　环境感知传感器技术技能提升

学习点一　视觉传感器专项技能

【情景描述】

摄像头在生活中随处可见，它应用到汽车上的时间也并不短，但随着自动驾驶汽车的提出，因为摄像头其独有的作用，可以实现众多预警、识别类ADAS功能，被我们称之为"智能驾驶汽车之眼"。

【学习目标】

知识目标：1. 了解摄像头的分类、特点与应用。
　　　　　2. 了解摄像头的结构与工作原理。
　　　　　3. 了解360影像监视系统的分类、组成与原理。
能力目标：1. 能够正确进行摄像头的标定、图像的处理与边缘检测。
　　　　　2. 能够正确进行360影像监视系统的安装与调试。
　　　　　3. 能够进行360影像监视系统的故障分析与处理。

【知识链接】

一、视觉传感器基础知识储备

（一）视觉传感器概述

1. 车载摄像头概述

视觉传感器，又称摄像机、摄像头，如图2-1所示，是将二维光强分布的光学图像转变成一维时序电信号的传感器。在自动驾驶中有着举足轻重的地位，就像人的眼睛一样，摄像头结合图像识别技术，能快速识别车辆、行人和交通标志。所以它也是实现众多预警、识别类ADAS功能的基础。

图2-1　摄像头

2. 车载摄像头分类

（1）按安装位置分

按安装位置不同（图 2-2），车载摄像头可分为内视摄像头、后视摄像头、前置摄像头、侧视摄像头、环视摄像头等。

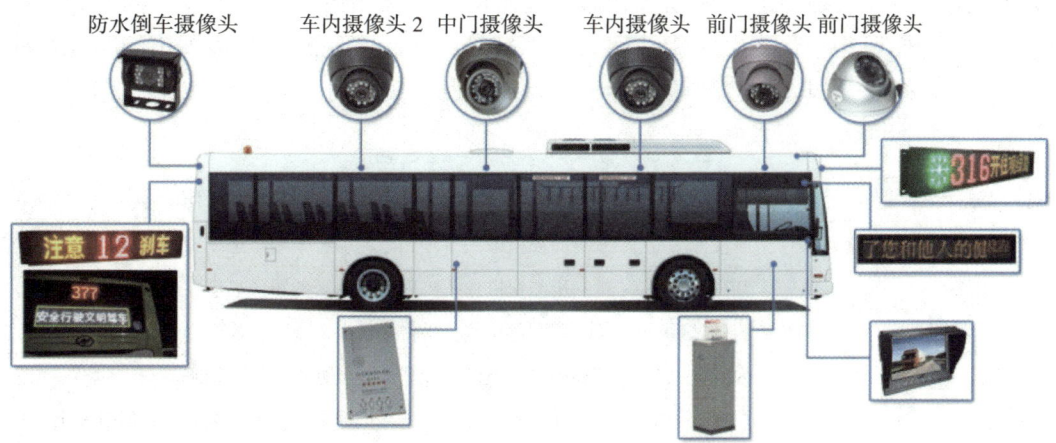

图 2-2 车载摄像头安装位置

（2）按摄像头数目分

按摄像头的数目可分为单目摄像头、双目摄像头、三目摄像头及环视摄像头（表 2-1）。

表 2-1 摄像头分类

类型	优势	劣势
单目摄像头	现有很多图像算法都是基于单目摄像头开发，相比于其他类型摄像头，算法成熟度高	视野完全取决于镜头；测距精度较低
双目摄像头	测距精度提高	视野完全依赖于镜头；对两个镜头的安装位置和距离要求较多，对标定要求高
三目摄像头	使用三个不同焦距的单目摄像头组合而成，每个摄像头有不同感知范围：前视窄视摄像头（250m）、前视主视摄像头（150m）及前视宽视摄像头（60m）	需要同时标定三个摄像头，工作量大；软件部分需关联三个摄像头数据，对算法要求高
环视摄像头	为鱼眼镜头，一般采用四个镜头安装于车辆的前后左右，图像采集后，经过图像拼接，可实现从车顶往下看的效果	感知范围不大，主要用于车身周围 5~10m 内的障碍物检测、自主泊车时的车位线识别等

（3）按成像部件分

按成像部件可分为两种：CCD 图像传感器摄像机与 CMOS 图像传感器摄像机，他们两者之间的区别见表 2-2 所列。

表 2-2 CCD 与 CMOS 图像传感器的区别

区别	CCD	CMOS	备注
信号类别	模拟信号	数字信号	
成像规则	镜成像	点成像	
感光度	0.1~3LUX	6~15LUX	CCD 感光度是 CMOS 的 3~10 倍
成像质量	采用 PN 结或二氧化硅隔离层隔离噪声，成像质量较好	CMOS 光电传感器集成度高，元件之间距离近，相互之间光、电、磁干扰严重，噪声对图像质量影响大	

3. 车载摄像头特点

优点：能分辨像素级别的颜色；成本低，信息量丰富、特征识别好。

缺点：获取准确三维信息难度大；受环境光限制比较大，速度、距离分辨率差。

4. 车载摄像头应用

车载摄像头是 ADAS 系统的主要视觉传感器，借由镜头采集图像后，由摄像头内的感光组件电路及控制组件对图像进行处理并转化为电脑能处理的数字信号，从而实现感知车辆周边的路况情况，实现前向碰撞预警，车道偏移报警和行人检测等 ADAS 功能，见表 2-3 所列。

表 2-3 摄像头实现的 ADAS 功能

ADAS 功能	使用摄像头	具体功能介绍
车道偏离预警 LDW	前视	当前视摄像头检测到车辆即将偏离车道线发出警报
盲点监测 BSD	侧视	利用侧视摄像头将后视镜盲区的影像显示在驾驶舱内
全景泊车 SVP	前视、侧视、后视	利用图像拼接技术将摄像头采集的影像组合成周边全景图
驾驶员检测系统 DM	内置	利用内置摄像头检测驾驶员是否疲劳、闭眼等
行人碰撞预警 PCW	前视	当前视摄像头检测到标记的前方行人可能发生碰撞时发出警报
车道保持辅助 LKA	前视	当前视摄像头检测到车辆即将偏离车道线时通知控制中心发出指示，纠正行驶方向
交通标志识别 TSR	前视、侧视	利用前视、侧视摄像头识别前方和两侧的交通标志
前向碰撞预警 FCW	前视	当前视摄像头检测到与前车距离过近时发出警报

（1）车道偏离预警（LDW）

车道偏离预警系统（Lane Detecting Waring）主要由 HUD 抬头显示器、摄像头、控制器以及传感器组成，如图 2-3 所示，当车道偏离系统开启时，摄像头（一般安置在车身侧面或后视镜位置）会时刻采集行驶车道的标识线，通过图像处理获得汽车在当前车道中的位置参数，当检测到汽车偏离车道时，传感器会及时收集车辆数据和驾驶员的操作状态，之后由控制器发出警报信号，整个过程大约在 0.5s 完成，为驾驶者提供更多的反应时间。而如果驾驶者打开转向灯，正常进行变线行驶，那么车道偏离预警系统不会做出任何提示。

图 2-3 车道偏离预警系统

（2）盲点监测（BSD）

盲点检测系统（Blind Spot Monitoring System）通过侧方摄像头或雷达将车左右后视镜盲区内的影像

显示在车内。如图 2-4 所示。

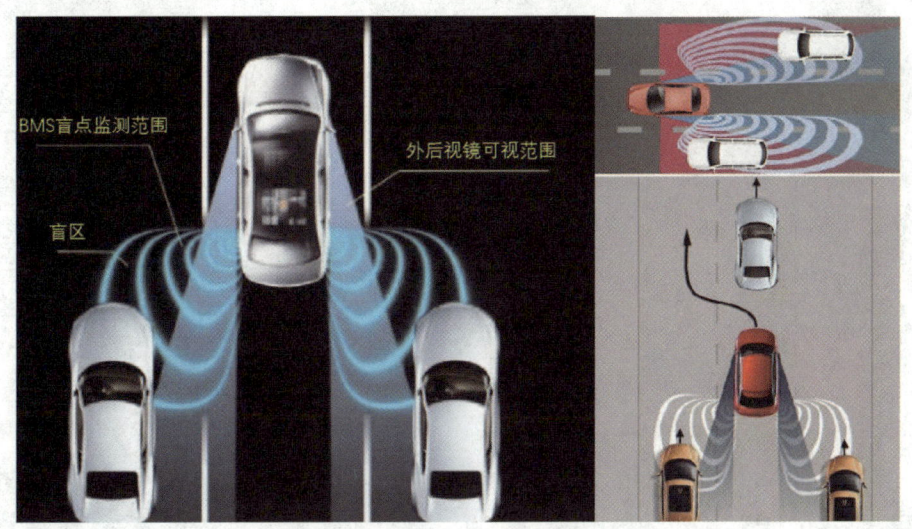

图 2-4　盲点检测系统

（3）全景泊车（SVP）

全景泊车停车辅助系统由安装在车身前后左右的四个超广角鱼眼摄像头，同时采集车辆四周的影像，如图 2-5 所示，经过图像处理单元畸变还原→视角转化→图像拼接→图像增强，最终形成一幅车辆四周无缝隙的 360°全景俯视图。在显示全景图的同时，也可以显示任何一方的单视图，并配合标尺线准确地定位障碍物的位置和距离。

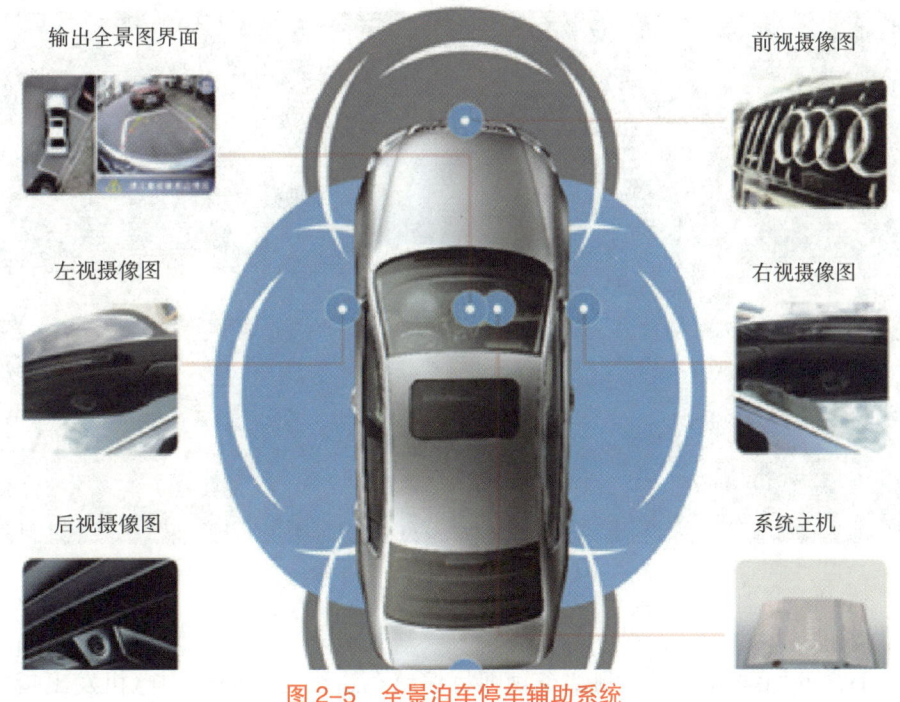

图 2-5　全景泊车停车辅助系统

（4）驾驶员注意力监测（DM）

驾驶员注意力监测系统通过监视驾驶员面部表情的方式来完成，也可以通过监视某些驾驶风格（例如：转向）来检测可能的睡意。如图 2-6 所示。

图 2-6　驾驶员注意力监测系统

（5）行人碰撞预警（PCW）

行人碰撞预警（Pedestrian Collision Warning）是当车辆检测到与行人距离过近即将碰撞时，发出警报，提示车辆驾驶员及时调整车辆运行状态。如图 2-7 所示。

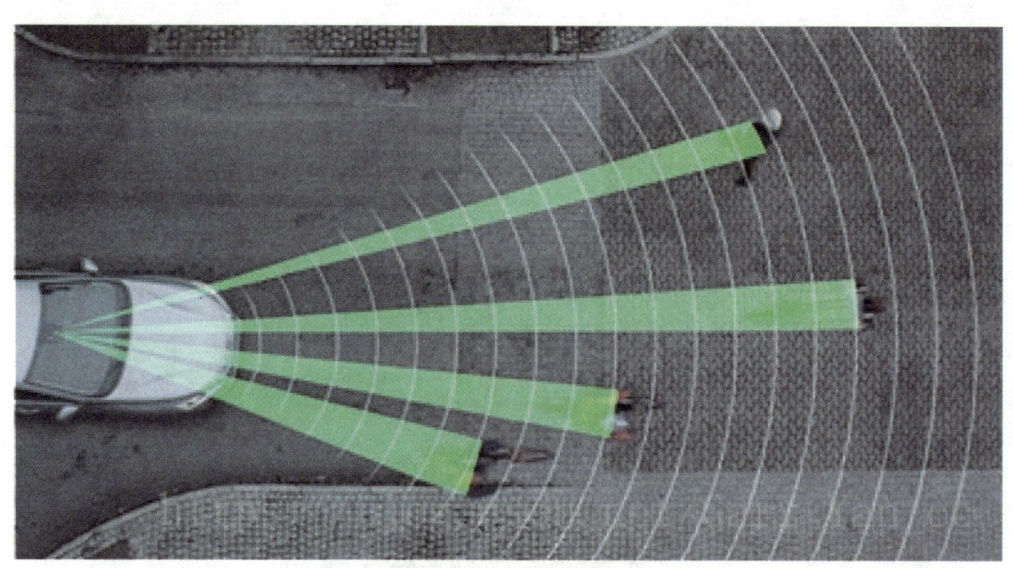

图 2-7　行人碰撞预警系统

（6）车道保持辅助（LKA）

可以理解为 LDW 的加强版，当检测到车辆即将偏离车道线时，向转向电机发出指令，纠正车辆的行驶方向。

（7）交通标志识别（TSR）

如图 2-8 所示，通过特征识别算法对途经道路中的交通标志进行识别，提示预警或自动调整车辆运行状态，以此提高车辆行驶的安全性及合规性。

图 2-8 车道保持辅助系统

（8）前向碰撞预警（FCW）

汽车防撞预警系统（Forward Collision Warning）主要用于协助驾驶员避免高速、低速追尾，高速中无意识偏离车道，与行人碰撞等重大交通事故。像第三只眼一样帮助驾驶员，持续不断的检测车辆前方道路状况，系统可以识别判断各种潜在的危险情况，并通过不同的声音和视觉提醒，以帮助驾驶员避免或减缓碰撞事故。前向碰撞预警系统常和自动紧急制动系统配合使用（图 2-9）。

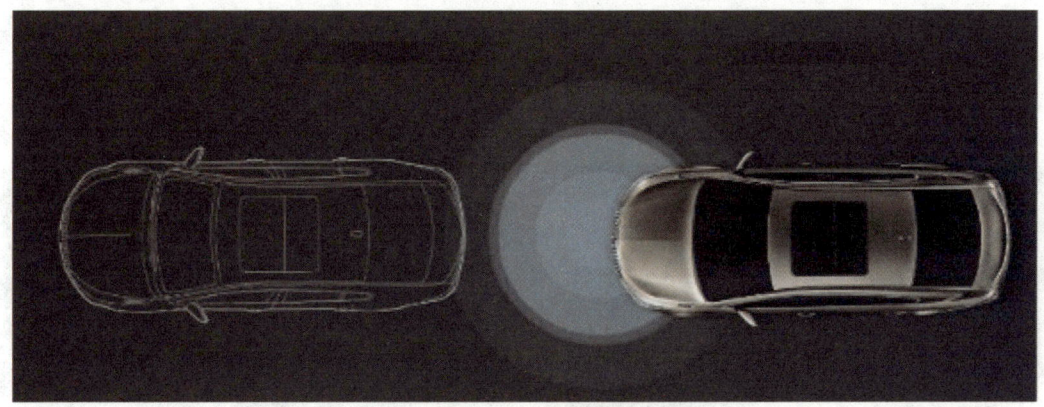

图 2-9 前向碰撞预警

（9）泊车辅助（PA）

泊车辅助是汽车泊车或者倒车时的安全辅助装置，目前主流的是倒车摄像头和车载显示器组成的泊车辅助系统，如图 2-10 所示，倒车时在车前显示器可以显示车后倒车摄像头的实时视频，从而起到倒车更安全，次要的就是由超声波传感器（俗称探头）、控制器和显示器（或蜂鸣器）等部分组成。

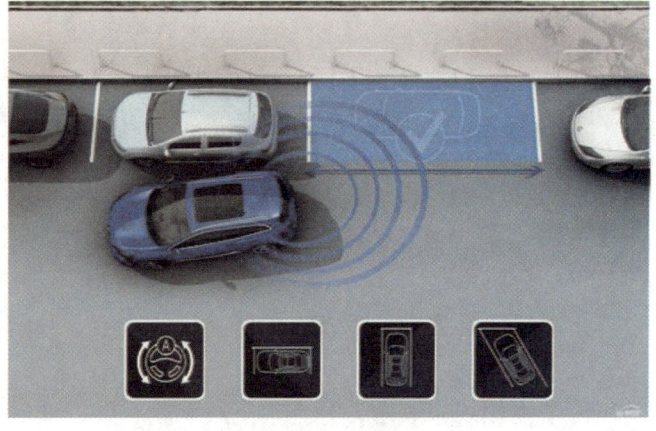

图 2-10 泊车辅助

（二）视觉传感器技能理论储备

1. 车载摄像头结构

摄像头主要由镜头、镜头座、影像传感器（主要是CCD/CMOS器件）、DSP等组成。

（1）镜头

镜头的组成是透镜结构（图2-11），由几片透镜组成，一般有塑胶透镜或玻璃透镜。通常摄像头用的镜头构造有：1P、2P、1G1P、1G2P、2G2P、4G等。透镜越多，成本越高。

按照颜色分：可分为彩色镜头、黑白镜头。

按功能分：可分为固定镜头、变焦镜头。

按红外分：可分为850nm镜头、940nm镜头、650nm镜头。

按焦距分：可分为4mm、6mm、8mm、12mm、16mm、25mm。

（2）镜头座

镜头座是用来固定镜头的，镜头是螺旋在镜头座里面的，按照材质分类，镜头座常分为两类。

①塑胶镜头座：成本低，使用普遍。

②金属镜头座：成本高，散热性好。

（3）影像传感器（主要是CCD/CMOS器件）

影像传感器中的成像芯片（CCD/CMOS器件），是摄像头的心脏，它们将光信号转变为电信号进行信息的传递。

（4）DSP

DSP（Digital Signal Processing，数字信号处理），DSP芯片（图2-12）作用等同于个人计算机里的CPU（中央处理器），它的功能主要是通过一系列复杂的数学算法运算，对由CMOS传感器传来的数字图像信号进行优化处理，并把处理后的信号通过USB接口传到PC等设备上，是摄像头的核心设备。

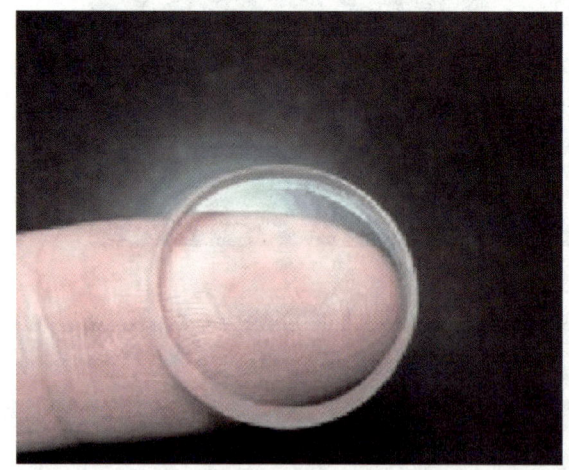

图2-11 透镜

图2-12 DSP芯片

2. 摄像头的重要参数

（1）分辨率

指屏幕水平方向和垂直方向所显示的点数。分辨率越高，图像越清晰。

（2）清晰度

清晰度用线来表示，分为水平线和垂直线，线数越多，清晰度越高，成像越清晰。

（3）信噪比

指摄像头中的信号电频与杂波电频之比，常用 DB 表示。信噪比越高，图像信号越好，即图像越清晰。

（4）白平衡

白平衡是描述显示器中红、绿、蓝三基色混合生成后白色精确度的一项指标。通过调整摄像头的白平衡，可以提高画面色彩质量。

（5）背光补偿

当摄像机处于逆光环境中拍摄时，画面会出现黑色的图像。而背光补偿就是当检测到拍摄图像一个区域内的视频电平较低，就会提高输出视频信号的幅值，使图像清晰。

3. 车载摄像头工作原理

（1）基于视觉传感器的环境感知流程

导学视频

①图像采集：图像采集主要是通过摄像头采集图像，如果是模拟信号，要把模拟信号转换为数字信号，并把数字图像以一定格式表现出来。根据具体研究对象和应用场合，选择性价比高的摄像头。

②图像预处理：图像预处理包含的内容较多，有图像压缩、图像增强与复原、图像分割等，要根据具体实际情况进行选择。

③图像特征提取：为了完成图像中目标的识别，要在图像分割的基础上，提取需要的特征，并将这些特征计算、测量、分类，以便于计算机根据特征值进行图像分类和识别。

④图像模式识别：图像模式识别的方法很多，从图像模式识别提取的特征对象来看，图像识别方法可分为基于形状特征的识别技术、基于色彩特征的识别技术以及基于纹理特征的识别技术等。

⑤结果传输：通过环境感知系统识别出的信息，传输到车辆其他控制系统或者传输到车辆周围的其他车辆，完成相应的控制功能。

（2）摄像头具体工作过程

被摄物体经过镜头聚焦至 CCD（Charge Coupled Device，电荷耦合器件），CCD 由多个 X-Y 纵横排列的像素点组成，每个像素都由一个光电二极管及相关电路组成，光电二极管将光线转变成电荷，收集到的电荷总量与光线强度成比例，所积累的电荷在相关电路的控制下，逐点移出，经滤波、放大，再经过 DSP 处理后形成视频信号输出，再通过 I/O 接口传输到电脑中进行处理后，再通过显示屏（DISPLAY）就可以看到图像了。

摄像头按一定的分辨率，以隔行扫描的方式采集图像上的点，当扫描到某点时，就通过图像传感芯片将该点处图像的灰度转换成与灰度一一对应的电压值，然后将此电压值通过视频信号端输出。具体而言（图2-13），摄像头连续地扫描图像上的一行，则输出就是一段连续的电压信号，电压信号的高低起伏反映了该行图像的灰度变化。当扫描完一行，视频信号端就输出一个低于最低视频信号电压的电平（如0.3V），并保持一段时间。这相当于，紧接着每行图像信号之后会有一个电压"凹槽"，此"凹槽"叫作行同步脉冲，它是扫描换行的标志。然后，跳过一行后（因为摄像头是隔行扫描的），开始扫描新的一行，如此下去，直到扫描完该场的视频信号，接着会出现一段场消隐区。该区中有若干个复合消隐脉冲，其中有个远宽于（即持续时间远长于）其他的消隐脉冲，称为场同步脉冲，它是扫描换场的标志。场同步脉冲标志着新的一场的到来，不过，场消隐区恰好跨在上一场的结尾和下一场的开始部分，得等场消隐区过去，下一场的视频信号才真正到来。摄像头每秒扫描25幅图像，每幅又分奇、偶两场，先奇场后偶场，故每秒扫描50场图像。奇场时只扫描图像中的奇数行，偶场时则只扫描偶数行。

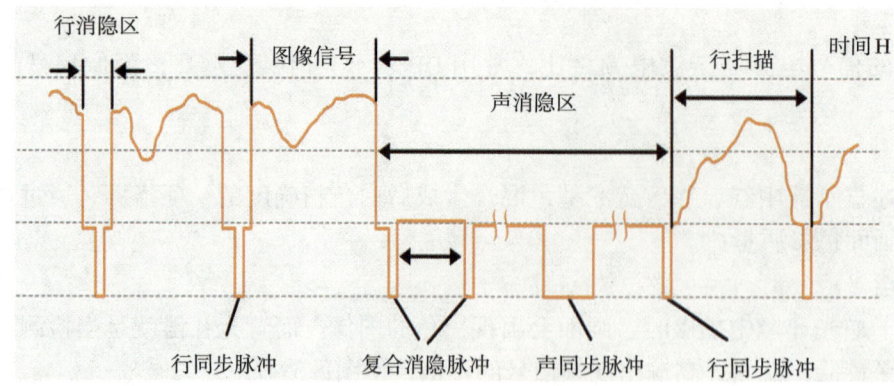

图 2-13 摄像头的扫描过程

摄像头有两个重要的指标：分辨率和有效像素。分辨率实际上就是每场行同步脉冲数，这是因为行同步脉冲数越多，则对每场图像扫描的行数也越多。事实上，分辨率反映的是摄像头的纵向分辨能力。有效像素常写成两数相乘的形式，如"320×240"，其中：

前一个数值表示单行视频信号的精细程度，即行分辨能力；

后一个数值为分辨率，因而有效像素 = 行分辨能力 × 分辨率。

二、视觉传感器应用必备技能

1. 标定

在图像测量过程和机器视觉应用中，为确定空间物体表面某点的三维几何位置与其在图像中对应点之间的相互关系，必须建立相机成像的几何模型，这些几何模型参数就是相机参数。相机的成像原理如图 2-14 所示，O_c-$X_cY_cZ_c$：相机坐标系，光心为原点，单位 m；o-xy：图像坐标系，原点为成像平面中点，单位 mm；P：世界坐标系（描述相机位置）中的一点，即为生活中真实的一点，单位 m；p：是点 P 在图像中的成像点，在图像坐标系中的坐标为（x，y），在像素坐标系中的坐标为（u，v）；uv：像素坐标系，原点图像左上角，单位 pixel，每一像素的坐标（u，v）分别是该像素在数组中的列数和行数；f：相机焦距，等于 o 与 O_c 的距离，f=|o-O_c|。

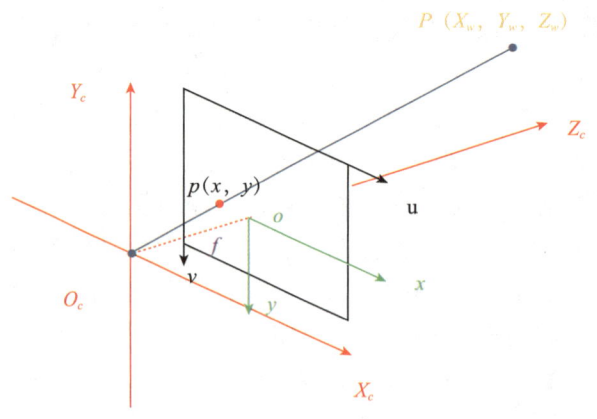

图 2-14 相机成像原理

相机标定的目的是：还原摄像头成像的物体在真实世界的位置，需要知道世界中的物体到计算机图像平面是如何变换的，相机标定的目的之一就是为了搞清楚这种变换关系，求解内外参数矩阵。摄像机的透视投影有个很大的问题——畸变，摄像头标定的另一个目的就是求解畸变系数，然后用于图像矫正。

所以相机参数的标定是非常关键的环节，其标定结果的精度及算法的稳定性直接影响相机工作产生结果的准确性。最终是希望通过相机标定矫正不同镜头产生的畸变，生成矫正后的图像，以及根据获得的图像重构三维场景。

摄像机标定过程，可以简单描述为，通过标定板，可以得到 n 个对应的世界坐标三维点 X_i 和对应的图像坐标二位点 x_i，这些三维点的转换都可以通过上面提到的相机内参 K，相机外参 R 和 t，以及畸变参数 D，经过一系列的矩阵变换得到。可通过软件得到结果，如 Matlab、OpenCV 等。

2. 图像处理

"像素"的英文为"pixel"，它是"picture"和"element"的合成词，表示图像元素的意思。我们可以对"像素"进行如下理解：像素是一个面积概念，是构成数字图像的最小单位。像素的大小会决定图片的清晰度，如图 2-15 所示。

像素为 320×240 的图像

像素为 80×60 的图像

图 2-15　像素为 320×240 的图像（左）和像素为 80×60 的图像（右）

"灰度"可以认为是图像色彩亮度的深浅。图像所能够展现的灰度级越多，也就意味着图像可以表现更强的色彩层次。如果把黑—灰—白连续变化的灰度值量化为 256 个灰度级，灰度值的范围为 0~255，表示亮度从深到浅，对应图像中的颜色为从黑到白。灰度转换原理如图 2-16 所示。

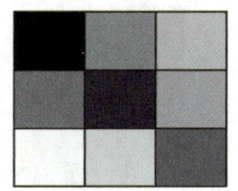 $\Rightarrow$ $I = \begin{bmatrix} 0 & 150 & 200 \\ 120 & 50 & 180 \\ 250 & 220 & 100 \end{bmatrix}$

图 2-16　灰度转换原理

数字图像处理就是将图像转换成一个数据矩阵存放在存储器中，然后再利用计算机或其他的大规模集成数字器件对数据矩阵信息进行数字处理，以达到所预期的效果。

图像处理的主线为：图像变换—特征提取—图像分析，如图 2-17 所示。

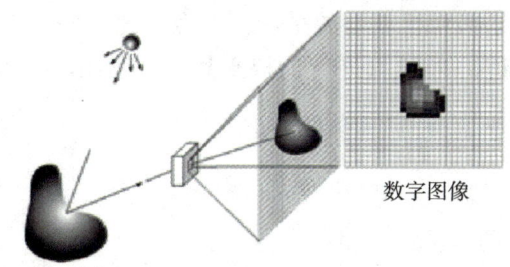 $f = \begin{bmatrix} f(1,1) & f(1,2) & \cdots & f(1,N) \\ f(2,1) & f(2,2) & \cdots & f(2,N) \\ \vdots & \vdots & \vdots & \vdots \\ f(M,1) & f(M,2) & \cdots & f(M,N) \end{bmatrix}$

图 2-17　图像处理流程

3. 图像边缘检测

图像的边缘是指其周围像素灰度急剧变化的那些像素的集合，它是图像最基本的特征。边缘存在于目标、背景和区域之间，所以，它是图像分割所依赖的最重要的依据。由于边缘是位置的标志，对灰度的变化不敏感，因此，边缘也是图像匹配的重要的特征。

如图2-18所示，边缘检测基本思想是先检测图像中的边缘点，再按照某种策略将边缘点连接成轮廓，从而构成分割区域。由于边缘是所要提取目标和背景的分界线，提取出边缘才能将目标和背景区分开，因此边缘检测对于数字图像处理十分重要。

图2-18 图像的边缘检测

边缘大致可以分为两种：一种是阶跃状边缘，边缘两边像素的灰度值明显不同；另一种为屋顶状边缘，边缘处于灰度值由小到大再到小变化的转折点处。图2-19中，第1排是一些具有边缘的图像示例，第2排是沿图像水平方向的1个剖面图，第3和第4排分别为剖面的一阶和二阶导数。第1列和第2列是阶梯状边缘，第3列是脉冲状边缘，第4列是屋顶状边缘。实现图像的边缘检测，就是要用离散化梯度逼近函数根据二维灰度矩阵梯度向量来寻找图像灰度矩阵的灰度跃变位置，然后在图像中将这些位置的点连起来就构成了所谓的图像边缘（图像边缘在这里是一个统称，包括了二维图像上的边缘、角点、纹理等基元图）。

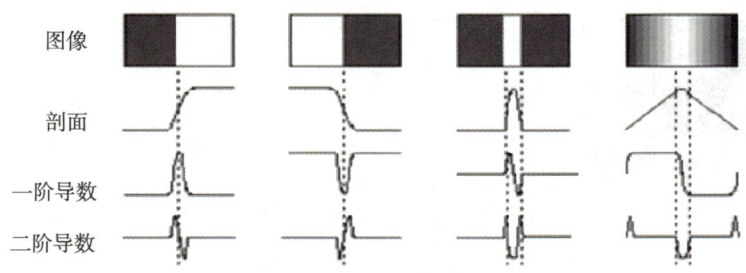

图2-19 边缘检测方法

4. Canny边缘检测

（1）对原始图像进行灰度化

Canny算法通常处理的图像为灰度图，因此如果摄像机获取的是彩色图像，那首先就得进行灰度化。对一幅彩色图进行灰度化，就是根据图像各个通道的采样值进行加权平均。以RGB格式的彩图为例，通常灰度化采用的方法主要有：

方法1：Gray=（R+G+B）/3；

方法2：Gray=0.299R+0.587G+0.114B。

（2）对图像进行高斯滤波

根据待滤波的像素点及其邻域点的灰度值按照一定的参数规则进行加权平均（一般采用正态分布权重）。这样可以有效滤去理想图像中叠加的高频噪声。

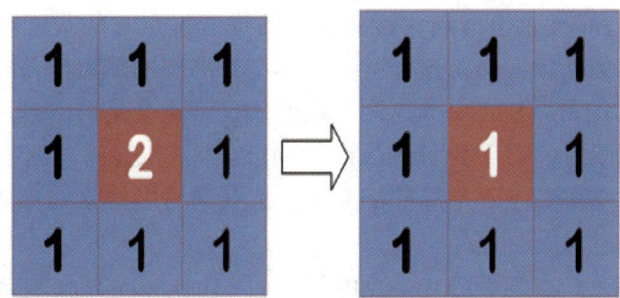

图 2-20 高频滤波原理

在图 2-20 中，2 是中间点，周边点都是 1。"中间点"取"周围点"的平均值，就会变成 1。在数值上，这是一种"平滑化"。在图形上，就相当于产生"模糊"效果，"中间点"失去细节。

（3）用一阶偏导的有限差分来计算梯度的幅值和方向

关于图像灰度值的梯度可使用一阶有限差分来进行近似，这样就可以得图像在 x 和 y 方向上偏导数的两个矩阵。常用的梯度算子有如下几种：① Roberts 算子；② Prewitt 算子；③ Canny 算法；④ Sobel 算子，公式如下：

$$S_x = \begin{bmatrix} -1 & 0 & 1 \\ -2 & 0 & 2 \\ -1 & 0 & 1 \end{bmatrix}, \quad S_y = \begin{bmatrix} 1 & 2 & 1 \\ 0 & 0 & 0 \\ -1 & -2 & -1 \end{bmatrix}, \quad K = \begin{bmatrix} a_0 & a_1 & a_2 \\ a_7 & [i,j] & a_3 \\ a_6 & a_5 & a_4 \end{bmatrix}$$

上式三个矩阵分别为该算子的 x 向卷积模板，y 向卷积模板以及待处理点的邻域点标记矩阵，据此可用数学公式表达其每个点的梯度幅值为：

$$G[i,j] = \sqrt{s_x^2 + s_y^2}$$
$$S_x = (a_2 + 2a_3 + a_4) - (a_0 + 2a_7 + a_6)$$
$$S_y = (a_2 + 2a_1 + a_2) - (a_6 + 2a_5 + a_4)$$

梯度方向：$\arctan(S_x/S_y)$

（4）对梯度幅值进行非极大值抑制

图像梯度幅值矩阵中的元素值越大，说明图像中该点的梯度值越大，但这不能说明该点就是边缘（这仅仅是属于图像增强的过程）。在 Canny 算法中，非极大值抑制是进行边缘检测的重要步骤，通俗意义上是指寻找像素点局部最大值，将非极大值点所对应的灰度值置为 0。

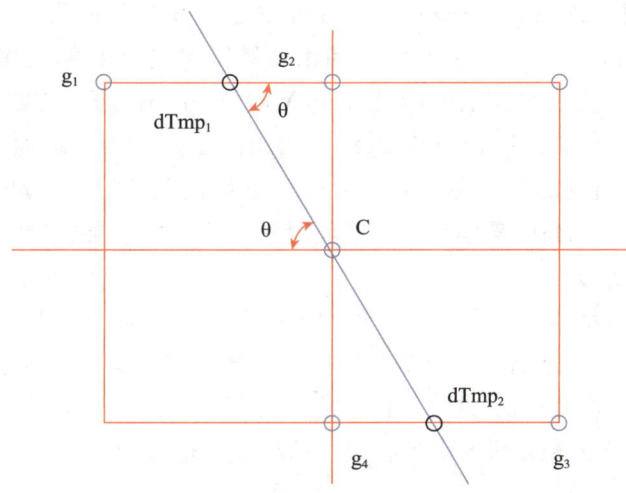

图 2-21 梯度幅值的非极大值抑制

据图 2-21 可知，要进行非极大值抑制，就首先要确定像素点 C 的灰度值在其 8 值领域内是否为最大。蓝色的线条方向为 C 点的梯度方向，这样就可以确定其局部的最大值肯定分布在这条线上，也即出了 C 点外，梯度方向的交点 $dTmp_1$ 和 $dTmp_2$ 这两个点的值也可能会是局部最大值。因此，判断 C 点灰度与这两个点灰度大小即可判断 C 点是否为其领域内的局部最大灰度点。如果经过判断，C 点灰度值小于这两个点中的任一个，那就说明 C 点不是局部极大值，那么则可以排除 C 点为边缘。这就是非极大值抑制的工作原理。

但实际上，我们只能得到 C 点领域的 8 个点的值，而 $dTmp_1$ 和 $dTmp_2$ 并不在其中，要得到这两个值就需要对这两个点两端的已知灰度进行线性插值，也即根据图中的 g_1 和 g_2 对 $dTmp_1$ 进行插值，根据 g_3 和 g_4 对 $dTmp_2$ 进行插值，这要用到其梯度方向。[$dTmp_1 = g_1 \times 1/\tan\theta + g_2 \times (1 - 1/\tan\theta)$]

完成非极大值抑制后，会得到一个二值图像，非边缘的点灰度值均为 0（黑），可能为边缘的局部灰度极大值点可设置其灰度为 128。但这样一个检测结果还是包含了很多由噪声及其他原因造成的假边缘。因此还需要进一步的处理。

（5）用双阈值算法检测和连接边缘

Canny 算法中减少假边缘数量的方法是采用双阈值法。选择两个阈值（高阈值选取全局灰度值分布的 70%，低阈值选取高阈值的一半），根据高阈值得到一个边缘图像，这样一个图像含有很少的假边缘，但是由于阈值较高，产生的图像边缘可能不闭合，未解决这样一个问题采用了另外一个低阈值。在高阈值图像中把边缘链接成轮廓，当到达轮廓的端点时，该算法会在断点的 8 领域点中寻找满足低阈值的点，再根据此点收集新的边缘，直到整个图像边缘闭合。

三、360 影像监视系统

（一）360 影像监视系统概述

1. 360 影像监视系统概述

360 影像监视系统，又叫 360 全景环视行车安全系统、360° 全景影像、全景辅助泊车系统、全景式监控影像系统等，系统同时采集车辆四周的影像，经过图像处理单元一系列的智能算法处理，最终形成一幅车辆四周的全景俯视图显示在屏幕上，直观地呈现出车辆所处的位置和周边情况。系统大大地拓展了驾驶员对周围和环境的感知能力，使驾驶员在处理车辆起步、行车转弯、泊车入位、窄道会车、规避障碍等情况时从容不迫、轻松自如，可以有效减少剐蹭、甚至碰撞碾压等事故的发生。

全景环视概念最早是由 K.Kate，M.Suzuki，Y.Fujita，Y.Hirama 等四人于 2006 年首先提出。这一概念提出后，马上引起了国内外众多汽车生产厂商和相关科研单位的注意。2007 年，日产公司发布了首款全景行车安全系统"环景监视系统 AVM（Around View Monitoring）"，2008 年本田推出了 multi-view camera system，2009 年阿尔派推出 TOPVIEW 系统，2010 年 Fujitsu（富士通）公司开发了 Multi-Angle Vision 系统，宝马公司自主研发的只有左、右、后三个方位视图的泊车辅助系统，首先应用在 X6 上。随着汽车工业的发展，中大型及高端豪华车上全景环视系统已成为标准配置。

（1）分屏显示 360 环视系统

如图 2-22 所示，分屏显示 360 环视系统在车的前后左右安装 4 个或者 6 个视角 90° 的摄像头，不对图像进行复杂的技术处理，只是简单的分割和拼接，用 2 个或者是 4 个图像显示，显示的时候，不能实时全景显示，给人的感觉是不直观。这类产品，由于摄像头用的是普通后视摄像头、主板用的是民用级安防技术，性能指针离真正的车规级要求差很远，所以成本也很低。

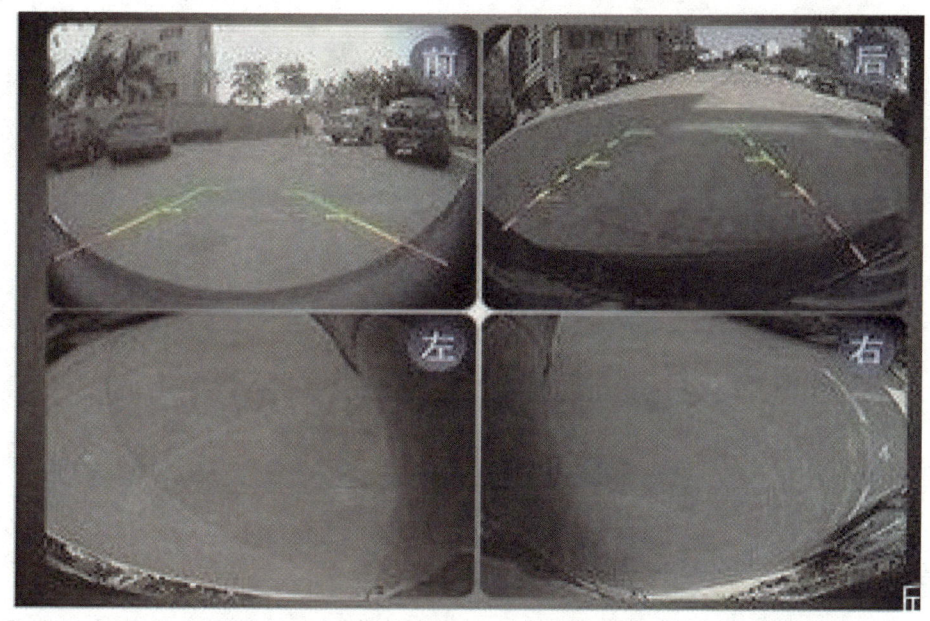

图 2-22　分屏显示 360 环视系统

（2）有缝拼接 360 环视系统

如图 2-23 所示，有缝拼接 360 环视系统在车辆的前后左右装四个广角摄像头，广角视角在 150°到 180°之间，对图像进行了处理和显示，不是像分频显示那样简单地将图像迭加起来，而是将图像处理后，中间是车子，将图像放在周边，很直观。但是有一个缺点，由于技术的问题，四个图像拼接的地方，就是四个对角线，无法进行全面平滑的处理，因此在四个图像的拼接处有明显的四条线，有的车厂用黑线，有的用灰线，来掩盖技术上的缺陷。

图 2-23　有缝拼接 360 环视系统

（3）无缝拼接 360 环视系统

基于有缝拼接 360 环视系统，在其基础上进行优化，利用的也是四个广角摄像头，广角视角在 170°到 180°之间，对采集的图像进行畸变还原和完美无缝拼接，就像卫星的航拍图一样，高空俯视下来，车的周围真正没有盲区，连同车一起展示一个完美的整体景象。如图 2-24 所示。

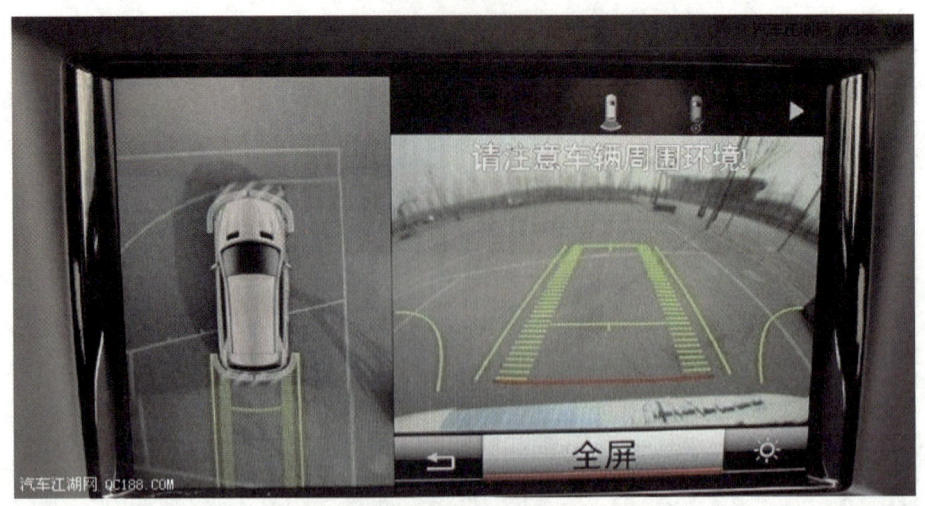

图 2-24　无缝衔接 360 环视系统

2. 360 影像监视系统的组成

360 影像监视系统主要由四个广角鱼眼镜头、影像处理主机、数据及电源传输线等部件组成，详细组成部件及其用途见表 2-4 所列。

表 2-4　详细组成部件及其用途

项目	数量	用途
主机	1	系统的核心图像处理部件，车规级
前置摄像头	1	安装在车身前部的 170° 广角高清夜视摄像头
后置摄像头	1	安装在车身后部的 170° 广角高清夜视摄像头
左置摄像头	1	安装在车身左侧后视镜底部的 170° 广角高清夜视摄像头
右置摄像头	1	安装在车身右侧后视镜底部的 170° 广角高清夜视摄像头
摄像头延长线	4	用于摄像头延长及转向控制信号接入
控制线束	1	连接倒车控制线、信号灯线、红外控制线、视频输出等
遥控器	1	用于调试、操作 360 全景泊车系统
黑白网格布	4	用于校准摄像头

以下是主要组件介绍。

① 360 影像监视系统主机（图 2-25）。

② 全景鱼眼监控摄像头（图 2-26），是指使用极端的广角镜头（即俗称的鱼眼镜头），实现最大摄影视角的监控摄像头。这种监控摄像头的视角接近或等于 180°。鱼眼镜头的前镜片直径很短且呈抛物状，镜头前部凸出，与鱼的眼睛颇为相似，所以由此被称为"鱼眼镜头"。因为鱼眼的晶状体就是呈圆球形的。

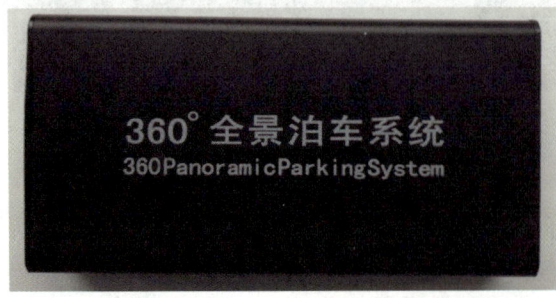

图 2-25　360 影像监视系统主机

图 2-26　鱼眼摄像头

③ 棋盘格（图 2-27），是一块由黑白方块间隔组成的标定板，我们用它来作为相机标定的标定物（从真实世界映射到数字图像内的对象）。之所以我们用棋盘作为标定物是因为平面棋盘模式更容易处理（相对于复杂的三维物体）。

④ 其他组件（图 2-28~图 2-31）。

图 2-27 网格布（棋盘格）

图 2-28 显示屏

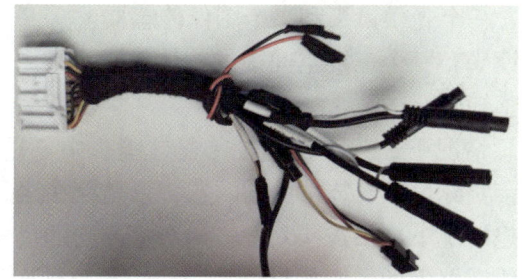

图 2-29 控制线束

图 2-30 遥控器

图 2-31 电源线

（二）视觉传感器技能理论储备

1. 标定目的及含义

（1）摄像机标定的目的

摄像机标定的基本目的就是建立相机成像几何模型并矫正透镜畸变。

建立摄像机成像几何模型：360 影像监视系统的首要任务就是要通过拍摄到的图像信息获取到物体在真实三维世界里相对应的信息，于是，建立物体从三维世界映射到相机成像平面这一过程中的几何模型就显得尤为重要，而这一过程最关键的部分就是要得到相机的内参和外参。

矫正透镜畸变：我们最开始接触到的成像方面的知识是有关小孔成像的，但是由于这种成像方式只有小孔部分能透过光线就会导致物体的成像亮度很低，于是使用到了透镜。虽然亮度问题解决了，但是出现了新的问题：由于透镜的性质以及制造工艺等原因，会使成像产生多种形式的畸变，于是为了去除畸变（使成像后的图像与真实世界的景象保持一致），人们计算并利用畸变系数来矫正这种像差。

（2）摄像机标定的含义

了解摄像头标定的含义前先简单地说一下摄像头内参以及外参的含义，摄像头内参是与摄像头自身特性相关的参数，比如摄像头的焦距、像素大小等；摄像头外参是在世界坐标系中的参数，比如摄像头的位置、角度等。

摄像头的标定是世界坐标到像素坐标的映射，世界坐标是我们人为去定义的，标定就是已知标定控制点的世界坐标和像素坐标解算它们的映射关系，一旦这个关系解算出来了我们就可以由点的像素坐标去反推它的世界坐标，当然有了这个世界坐标，我们就可以进行测量等其他后续操作。

在图像测量过程中，为确定空间物体表面某点的三维几何位置与其在图像中对应点之间的相互关系，必须建立摄像头成像的几何模型，这些几何模型参数就是摄像头参数。在大多数条件下这些参数必须通过实验与计算才能得到，这个求解参数过程就是摄像头标定。

摄像头需要标定的参数通常分为内参和外参两部分。外参确定了摄像头在某个三维空间中的位置和朝向，至于内参，可以说是摄像头内部本身的参数，结合光学知识可以更好地理解内参。现有的摄像头都至少包含一个光学镜头和一个图像传感器。

通过镜头，一个三维空间中的物体经常会被映射成一个倒立缩小的像（常用的摄像头都是缩小的），被传感器感知到。

①理想情况下，镜头的光轴（通过镜头中心垂直于传感器平面的直线）应该是穿过图像的正中间的，但是，实际由于安装精度的问题，总是存在误差，这种误差需要用内参来描述。

②理想情况下，摄像头对 x 方向和 y 方向的尺寸的缩小比例是一样的，但实际上，镜头如果不是完美的圆，传感器上的像素如果不是完美的紧密排列的正方形，都可能会导致这两个方向的缩小比例不一致。内参中包含两个参数可以描述这两个方向的缩放比例，不仅可以将用像素数量来衡量的长度转换成三维空间中的用其他单位（比如 m）来衡量的长度，也可以表示在 x 和 y 方向的尺度变换的不一致性。

③理想情况下，镜头会将一个三维空间中的直线也映射成直线（即射影变换），但实际上，镜头无法这么完美，通过镜头映射之后，直线会变弯，所以需要摄像头的畸变参数来描述这种变形效果。

摄像头外参：体现现实世界点（世界坐标）是怎样经过旋转和平移，然后落到另一个现实世界点（摄像机坐标）上。

摄像头内参：体现上述的点是如何继续经过摄像机的镜头、并通过透镜成像和电子转化而成为像素点的。

摄像头畸变参数：体现像素点并没有落在理论计算该落在的位置上，像素点偏移和变形的量。

全景摄像头的标定一般是指针对外参进行标定，得到摄像头的安装高度、安装方位角度。而摄像头的内参在出厂时，就能拿到其参数。在获取摄像头的内外参之后，就可以对四个摄像头的数据进行融合或拼接。

2. 基本原理

360 影像监视系统工作主要包括六个工作过程：图像获取、摄像头标定、图像变换、图像无缝拼接融合、图像美化、图像显示。图像的获取往往利用安装在车身前后左右 4 个超广角摄像头捕捉车辆周围状况。但由于采用超广角摄像头后影像会产生"鱼眼失真"的现象，所以必须通过数学算法进行画面合成和画面修正，合成一幅车身周围的全景鸟瞰图，从而将车辆四周真实画面展示在车载显示屏上，避免行车过程中的碰撞危险。因此，摄像头标定、图像无缝拼接融合、图像美化的核心算法主导整个系统。

在对图像的处理上，不同车型，由于四个摄像头安装的高度、宽度、仰角都不一样，所以，真正的全景环视产品，针对每个车型都要有一套与之配套的差数软件，才能真正实现无缝合成全景显示。软件做得好就可以把这些参数做到一起，通过后期的调试实现自适应。

（1）摄像头（摄像机）图像获取、标定

摄像机成像过程可以用一个简单的针孔摄像机模型来阐述，把针孔比作一堵墙中的一个点，而光线只能通过这个孔进入相机进行投影，物点到针孔平面距离与像点到针孔平面距离成线性比例关系，但实际是针孔成像无法聚焦，像的清晰度不高，因此一般引用透镜来得到汇聚的光线，但是引入透镜带来的问题是背离了针孔摄像模型的线性模型，从而引入透镜畸变。理想无畸变摄像机针孔模型如图 2-32 所示。

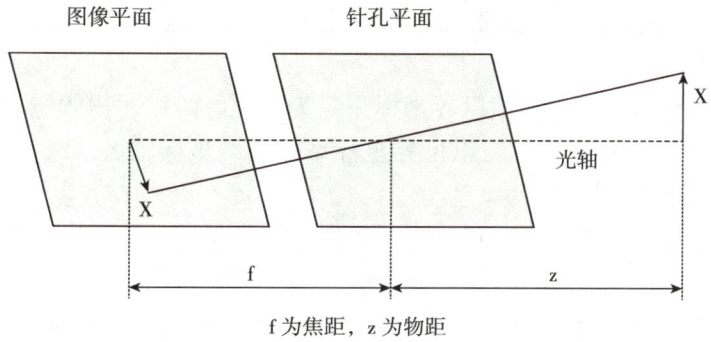

图 2-32 理想无畸变摄像机针孔模型

摄像机成像模型分为线性和非线性模型两种，线性成像模型为摄像机的理想模型，一般的摄像机也存在一定的畸变，对于鱼眼摄像机，由于畸变较大，一般用非线性模型来描述。鱼眼镜头的成像原理与普通的镜头一致，只是鱼眼镜头的焦距相对于普通摄像头的焦距小很多，镜头的成像角度会随着焦距的减小而增大，所以鱼眼镜头的成像角度比普通的镜头要大。

摄像头成像过程涉及的坐标系有：

世界坐标系：用户定义的三维世界的坐标系，为了描述目标物在真实世界里的位置而被引入，一般以 X，Y 轴平面为地面，可通过旋转和平移后得到相机坐标系。单位为 m。

相机坐标系：以摄像机的光心平面建立的坐标系，一般选取光心平面为 X，Y 轴平面，为了从相机的角度描述物体位置而定义，作为沟通世界坐标系和图像、像素坐标系的中间一环。单位为 m。

图像坐标系：图像坐标系是指相机坐标系中的点经过投影后的二维图像平面。为了描述成像过程中物体从相机坐标系到图像坐标系的投影透射关系而引入，方便进一步得到像素坐标系下的坐标。单位为 m。

像素坐标系：像素坐标系与图像坐标系主要是原点不一样。为了描述物体成像后的像点在数字图像上（相片）的坐标而引入，是我们真正从相机内读取到的信息所在的坐标系。单位为个（像素数目）。

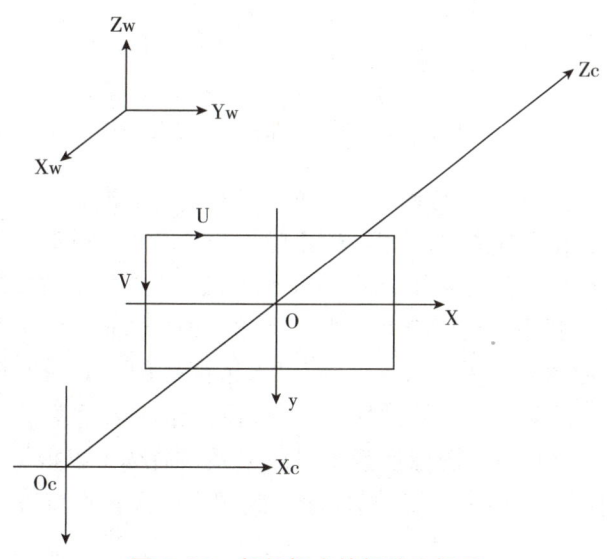

图 2-33 相机标定的相关坐标系

如图 2-33 所示，世界坐标系：Xw、Yw、Zw。相机坐标系：Xc、Yc、Zc。图像坐标系：x、y。像素坐标系：u、v。其中，相机坐标系的轴与光轴重合，且垂直于图像坐标系平面并通过图像坐标系的原点，相机坐标系与图像坐标系之间的距离为焦距 f（也即图像坐标系原点与焦点重合）。像素坐标系平面

u-v 和图像坐标系平面 x-y 重合，但像素坐标系原点位于图中左上角（之所以这么定义，目的是从存储信息的首地址开始读写）。

世界坐标系与相机坐标系关系：构建世界坐标只是为了更好的描述物体与相机的位置关系，从世界坐标系到相机坐标系，涉及旋转和平移。以世界坐标系分别绕坐标轴 X，Y，Z 旋转，再对原点进行平移即可把世界坐标系转为相机坐标系。

相机坐标系与图像坐标系关系：由相机坐标系到图像坐标系的转换过程，属于透视投影变换，即把三维空间物体投影为二维图像平面。

图像坐标系与像素坐标系关系：由于相机坐标系到图像坐标系转换后的单位并不是图像像素单位，需要进一步转换到像素坐标系。

通过各坐标系之间的关系可推导出世界坐标转换为像素坐标的公式，即可通过点的像素坐标去反推它的世界坐标，以进行下一步的测量及其他操作。

（2）鱼眼畸变校正

现实中并不存在完全没有畸变的透镜，这主要是制造等方面的原因，因为制作一个球形透镜比制作一个数学上理想的透镜更容易，另外从机械制作方面考虑也很难把成像仪和透镜保持平行的状态，现实应用中一般只考虑两种透镜畸变，分别是切向畸变和径向畸变，切向畸变产生的原因主要是摄像头生产安装过程中在工艺上的缺陷，而径向畸变则来自透镜的形状。

鱼眼摄像机径向畸变模型如图 2-34 所示，存在着中间大两边小的特点，径向畸变就是沿着透镜半径方向分布的畸变，径向畸变主要包括桶形畸变和枕形畸变两种。成像仪光轴中心的畸变为 0，沿着镜头半径方向边缘移动，畸变越来越严重。

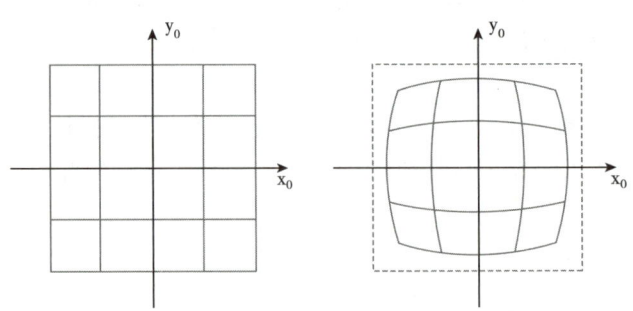

图 2-34 鱼眼摄像头畸变模型

切向畸变是由于透镜本身与相机传感器平面（成像平面）或图像平面在制作上放置不平行所产生的，这种不平行的情况多半是透镜被粘贴到镜头模组上安装时产生的偏差导致。

实际中广泛应用的畸变校正方法是基于标定的校正方法，这类方法通过标定获取摄像机的内参数，再通过摄像机成像过程坐标映射关系建立畸变模型。假设（Xw，Yw，Zw）为世界坐标系下的一个三维坐标点，投影到鱼眼图像中的像素点为（u，v），则可以根据摄像头成像原理中的摄像机理想线性坐标系变换，即物体世界坐标点到像素坐标点的过程，结合切向径向畸变系数推导出畸变图像成像模型的数学表达式，求出鱼眼图像像素点和矫正图像像素点对应关系。后续可以根据已知的鱼眼图像，计算出矫正后的图像，只要确定矫正图像的大小，找到对应于鱼眼图像的像素点就可以了。

（3）透视变换

透视变换常用于图像视觉处理中，如在移动机器人视觉系统中，是将图片投影到一个新的视平面（Viewing Plane），也称作射影变换或单应性。360 影像监视系统的摄像头光轴与地面往往并不是呈垂直关系，而是有一定的倾斜角度，因此想要获取俯视图即正投影的效果，就需要对图像进行透视变换。通过一系列计算将鱼眼矫正图变换成俯视图，将四张图存放到总俯视图对应的四个方向上。

（4）图像拼接

图像配准和图像融合是图像拼接的两个关键技术。图像配准是图像融合的基础，而且图像配准算法的计算量一般非常大，因此图像拼接技术的发展很大程度上取决于图像配准技术的创新。图像拼接的方法很多，不同的算法步骤会有一定差异，但大致的过程是相同的。一般来说，图像拼接主要包括四步：图像预处理、建立变换模型、统一坐标变换、融合重构。

图像配准根据不同配准原理，主要可以分为三种配准方法：基于图像亮度信息的配准方法、基于特征的图像配准方法、基于变换域的图像配准方法。

以上三种配准方法都是根据图像之间重合区域信息来自动配准的，一般自动配准的方法运算量大，精确度不高。车载环视拼接系统对实时性要求高，自动配准方法不利于系统实现。而且对于车载环视系统来说，每个摄像头都固定在车上，他们之间的相对位置不会改变，因此可采用手动选取参考点实现配准的方法。

在全景俯视图中，相邻两方向俯视图之间存在一定的重合区域，另外由于进行透视变换计算时也需要对四个区域方向选取参考点，因此可以在选取参考点时可选取相邻两幅畸变校正图的两个重合点作为透视变换计算的参考点，即相邻图像选取共同参考点，并且在全景俯视图下建立统一的坐标系，如图 2-35 所示。这样当四路视频图像经透视变换后映射到各自相应俯视图区域即完成图像配准，就可以把四个方向图像在侧视图变成俯视图时拼接起来。

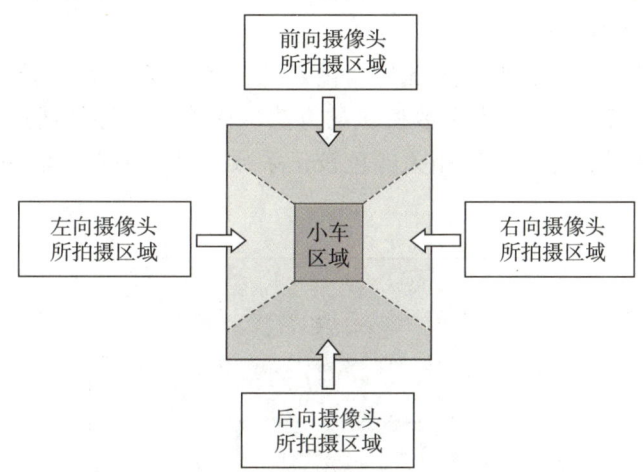

图 2-35　相邻区域图像选取共同参考点

四路视频图像经过全景视图映射和图像配准后，就可以得到全景视频图像，但得到的全景视频图像还存在以下的问题。

①相邻两视频区域拼接处有明显的拼接缝。

②四路视频在亮度上有较大的差异，存在亮暗不均一的情况。

③从某一视频区域过渡到其相邻视频区域拼接处有折断现象。

（5）图像拼接缝融合

对于拼接后得到的俯视图，在拼接相邻两图拼接处存在一条拼接缝，如果不作处理，在视频播放过程中在拼接缝处会有明显的跳跃情况。由于我们相邻的两幅图之间有重叠区域，我们可以利用重叠区进行平滑过渡处理来消除拼接缝。

消除拼接缝的方法有多种，主要有中值滤波法消除拼接缝和利用加权平均融合消除拼接缝两种。在实际中，常用的方法是采用加权平均融合算法来消除拼接缝。对于拼接缝的消除有两点要求：一是拼接区域过渡平滑，二是拼接区域亮度跳跃变化不大。

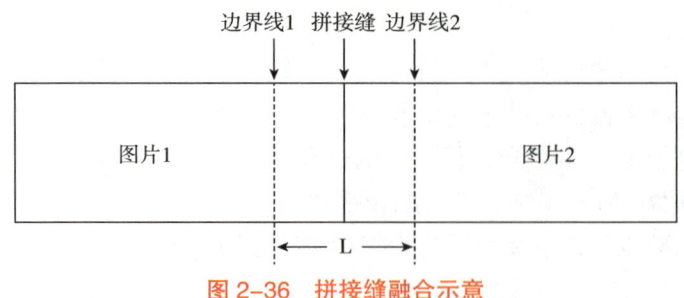

图 2-36 拼接缝融合示意

如图 2-36 所示是拼接缝融合的示意图，L 表示拼接重合区域的宽度，对于拼接缝的融合效果而言，L 越大融合的效果越好，但是由于过渡区域越大，运算量越大，所以只需选择合适的重合区域，可以根据调节拼接缝和边界线来达到消除拼接缝达到最佳融合效果。

（6）光照均一化处理

由于四路鱼眼摄像头在光电传感器的噪音、快门速度、曝光时间、抖动等之间存在一定的差异，特别是在感光度上，另外每个摄像头装置在车身的前后左右四个方向，对于汽车来说每个方向的场景光照亮度都存在不同，有的地方光度非常亮，有的却十分阴暗，这样极容易造成驾驶员视觉上观察的困难，对于车身周边情况观察不清晰。经拼接缝融合出来后，虽然拼接缝消除，但是在拼接缝两边的区域图像都存在一定的光照差异，使得映射后的两图存在颜色差异，因此我们需要对拼接融合处理后的图片进行光照均一化处理，如图 2-37 所示。

光照不均匀的补偿方法有多种，像直方图均衡化处理、伽马校正等。对于由不同摄像头拍摄图像拼接起来的图像可以采用基于 RGB 三通道系数校正的方法，该算法原理是通过以四个方向的重叠区域的颜色差异之和最小为目标函数，通过求取相关颜色校正系数，以达到光照均一化目的，完成拼接图颜色校正。

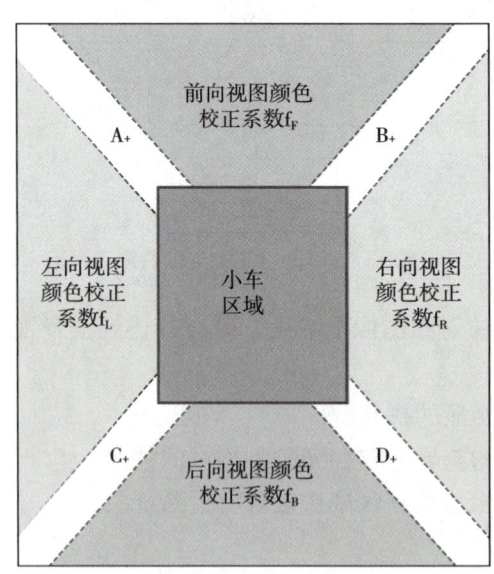

图 2-37 光照均一化处理

四、360 全景摄像头应用必备技能

1. 安装

如图 2-38 所示是棋牌格标定布的摆放方法以及车身尺寸参数车长、车宽以及左右垂直的测量方法。

图 2-38 棋盘格标定布摆放及车身尺寸参数说明

① 安装摄像头。先将4个摄像头固定在模型车上，如图2-39所示，前摄像头固定在汽车车头中心位置；左右摄像头安装在左右前车门上方；后摄像头安装在车辆后牌照上方中间位置。

② 连接控制主线。将主控制线（图2-40）插入主机连接线卡槽中。

图 2-39 摄像头安装位置

图 2-40 主控制线

③ 拆开模型车。使用十字螺丝刀拆卸车辆模型底部的四个紧固螺栓，分离模型车车体，如图 2-41 所示。

④ 连接摄像头与主机。如图 2-42 所示，依次将 4 个摄像头与主机控制主线连接，注意按照定位卡口指导角度连接线束。

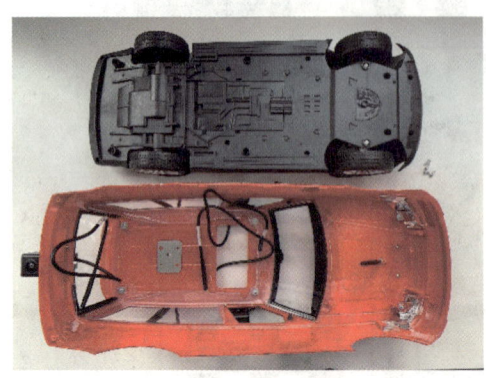
图 2-41　分离模型车车体

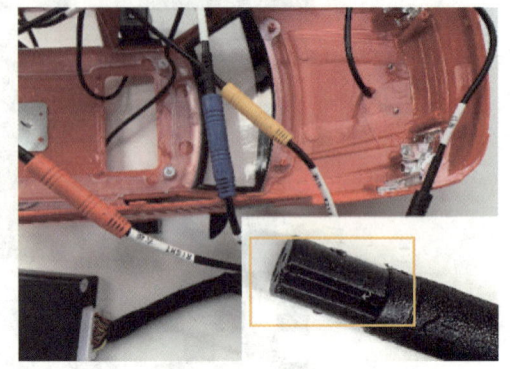
图 2-42　连接摄像头与主机控制主线

⑤ 将主机平放在车子模型内部，使主机的外接线束从模型车辆顶部穿出来，并将模型车重新组装好，如图 2-43 所示。

⑥ 连接主机电源线。如图 2-44 所示，插入并将卡扣锁紧即可。红色线为 12V 供电线；黄色线为供电负极电线；黑色线为 GND 线（车身搭铁）。

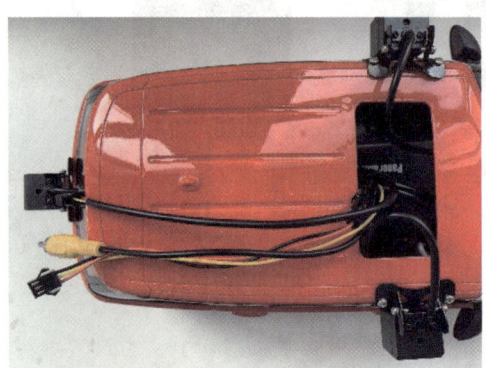
图 2-43　组装模型车

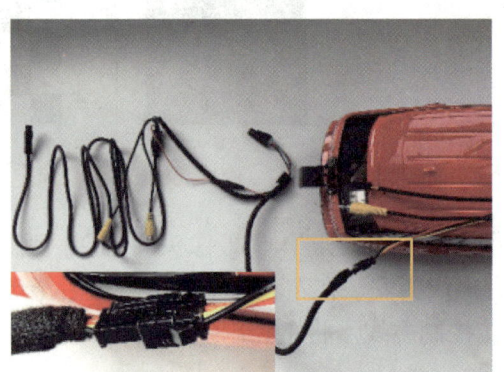
图 2-44　接主机电源线

⑦ 连接主机的遥控天线（图 2-45）。

⑧ 连接主机至外接显示屏的视频输出线（图 2-46）。

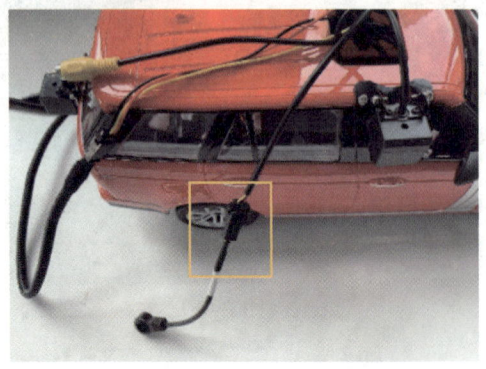
图 2-45　连接主机的遥控天线

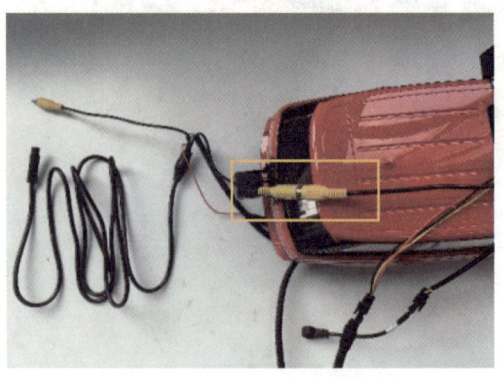
图 2-46　连接主机至外接显示屏的视频输出线

⑨ 组装外接显示屏及显示屏支架（图2-47）。
⑩ 连接外接显示屏的连接线（视频输入、电源）（图2-48）。

图2-47　组装外接显示屏及显示屏支架

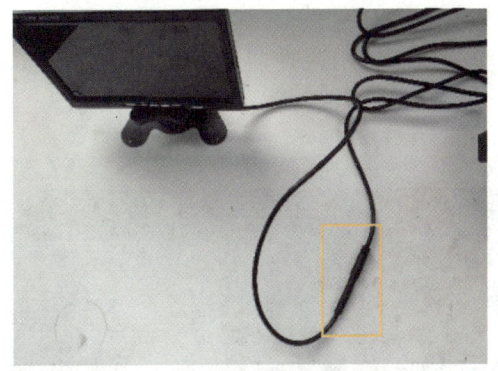

图2-48　连接外接显示屏的连接线

⑪ 连接总电源线（图2-49）。

2. 调试

① 调试准备。安装完成后，如图2-50所示，将网格布摆放在安装好的摄像头下方；前后网格布对齐（边界对齐前后车身），左右网格布对齐（前边界对齐前轮中轴线，左右侧对齐车身），前后网格布与左右网格布垂直。

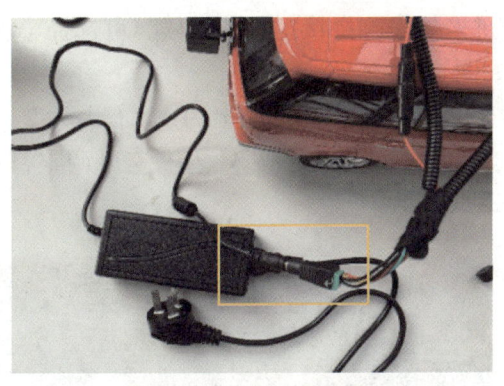

图2-49　连接总电源线

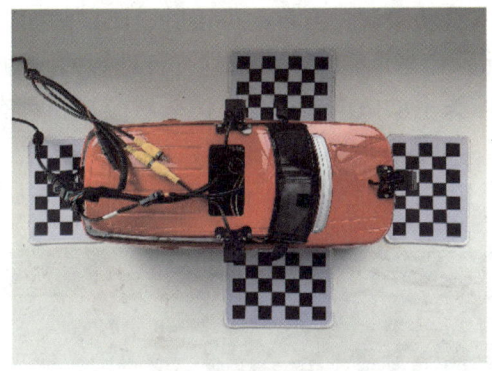

图2-50　调试准备

② 连接外部电源，打开360影像监视系统，使用遥控器，按 ⬛ 键打开电源，按 ⬛ 键进入设置、调试系统，如图2-51所示。

③ 进入全景调整。选择【全景调整】，按 ⬛ 键，进入密码输入界面，输入密码：654321，按 ⬛ 键进入全景调整界面。如图2-52所示。

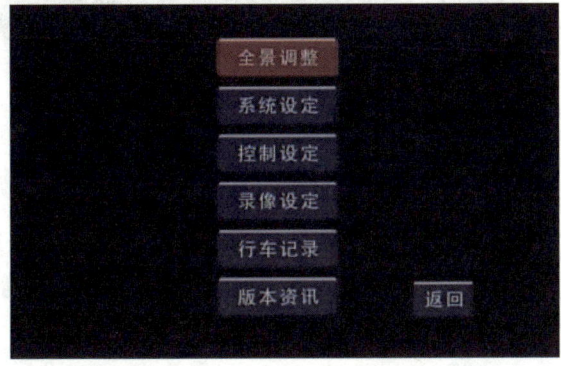

图2-51　360影像监视系统

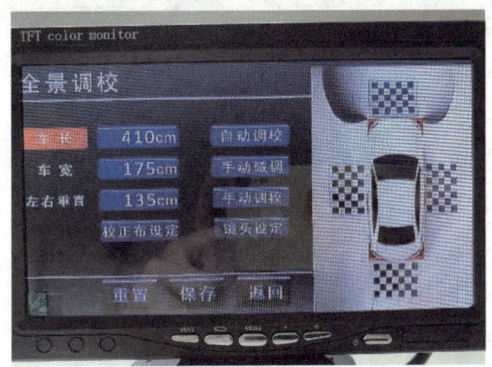

图2-52　全景调整界面

④ 设置车身尺寸。车长、车宽及左右垂直的参数测量方法参考图 2-53 所示。注：模型车辆与实车差异过大，车身尺寸参数使用默认参数即可（长：410cm，宽：175cm，左右垂直：135cm），不建议修改为实测数据。

⑤ 自动调校。使用遥控器选择【自动调校】，按■键确认，系统会进入全景自动拼接过程，待系统提示"OK！！！"即拼接完成。如图 2-54 所示。

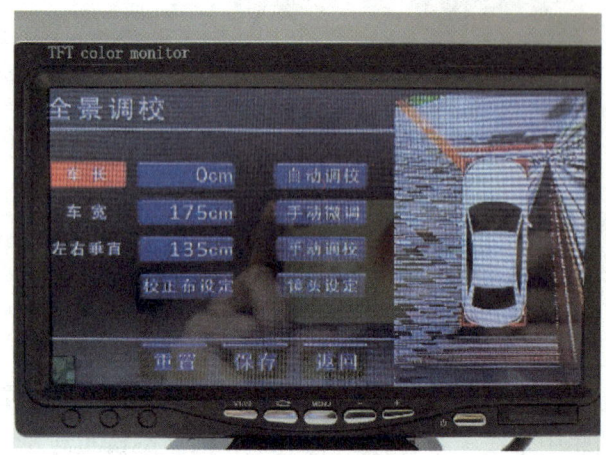 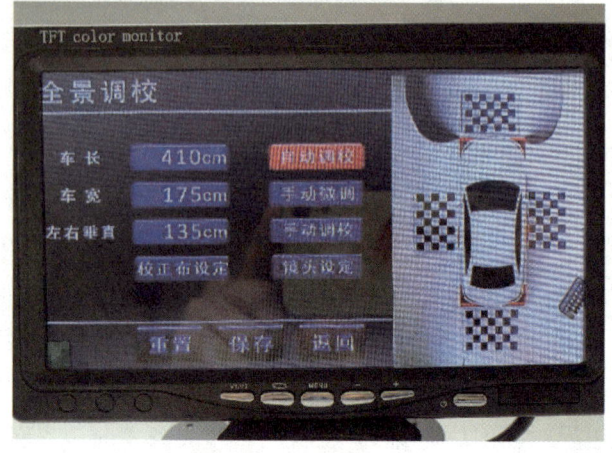

图 2-53　设置车身尺寸　　　　　　　　图 2-54　自动调校

⑥ 进入手动微调。当自动拼接后，如果画面仍有拼接处未能拼接理想的时候，可选择【手动微调】，通过遥控器操作来调整 360 全景到符合理想的画面。如图 2-55 所示。

⑦ 摄像头手动微调。每个摄像头对应视窗都有 4 个目标点（视窗的左上为 1、右上为 2、左下为 3、右下为 4），按■可在 1、2、3、4、12、13、24、34、1234 之间切换，按■■■■可调整目标点移动，使视窗的形变达到理想状态，使拼接效果更佳。如图 2-56 所示。

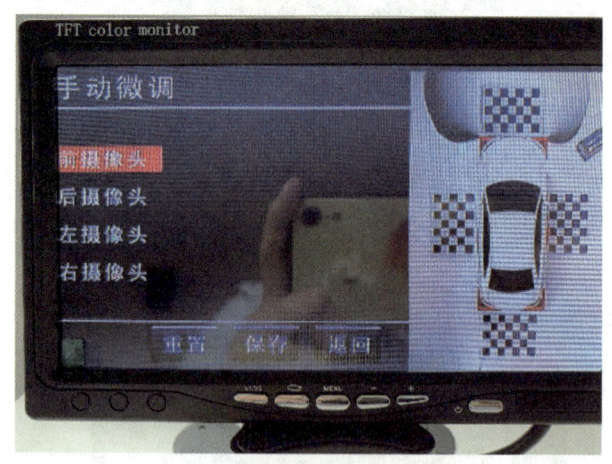 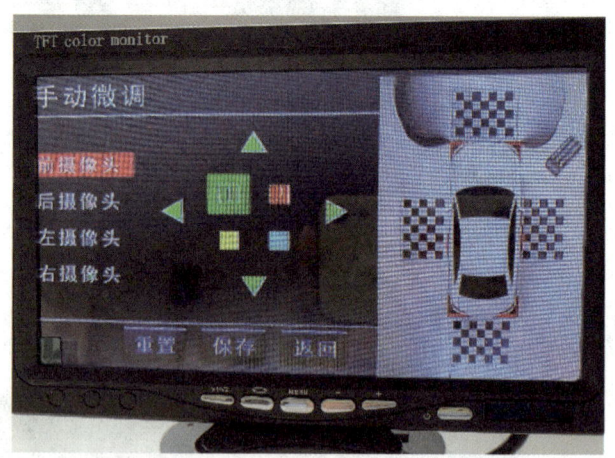

图 2-55　手动微调　　　　　　　　图 2-56　摄像头手动微调

3. 故障分析及处理

（1）系统不工作，摄像头不显示

① 确认主机主控制线连接是否松动、脱落，如有则重新接插。

② 用万用表测试主机供电线路是否接通；用万用表测试显示屏供电线路是否接通。如断开则需要更换有故障的线束。

（2）单个摄像头无画面显示

① 检查有故障摄像头连接线两端及延长线两端接口是否连接完好并重新接插。

② 用万用表测试摄像头连接对应的主线束针脚，是否接通，如不通则需要更换有故障的线束。

（3）画面显示断层、失真，或者有单个摄像头画面与整体画面不一致

① 检查摄像头安装是否有偏移。

② 按自动调校步骤重调一次。

③ 通过手动微调处理。

④ 检查摄像头参数设置是否存在误差，重新设置并保存。

【练 习】

1. 车载摄像头按摄像头数目分可分为_____，_____，_____及_____。
2. 360影像监视系统可分为_____，_____和_____三种类型。
3. 请简述摄像头在ADAS系统中的应用有哪些？

学习点二 超声波雷达专项技能

【情景描述】

特斯拉自Autopilot推出以来，便坚持4+4+4的超声波雷达布局。早期版本中，特斯拉在泊车辅助中使用前后8颗雷达，在辅助驾驶中使用全部12颗雷达。特斯拉高度依赖超声波雷达，超声波雷达究竟有何突出之处，让特斯拉如此偏爱呢？

【学习目标】

知识目标：1. 了解超声波雷达的分类、特点与应用。
　　　　　2. 了解超声波雷达的结构与工作原理。
能力目标：能够正确进行超声波雷达的安装与标定。

【知识链接】

一、超声波雷达基础知识储备

（一）超声波雷达概述

1. 超声波雷达概述

超声波传感器（图2-57）是将超声波信号转换成其他能量信号（通常是电信号）的传感器。如果觉得超声波雷达有些陌生，那么它还有一个更通俗的名字——倒车雷达。

图 2-57 超声波雷达

2. 超声波雷达分类

常见的超声波雷达有两种。第一种是安装在汽车前后保险杠上的,也就是用于测量汽车前后障碍物的倒车雷达,这种雷达业内称为 UPA(Universal Parking Aid);第二种是安装在汽车侧面的,用于测量侧方障碍物距离的超声波雷达,业内称为 APA(Advanced Parking Aid)。UPA 和 APA 的探测范围和探测区域都不相同,如图 2-58 所示。图中的汽车配备了前后向共 8 个 UPA,左右侧共 4 个 APA。

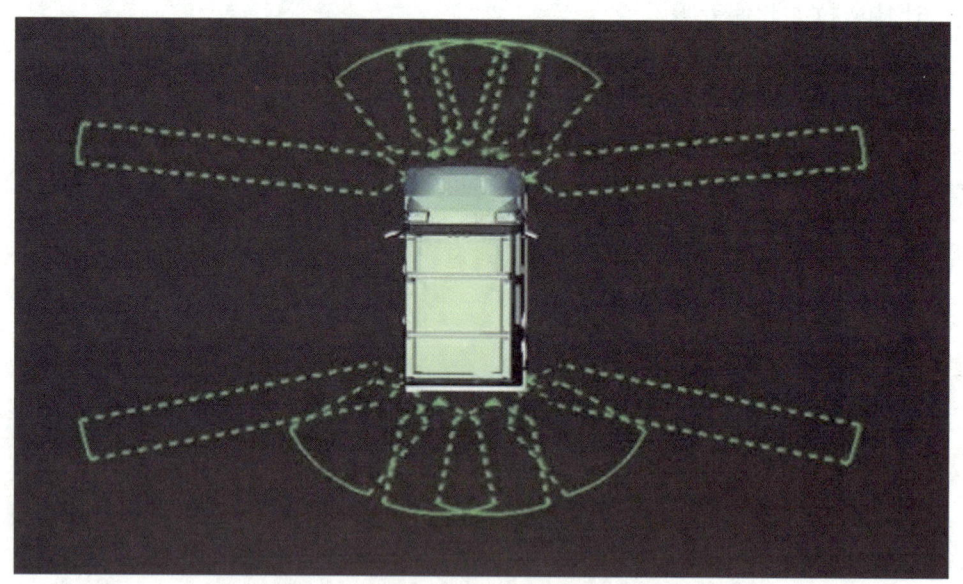

图 2-58 UPA 和 APA

UPA 超声波雷达的探测距离一般在 15~250cm 之间,主要用于测量汽车前后方的障碍物。如图 2-59 所示,为单个 UPA 的探测范围示意图。

APA 超声波雷达的探测距离一般在 30~500cm 之间。APA 的探测范围更远,因此相比于 UPA 成本更高,功率也更大。图 2-60 为单个 APA 的探测范围示意图。APA 的探测距离优势让它不仅能够检测左右侧的障碍物,而且还能根据超声波雷达返回的数据判断停车库位是否存在。

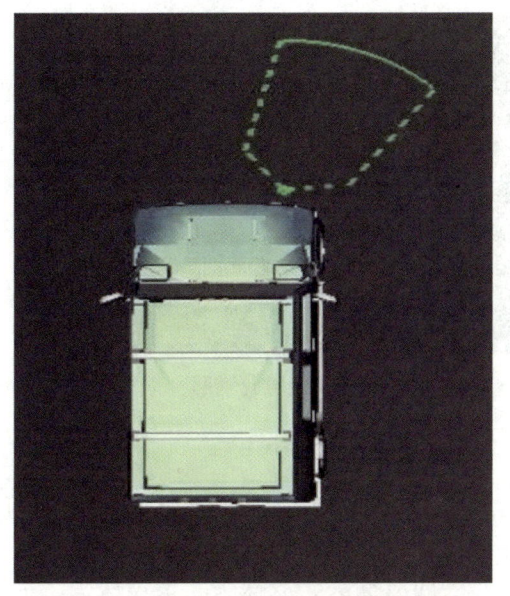

图 2-59 单个 UPA 的探测范围示意图

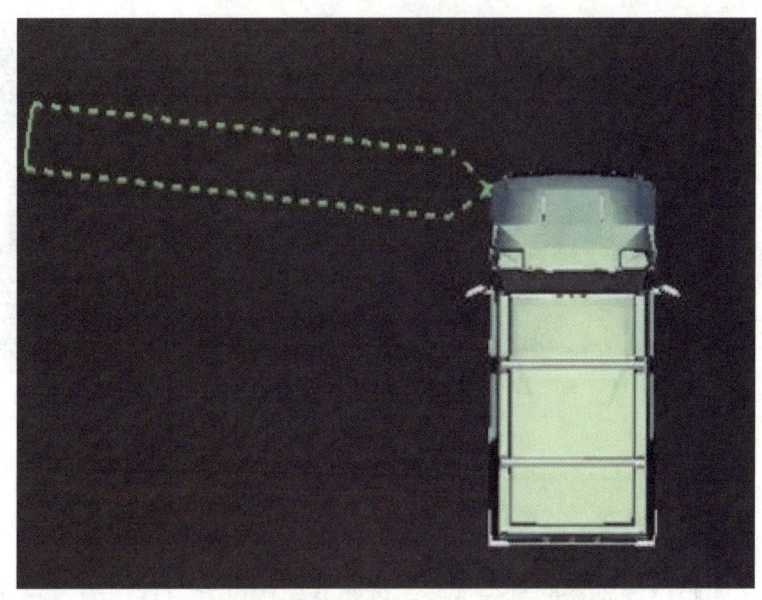

图 2-60 单个 APA 的探测范围示意图

3. 超声波雷达特点

在实际使用中，超声波能量消耗较为缓慢，防水、防尘，即使有少量的泥沙遮挡也不影响，在介质中的传播距离较远，穿透性强，测距方法简单，成本低，且不受光线条件的影响，有着众多的优点，在短距离测量中，超声波雷达测距有着非常大的优势。

但是，超声波是一种机械波，使得超声波雷达有着以下几种局限性。

① 对温度敏感。超声波雷达的波速受温度影响，近似关系为 $C=C_0+0.607\times T$。其中，C_0 为零度时的波速，为 332m/s，T 为温度（单位：℃）。波速受温度影响，因此测量的精度也与温度直接相关。对于超声波测距精度要求达到 1mm 时，就必须把超声波传播的环境温度考虑进去。例如当温度为 0℃时是 332m/s，30℃时超声波速度是 350m/s，温度变化引起的超声波速度变化为 18m/s。若超声波在 30℃的环境下以 0℃的声速测量 100m 距离所引起的测量误差将达到 5m，测量 1m 误差将达到 5mm。传播速度较慢时，若汽车行驶速度较快，使用超声波测距无法跟上汽车车距的实时变化，误差较大。

② 超声波散射角大，方向性较差，无法精确描述障碍物位置。在测量较远距离的目标时，其回波信号较弱，影响测量精度。

4. 超声波雷达应用

（1）泊车库位检测

自动泊车功能需要经历两个阶段：识别库位和倒车入库。

识别库位功能就是依赖安装在车辆侧方的 APA，如图 2-61 所示。

（2）高速横向辅助

特斯拉 Model S 在 AutoPilot1.0 时代就实现了高速公路的巡航功能，为了增加高速巡航功能的安全性和舒适性，特斯拉将用于泊车的 APA 超声波雷达，也用在了高速巡航上，如图 2-62 所示。

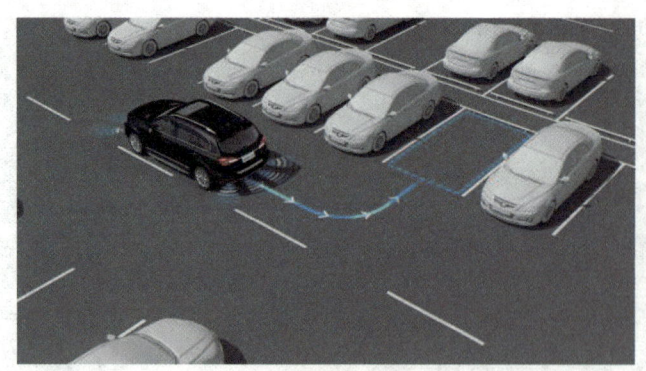

图 2-61　泊车库位检测

图 2-62　高速横向辅助

（二）超声波雷达技能理论储备

1. 超声波雷达结构

超声传感器的种类很多，按照其结构可分为直探头、斜探头、表面波探头、双探头、聚焦探头、水浸探头以及其他专用探头。按照实现超声换能器机电转换的物理效应的不同可将换能器分为电动式、电磁式、磁致伸缩式、压电式等，其中以压电式最为常用。

直探头结构如图 2-63 所示，它主要由压电晶片、吸收块（阻尼块）、保护膜、引线等组成。

压电晶片多为圆板形，厚度为 δ。超声波频率 f 与其厚度 δ 成反比。压电晶片的两面镀有银层，作导电的极板。

阻尼块的作用：降低晶片的机械品质，吸收声能量。如果没有阻尼块，当激励的电脉冲信号停止时，晶片将会继续振荡，加长超声波的脉冲宽度，使分辨率变差。

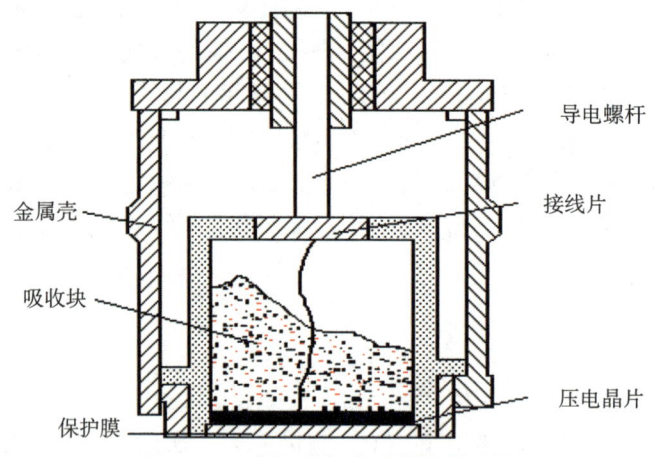

图 2-63　直探头超声波传感器结构

2. 超声波雷达工作原理

超声波传感器分为发射换能器和接收换能器，既能发射超声波又能接受发射出去的超声波的回波。发射换能器利用压电元件的逆压电效应，而接收换能器则是利用压电效应。如图 2-64、图 2-65 所示，超声波雷达的工作原理是通过超声波发射装置向外发出超声波，到通过接收器接收到发送过来超声波时的时间差来测算距离。由此可见，超声波测距原理与雷达原理是一样的。

测距的公式表示为：$L = C \times T$。

式中 L 为测量的距离长度；C 为超声波在空气中的传播速度；T 为测量距离传播的时间差（T 为发射到接收时间数值的一半）。

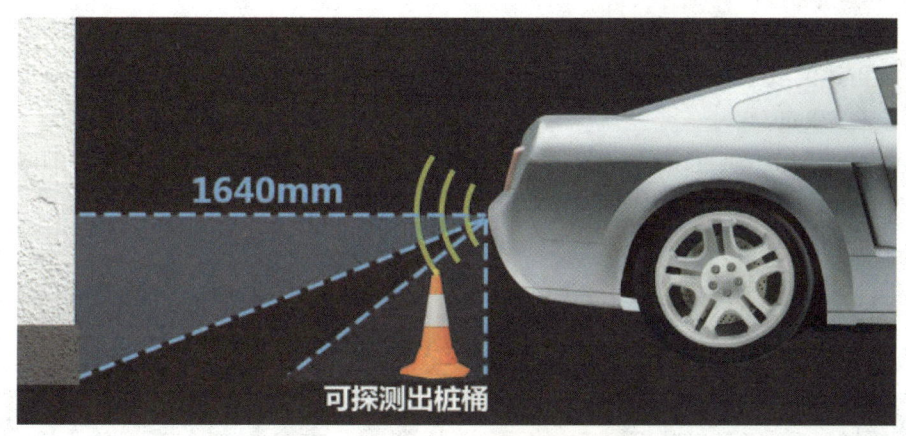

图 2-64　超声波传感器测距原理

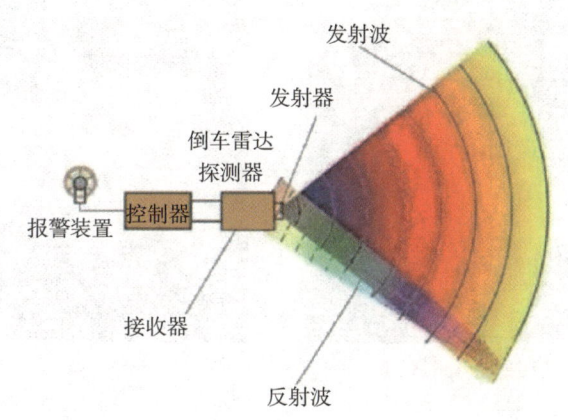

图 2-65　超声波雷达工作原理

目前，常用探头的工作频率有 40kHz，48kHz 和 58kHz 三种。一般来说，频率越高，灵敏度越高，但水平与垂直方向的探测角度就越小，故一般采用 40kHz 的探头。超声波雷达防水、防尘，即使有少量的泥沙遮挡也不影响。探测范围在 0.1~3m 之间，而且精度较高，因此非常适合应用于泊车。

在实际应用中，还应考虑多普勒效应、温度影响、噪声干扰、线性驱动干扰、机械特性等。但是，一般来说，返回数据的误差非常小，一般最大误差不超过 ±5cm。

在正常情况下，基本障碍物与同一障碍物之间的距离不会波动。一般来说，超声波雷达的最大探测距离约为 2.5~5m，最小探测距离约为 25~35cm，超声波雷达波会产生余震，如果余震期间探测距离过短，会导致盲点从而无法确定与障碍物的距离。

二、超声波雷达应用必备技能

1. 安装

（1）准备超声波雷达套件套件

目前，市面上出售的倒车雷达型号较多，一般具有距离显示、声音提示报警、方位指示、探头自动检测等功能，主要包括数码显示器、微电脑主机、探头及相关连线等附件，如图 2-66 所示。

（2）确定超声波传感器安装位置

把传感器安装在后保险杠上的预留孔中，按要求把传感器套对好卡槽，与传感器配合装好，再将

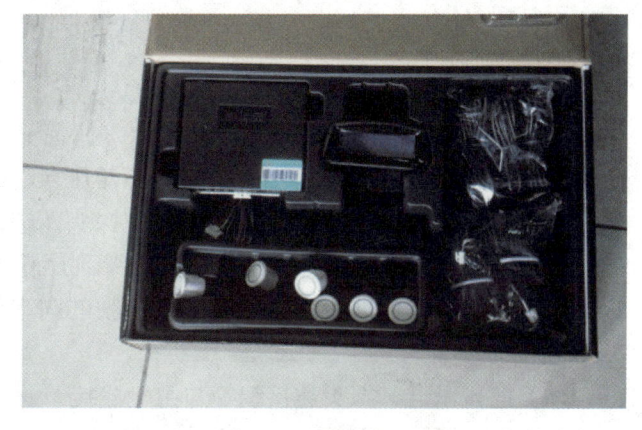

图 2-66　超声波雷达套件

传感器固定卡从背后推进卡住传感器。若无预留位置,则需先用度量工具度量探头的安装位置并做好标记号。一般超声波雷达的安装位置要求如下。

①离地高度:50~70cm。

②水平间距:A点与B点、C点与D点之间的距离为30cm,B点与C点之间的距离为40cm。如图2-67所示。

(3)选择超声波传感器钻头直径

把配送的专用钻头安装在电钻上,钻头的尺寸须与雷达的尺寸吻合,一般为18.8mm。并对准上一步标记好的位置,如图2-68所示,钻孔,如图2-69所示。

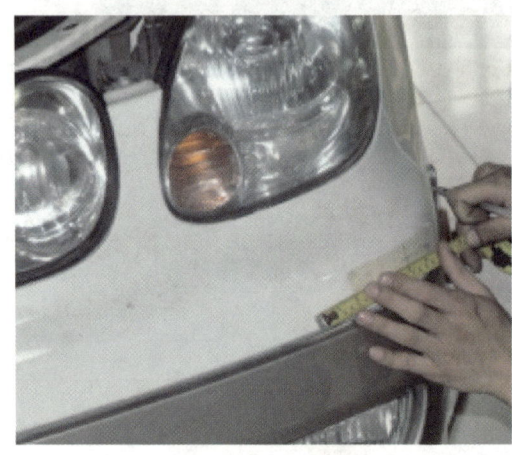

图2-67 确定超声波传感器安装位置

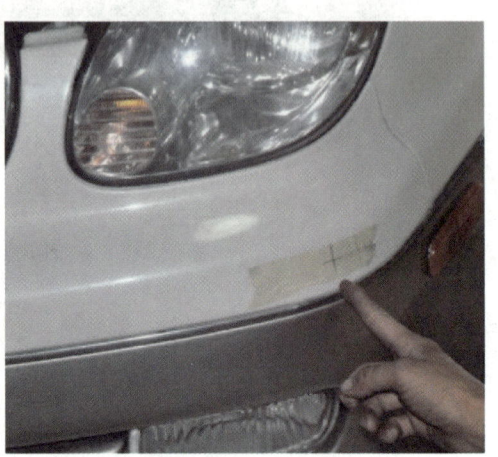

图2-68 标记好的位置钻孔

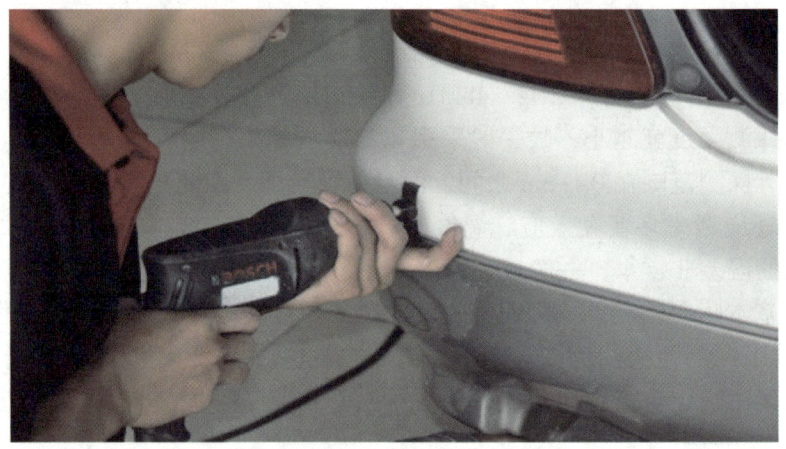

图2-69 电钻钻孔

(4)安装超声波传感器

把探头与线束连接,如图2-70所示,使箭头方向朝上,然后安装超声波传感器。均衡用力压紧:在超声波传感器的边缘均衡用力,将传感器压入,并且与安装孔贴紧。实际操作时注意,不要用手压住探头中间向里推,正确方法应是用手压住探头两边向里推,因为探头中间是振动区,受力易受损;接下来应调整好探头的方向,并将连线理顺,穿到尾箱上,如图2-71所示。

(5)把前探头的线束从这里穿到主驾驶的刹车位置上,并通过门缝边连接到尾箱上,如图2-72~图2-73所示。

(6)把显示器、探头连接线等与主机连接

主机盒上的电源线束中的红线与车中的ACC正极线相接,黑线与地线相接,白线或黄线与刹车灯正极相接。用背胶把主机固定隐藏在内侧，如图2-74所示。安装完成的效果图如图2-75所示。

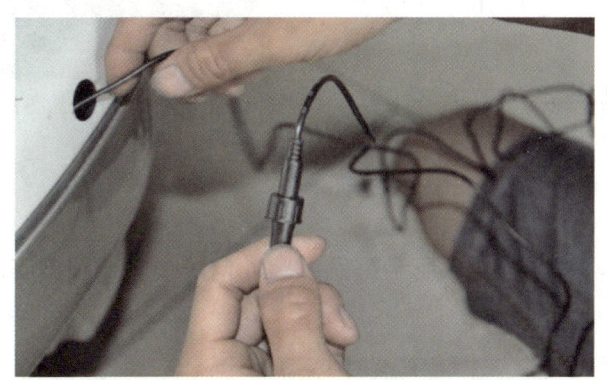

图2-70　连接探头与线束

图2-71　探头的线束整理并穿到尾箱

图2-72　前探头线束

图2-73　通过门缝连接尾箱

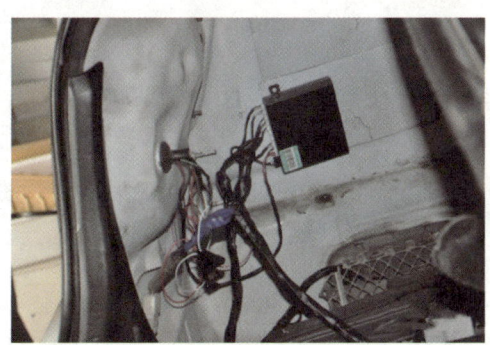

图2-74　正确连接主机

图2-75　完成效果图

（7）安装注意事项。

①在进行安装时，必须将车置于熄火状态。

②探头的安装要松紧适度，并要修整探头安装孔，不能有毛刺。若把探头压得太紧，则探头内部的振动板无法振动而发不出超声波；若安装得过松，则探头易在汽车振动时改变方向，探测到地面从而产生误报。

③如果探头安装在铁质挡板上，需要在探头四周包裹电工绝缘胶布。

④主机应安装在不易受干扰的位置，尤其不能安装在排气管或大量电器布线附近。

2. 标定

① 在工作区放置工作牌，将超声波雷达安装在支架上。

② 将超声波雷达和控制盒线束连接。

③ 打开超声波雷达控制盒供电开关、超声波电源开关。
④ 在超声波雷达正前方 1m 处放置障碍物（或站立人模拟障碍物）。
⑤ 观察超声波显示界面测距数值。
⑥ 前后左右移动障碍物，观察测距数值变化。如图 2-76 所示，在超声波雷达的不感应区域、限定区域和不确定区域示意中标记相应区域尺寸。
⑦ 组装和连接示波器。
⑧ 将示波器测试针连接控制面板端口 CH2（信号）、CH1（接地）。
⑨ 打开示波器，测试超声波雷达发射的脉冲信号。图 2-77 所示是发射脉冲信号参考，根据测试结果记录测试波形。

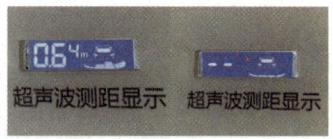

图 2-76　毫米波雷达

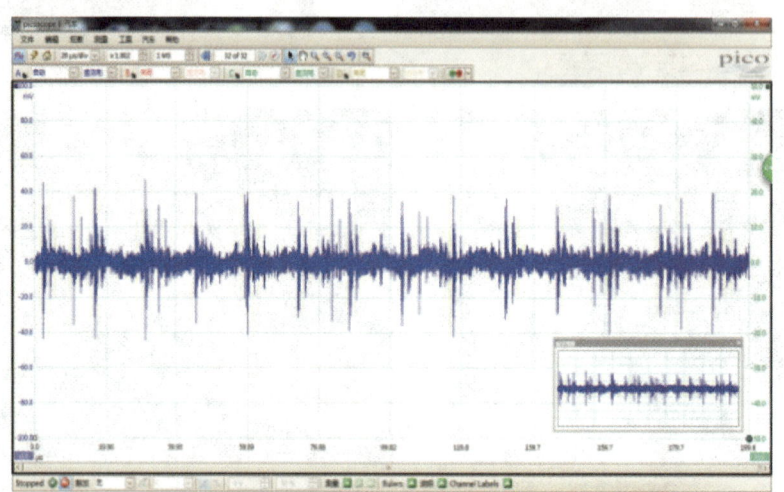

图 2-77　毫米波雷达探测距离分类

⑩ 观察波形，分析超声波雷达发射信号的脉冲周期。
⑪ 整理实验场地。

3. 测试

在车后 2m 内无障碍物的条件下，将倒车挡挂入后，仔细分辨倒车雷达模块通电后的自检提示。

（1）全部功能正常

自检提示音为"嘀"一声后进入正常工作模式。

（2）左外传感器故障

自检后出现约 4~6s 的长鸣音，长鸣音后出现"嘀"一声报警，此提示为左外传感器故障。

（3）左中传感器故障

自检后出现约 4~6s 的长鸣音，长鸣音后出现"嘀、嘀"两声报警，此提示为左中传感器故障。

（4）右中传感器故障

自检后出现约 4~6s 的长鸣音，长鸣音后出现"嘀、嘀、嘀"三声报警，此提示为右中传感器故障。

（5）右外传感器故障

自检后出现约 4~6s 的长鸣音，长鸣音后出现"嘀、嘀、嘀、嘀"四声报警，此提示为右外传感器故障。

（6）2 个以上传感器故障

自检后出现约 4~6s 的长鸣音，依照左、中、右的顺序，优先提示第一颗传感器故障位置（每次自检后只提示一个故障位置）。例：当左中、右外两颗同时出现故障时，自检出现约 4~6s 的长鸣音后，发出"嘀、嘀"两声报警。更换左中传感器后再次通电自检，自检出现约 4~6s 的长鸣音后，发出"嘀、嘀、嘀、嘀"四声报警，更换左外传感器后再通电才出现自检提示音为"嘀"一声的正常提示音，而后进入正常工作模式（即主机的自检每次通电后只能提示一个传感器异常，如有多个传感器异常需要更换后多次进行通电确认）。

（7）倒车雷达故障

当倒车雷达主机在通电后，自检出现约 4~6s 的长鸣音后发出"嘀、嘀、嘀、嘀、嘀"五声报警时，提示为倒车雷达主机出现故障。如倒车雷达主机在通电后，没有任何的提示反应，请先确认倒车雷达主机端子的安装状态，是否为线束脱落或断路造成。

以上异常报警同样适用在工作中的传感器，即在正常工作状态下，出现异常报警方式同上。当确认异常的传感器位置后，可以和正常传感器互换，如果故障随之转移，可确认为传感器故障。如果不转移，考虑线束和插接件。

【练 习】

1. 超声波雷达常用的有两种，一种是安装在_____，用来测量汽车前后障碍物的倒车雷达，这种雷达业内称为_____，第二种是安装在_____，用于测量侧方障碍物距离的超声波雷达，业内称为_____。
2. 请简述超声波雷达的特点。
3. 请简述超声波雷达在 ADAS 系统中的应用。
4. 请简述超声波雷达的工作原理。

学习点三 毫米波雷达专项技能

【情景描述】

对于自动驾驶，简单来说就是对大量交通数据进行运算，最终得到最优的行车路线和速度。但是最关键的技术难点却在于获取数据。所以雷达变成了自动驾驶不可或缺的硬件。自动驾驶汽车通过雷达将复杂的交通数据全部捕获。而自动驾驶汽车上常见的雷达有两种，分别是激光雷达和毫米波雷达。今天，我们就来详细了解一下毫米波雷达。

【学习目标】

知识目标：1. 了解毫米波雷达的分类、特点与应用。
2. 了解毫米波雷达的结构与工作原理。
能力目标：能够正确进行毫米波雷达的安装调试与标定。

【知识链接】

一、毫米波雷达基础知识储备

（一）毫米波雷达概述

1. 毫米波雷达概述

毫米波雷达（图 2-78）就是指工作频段在毫米波频段（30~300GHz）的雷达。它是自动驾驶系统的

导学视频

主要传感器，波长从 1~10mm，毫米波雷达探测距离较长，可达 200 多米，可以对目标进行有无检测、测距、测速以及方位测量。它具有良好的角度分辨能力，可以检测较小的物体。同时，毫米波雷达有极强的穿透率，能够穿过光照、降雨、扬尘、下雾或霜冻来准确探测物体，可以在全黑的环境工作，可全天候工作。

2. 毫米波雷达分类

如图 2-79 所示，毫米波雷达根据测试距离主要分为短距离雷达和长距离雷达两类。

图 2-78　毫米波雷达　　　　　图 2-79　毫米波雷达探测距离分类

短距离雷达：就是频段在 24GHz 左右的雷达。处在该频段上的雷达的检测距离有限，因此常用于检测近处的障碍物（车辆）。图 2-80 的这 4 个角雷达，能够实现的 ADAS 功能有盲点检测、变道辅助等；在自动驾驶系统中常用于感知车辆近处的障碍物，为换道决策提供感知信息。

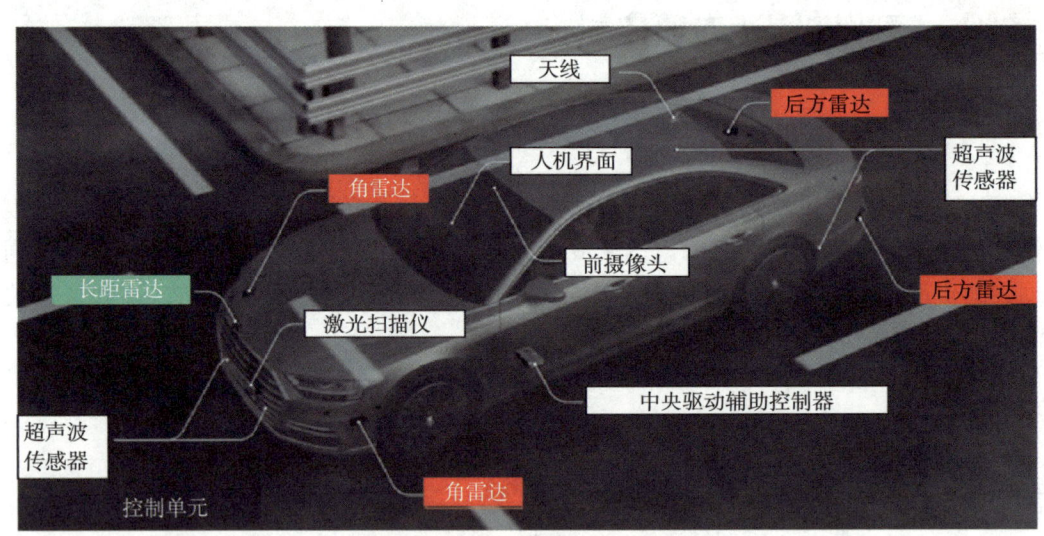

图 2-80　奥迪 18 传感器分布

长距离雷达：包括 77GHz 和 79GHz 频段雷达。

性能良好的 77GHz 雷达的最大检测距离可以达到 160m 以上，因此常被安装在前保险杠上，正对汽车的行驶方向。

长距离雷达能够用于实现紧急制动、高速公路跟车等 ADAS 功能；同时也能满足自动驾驶领域，对障碍物距离、速度和角度的测量需求。

3. 毫米波雷达特点

汽车毫米波雷达工作频段为 21.65-26.65GHz 和 76-81GHz。比较常见的汽车毫米波雷达工作频率在 24GHz、77GH、79GHz 这三个频率附近。

（1）直接测得距离速度，是 ACC、AEB 等功能的优选

如图 2-81 所示，采用雷达向周围发射无线电，通过测定和分析反射波以计算障碍物的距离、方向和大小。雷达能直接测量距离和速度信息的特点使应用于自适应巡航、碰撞自动刹车上有着天然的优势，也是目前自适应巡航最主流的解决方案。

（2）高穿透、全天候特性是其他传感器的有力保障

在摄像头的应用越来越丰富，尤其是 TTC 算法出现后，单摄像头的解决方案也能实现自动紧急刹车（AEB）功能。但在高速行驶中的使用仍然存有疑问。虽然行业中有不同的认知，但主流的声音仍然认为，毫米波雷达具有的高穿透和全天候的特性，给予自动驾驶更有力的保障。而通过毫米波雷达，配合其他传感器的融合解决方案，则具备更高的识别精度和效率。

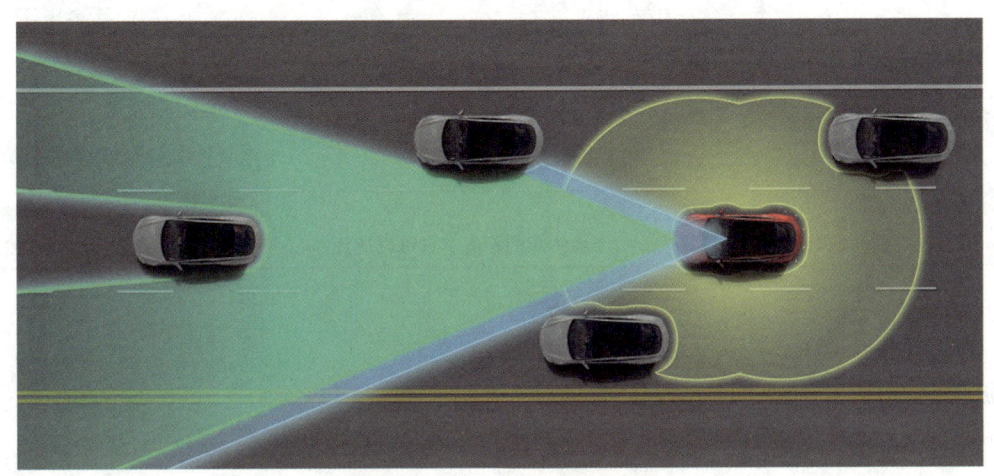

图 2-81　目标发射探测信号

（3）主流频段 24GHz 和 77GHz，77GHz 长距特性更具备优势

目前，汽车毫米波雷达的主要频段为 24GHz 和 77GHz，日本还采用 60GHz。使用这些频段的主要原因，是这些频段被其他频段应用占用少，这些频段在大气中的衰减要弱，因而更适合长距离传输。

77GHz 目前更多的被认为是未来的主流方向，其主要的优点有以下几点。

① 探测距离更远：带宽更大，同时天线较小。反射的波束更集中，从而可探测更远的距离；

② 独有频段：在欧洲，24GHz 很早之前就已经被分配给射电天文和电信工业应用。为了减少对它们的干扰，欧盟限制了 24GHz 车用毫米波雷达发射功率，仅用于短距离雷达，而 77Ghz 相对独有。

毫米波雷达具有较多的优点，而使其广泛地应用于自动驾驶汽车当中，如图 2-82 所示。

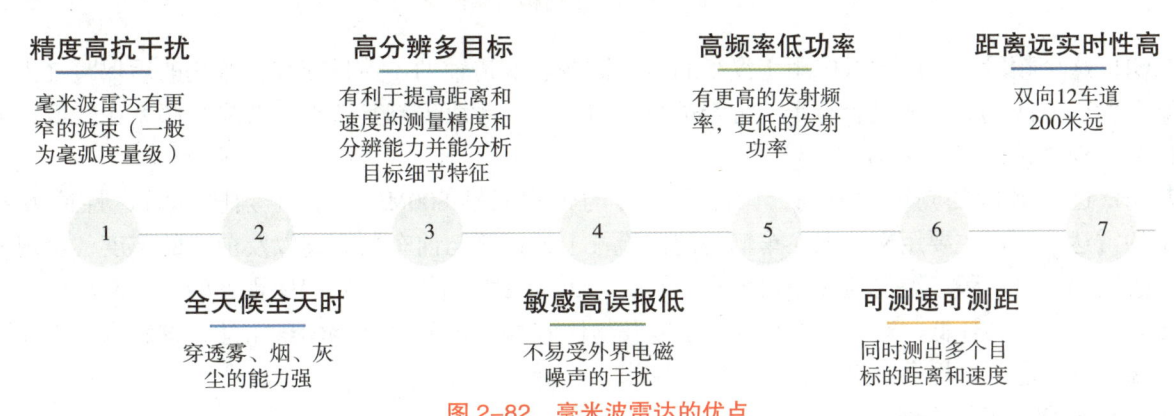

图 2-82　毫米波雷达的优点

但是，毫米波雷达的缺点也十分直观，无法感知行人，并且对周边所有障碍物无法进行精准的建模。

4. 毫米波雷达应用

77GHz 毫米波雷达较 24GHz 可以实现更远的探测距离，精度更高，不过随着频率的增加相应的芯片的设计和制造难度也变大，77GHz 毫米波雷达成本更高。且通常探测角度和探测距离是矛盾的，这意味着 24GHz 毫米波雷达能探测的角度要优于 77GHz 毫米波。所以虽然说 77GHz 功能上可以取代 24GHz，是未来主流，但从性价比的角度来看，目前短程雷达还主要由 24GHz 承担。

几个毫米波雷达结合可完成自适应巡航（ACC）、自动紧急制动（AEB）、前方/后方碰撞预警（FCW/BCW）、变道辅助（LCA）、盲点检测（BSD）、倒车辅助（BPA）、泊车辅助（PA）等多种 ADAS 功能。见表 2-5 所列。

表 2-5 毫米波雷达的应用

频段	特点	应用
24~24.25GHz	频率比较低； 带宽（Bandwidth）比较窄，只有 250MHz	盲点监测，变道辅助
77GHz	频率比较高； 国际上允许的带宽高达 800MHz	紧急制动，自动跟车等主动安全功能
79~81GHz	带宽非常宽，要比 77GHz 的高出 3 倍以上； 具备非常高的分辨率（雷达能区分两个物体间的距离），可以达到 5cm	自适应巡航、汽车前向碰撞报警系统、紧急制动等，未来将取代 24GHz 雷达

（二）毫米波雷达技能理论储备

1. 毫米波雷达结构

24GHz 和 77GHz 毫米波雷达构造如图 2-83 所示。

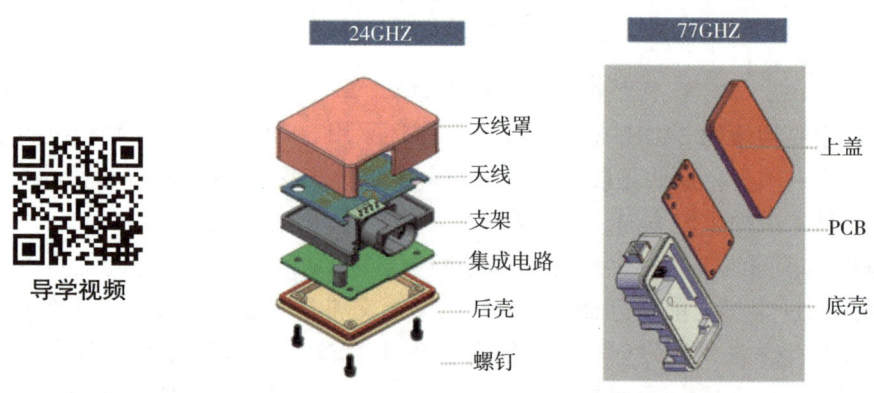

图 2-83 毫米波雷达构造原理图

24GHz 这个频段，目前大量应用于汽车的盲点监测、变道辅助。雷达安装在车辆的后保险杠内，用于监测车辆后方两侧的车道是否有车、可否进行变道。这个频段也有其缺点，首先是频率比较低，另外就是带宽比较窄，只有 250MHz。

77GHz 这个频段的频率比较高，国际上允许的带宽高达 800MHz。这个频段的雷达性能要好于 24GHz 的雷达，所以主要用来装配在车辆的前保险杠上，探测与前车的距离以及前车的速度，实现的主要是紧急制动、自动跟车等主动安全领域的功能。与 24GHz 雷达相比，77GHz 雷达的检测距离远，体积小，更易于安装，功耗低，对于行人和自行车以及物体监测的效果优于 24GHz 雷达，这就意味着在更多的应用场景上，它可以提供更安全、更优良的性能。

2. 毫米波雷达工作原理

如图 2-84 所示，毫米波雷达的工作体制主要有脉冲体制和调频连续波（FMCW）体制，FMCW 雷达系统的发射机产生连续高频等幅波,一般采用三角波进行调制,使其频率在时间上按照三角形规律变化。无线电波传播过程中遇到目标发生反射,接收天线接收到回波信号,在这段时间内,发射机的频率较回波频率已经发生变化,将发射机直接耦合的信号与接收天线接收到的目标回波通过接收机的混频器,输出差频信号,通过对差频信号的测量可以计算出目标的距离。

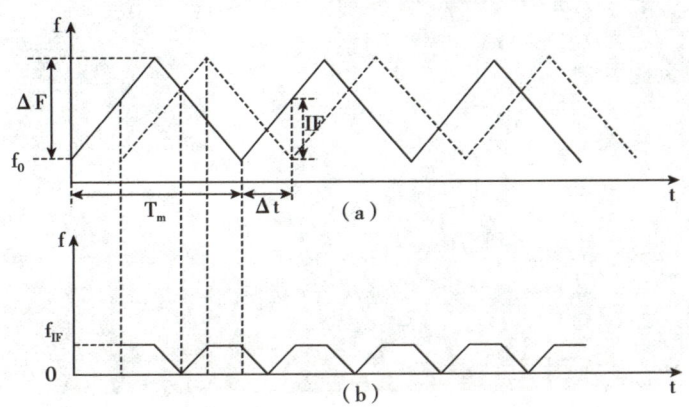

图 2-84 静止目标下三角波调制 FMCW 雷达工作原理

目标距离 R 和中频信号频率 f_{IF} 的关系式:

$$R=\frac{cT_m}{4\Delta F}f_{IF}$$

$$R=c\Delta t/2,\ f_{IF}/\Delta F=\Delta t/\left(\frac{T_m}{2}\right)$$

R:距离,c:光速,T_m:周期,f_{IF}:中频信号频率,ΔF:差频信号

二、毫米波雷达应用必备技能

1. 安装调试

(1)毫米波雷达安装工具

设备:电钻。

工具:平口起子、梅花起子(拆附件)、专用钻头、彩笔、卷尺、电胶布、电笔(安装用)、纸胶带。

(2)安装调试过程

第1步,拆后保险杠。检查后保险杆内部构造情况,如车架大梁、撞击缓冲泡沫块等,尽量避开此类位置。如果有塑料螺丝动作得轻一些。如图 2-85 所示。

图 2-85 检查

第2步，打孔。用标尺度量出探头的位置，如图2-86所示，用配套的专用钻头沿标记处开孔，并将孔修理平滑（如果是换用新的倒车毫米波雷达，这个较危险的步骤就可以省去）。

图2-86 探头位置

第3步，安装倒车毫米波雷达的探头。按探头编号从左至右依次装入打孔处。理顺探头连线，并上穿至后备厢左侧处。

第4步，安装倒车毫米波雷达的控制器，如图2-87所示，拆开后备厢左侧内衬板及左尾灯，安装上倒车毫米波雷达控制器，电源信号线接在倒车灯线。

图2-87 装倒车毫米波雷达的控制器

第5步，安装倒车毫米波雷达的显示器。根据用车习惯找毫米波雷达显示器的固定位置，建议安装在左侧A柱下方，如图2-88所示。将显示器信号线沿左侧门边压条下方或地胶垫下，排到后备厢左侧处，依顺序把显示器及探头插头接往主控制器。

第6步，测试倒车毫米波雷达是否能正常使用。挂入倒挡测试倒车毫米波雷达的工作状况，确定各探头及显示器是否正常，然后装回尾灯及内饰板、保险杠。

（3）毫米波雷达安装调试时注意事项

①连接临时电源线以前，需将上级电源开关断开，并测量确认已经断电，然后再接线。

②临时电源线连接应牢靠，无松动或虚接。

③临时电源线连接完后应在临时接线箱上挂牌做提示。

④临时电源线应尽量布置在没有重物碾压的位置。

⑤定期检查电源线是否有破损或裸漏。

图 2-88 安装倒车毫米波雷达的显示器

⑥休息或不使用临时电源时应将临时电源开关断开。

⑦拆卸临时电源线前需将上级电源开关断开,并测量确认已经断电,然后再拆线。

⑧如果遇到触电事故,应尽快切断总电源或用绝缘物体把触电人员从电线上挪开,并将触电人员尽快急救。

温馨提示:毫米波雷达用在无人驾驶的车上面:经常会遇到建筑物上的玻璃窗和其他玻璃表面。光传感技术有时会穿过玻璃和其他透明材料,这对无人驾驶汽车悬停在玻璃建筑物上造成困难,超声波则能够可靠地反射出玻璃表面。

2. 标定

① 在工作区放置工作牌,将毫米波雷达安装在支架上。

② 将毫米波雷达 RACN 信号线与控制柜 CAN-H 和 CAN-L 连接。

③ 打开毫米波雷达控制盒供电开关、电源开关。

④ 在毫米波雷达正前方固定距离放置模拟目标,记录距离。

⑤ 打开控制柜电源,启动计算机。

⑥ 启动"Radar Viewer"或其他毫米波测试软件。

⑦ 对毫米波雷达安装位置进行调整、标定(模拟目标在测试软件中显示信息与实际一致)。

⑧ 记录软件测试界面的距离、幅度、角度等信息。

⑨ 记录最远距离测试点位数据。

⑩ 记录距离精度测试点位数据。

⑪ 记录目标雷达散射特性及位置中心精度测试数据。

⑫ 关闭测试界面,启动"USB-CAN TOOL"程序,打开 CAN 分析仪。

⑬ 设置设备比特率为 500kbi/s,读取 CAN 分析仪采集的数据。

⑭ 实时存储 CAN 分析仪采集到的数据,识别出有效数据。

⑮ 解析 CAN 分析仪读取的数据,将十六进制转换为十进制。

⑯ 将换算的数据和测试软件读出的数据做匹配分析(参考雷达目标格式,计算目标距离)。

⑰ 将雷达 RCAN 信号线与示波器通道连接。

⑱ 通过示波器观察 CAN-H 和 CAN-L 波形,保存波形截图。

⑲ 整理实验场地。

【练习】

一、判断题
1. 超声波雷达能检测到远距离障碍物。（　　）
2. 超声波雷达只能用于泊车。（　　）

二、单选题
1. 下列选项中属于超声波雷达的是（　　）。
　A. 直探头　　　　　　B. 斜探头　　　　　　C. 双探头　　　　　　D. 以上皆是
2. APA超声波雷达主要用于汽车（　　）的障碍物探测，完成车位寻找与校验工作。
　A. 前后方向　　　　　B. 左右两侧方向　　　C. 前后左右四个方向

学习点四　激光雷达专项技能

【情景描述】

说到自动驾驶，很多朋友都会想到形形色色的各类传感器、高精地图、GPS等，说到底自动驾驶车型就像一个全副武装的战士般无懈可击。而在这其中，激光雷达则扮演了相当重要的角色，那么激光雷达究竟是怎样的存在呢？接下来我们就对激光雷达一探始末。

【学习目标】

知识目标：1. 了解激光雷达的分类、特点与应用。
　　　　　2. 了解激光雷达的结构与工作原理。
能力目标：能够正确进行激光雷达的安装与标定。

【知识链接】

一、激光雷达基础知识储备

（一）激光雷达概述

1. 激光雷达概述

激光雷达（LiDAR）（图2-89）是通过激光测距技术探测环境信息的主动传感器的统称。它利用激光束探测目标，获得数据并生成精确的数字工程模型。激光雷达因分辨率高、抗干扰能力强、体积小、质量轻的优点，广泛应用在距离测量和定位，三维激光雷达凭借动态三维建模功能广泛应用在机器人环境识别、自动驾驶、高精度地图测绘等领域。

2. 激光雷达分类

（1）按照旋转方式可以分成：机械式激光雷达、固态激光雷达

图 2-89 激光雷达

机械式激光雷达：机械式激光雷达通过机械式旋转来实现激光扫描；多束激光竖列而排，纵向叠加后呈现出三维立体图形。

固态激光雷达：相比于传统的机械式激光雷达，固态激光雷达主要具备的技术优势有——分辨率高、装调效率高、测距远以及成本低。分辨率高主要是因为固态激光雷达采用了连续扫描的方式，固态激光雷达的垂直和水平角分辨率在低帧率下可以达到 0.03°。

（2）按照激光束的多少分，可以分成单线束激光雷达、多线束激光雷达

单线束激光雷达一次扫描只产生一条扫描线，其所获得的数据为 2D 数据。数据处理量较小且速度快，单线束激光雷达多被应用于安全防护、地形测绘等领域。

在自动驾驶汽车上应用多线束激光雷达是为了实现 360° 扫描，多线束激光雷达一次扫描可产生多条扫描线，目前市场上多线束产品包括 4 线束、8 线束、16 线束、32 线束、64 线束等。

3. 激光雷达特点

（1）激光雷达的优点

激光雷达（图 2-90）与普通微波雷达相比，激光雷达由于使用的是激光束，工作频率较微波高了许多，因此带来了很多优点。

①分辨率高。激光雷达可以获得极高的角度、距离和速度分辨率。通常角分辨率不低于 0.1mard，也就是说可以分辨 3km 距离上相距 0.3m 的两个目标（这是微波雷达无论如何也办不到的），并可同时跟踪多个目标；距离分辨率可达 0.1m；速度分辨率能达到 10m/s 以内。距离和速度分辨率高，意味着可以利用距离——多普勒成像技术来获得目标的清晰图像。分辨率高，是激光雷达的最显著的优点，其多数应用都是基于此。

②低空探测性能好。微波雷达由于存在各种地物回波的影响，低空存在有一定区域的盲区（无法探测的区域）。而对于激光雷达

图 2-90 激光雷达

来说，只有被照射的目标才会产生反射，完全不存在地物回波的影响，因此可以"零高度"工作，低空探测性能较微波雷达强了许多。

③体积小、质量轻。通常普通微波雷达的体积庞大，整套系统质量数以吨记，光天线口径就达几米甚至几十米。而激光雷达就要轻便、灵巧得多，发射望远镜的口径一般只有厘米级，整套系统的质量最小的只有几十公斤，架设、拆收都很简便。而且激光雷达的结构相对简单，维修方便，操纵容易，价格

也较低。

（2）激光雷达的缺点

首先，工作时受天气和大气影响大。激光一般在晴朗的天气里衰减较小，传播距离较远。而在大雨、浓烟、浓雾等坏天气里，衰减急剧加大，传播距离大受影响。如工作波长为10.6μm的CO_2激光，是所有激光中大气传输性能较好的，在坏天气的衰减是晴天的6倍。地面或低空使用的CO_2激光雷达的作用距离，晴天为10~20km，而坏天气则降至1km以内。而且，大气环流还会使激光光束发生畸变、抖动，直接影响激光雷达的测量精度。

其次，由于激光雷达的波束极窄，在空间搜索目标非常困难，直接影响对非合作目标的截获概率和探测效率，只能在较小的范围内搜索、捕获目标，因而激光雷达较少单独直接应用于战场进行目标探测和搜索。

（3）如何评价激光雷达

评价激光雷达的性能一般从测量距离、测量精度、测量速率、角度分辨率等各方面考虑。见表2-6所列。

表2-6 激光雷达的性能示意图

序号	指标	机械式激光雷达	固态激光雷达
1	探测距离范围	0.5~200m	0.5~200m
2	测距精度	2cm	<5cm
3	回波强度	不低于8bits	不低于8bits
4	水平视场	360°	>100°
5	垂直视场	>500kHz	>500kHz
6	测量帧频	10~20Hz	10~20Hz
7	距离分辨率	<5mm	<5mm
8	水平分辨率	<0.1°	<0.1°
9	扫描线束	不低于32线束	不低于8线束
10	通信接口	Ethernet，PPS	Ethernet，PPS
11	工作温度	-40~85℃	-40~85℃
12	相对湿度	0~95%	0~95%
13	防护等级	不低于IP65	不低于IP65
14	供电电源	9~32VDC	9~32VDC

4. 激光雷达应用

（1）应用前景广泛

激光雷达产业有三个主要发展方向：固态化、激光雷达与摄像头底层融合、智能化。

第一，激光雷达固态化。面对即将到来的自动驾驶商业化运营的阶段性市场，低成本车规级的固态激光雷达需要肩负起它的使命，行业对固态激光雷达的真正量产期待已久。激光雷达固态化后，将消除传统机械式激光雷达中存在的物理限制，并且带来高分辨率、长距离、车规级、易量产以及低成本等优势。

第二，激光雷达与摄像头底层融合。两者作为自动驾驶的核心传感器，各自拥有独特的优势，摄像头可以获取真实世界中丰富的二维彩色信息，激光雷达能够获取三维高精度空间信息。对于自动驾驶环境感知需求,一方面,如果仅依靠摄像头获取的二维图像,感知的可靠性和探测的准确度都难以保证驾驶的安全性。另一方面,仅依靠激光雷达又很难对诸如交通路牌、红绿灯等信息做出有效识别,以及对复杂障碍物进行精细化分类。通过底层深度融合 LiDAR 和摄像头数据,可以发挥出更强大的感知能力。将二维彩色信息覆盖到三维高精度空间数据上,获得时空同步后的彩色点云数据,极大地提高了 AI 感知算法对目标物体的分割及分类探测距离、准确度、精细度,从而大幅提升自动驾驶车辆安全性。

第三,激光雷达智能感知系统。基于 MEMS 固态激光雷达、AI 环境感知算法、激光雷达与摄像头融合,多项前沿技术形成闭环达成了智能化激光雷达感知系统。通过 AI 算法对彩色数据进行预处理,有选择性地对感兴趣区域进行重复探测,能够为自动驾驶带来更远的探测距离与更为准确地感知结果,有效降低中央数据处理单元的数据处理压力,从而确保汽车迅速完成安全可靠的驾驶操作响应。如图 2-91 所示。

图 2-91 智能化激光雷达感知系统

(2)技术瓶颈有待突破

在激光雷达中,光学系统通常由多个光学元件按照一定的顺序和空间位置排列组成,其排列顺序、元件数量与类型、元件间距都会影响光学系统的性能。受技术发展和加工工艺限制,相控阵激光成像雷达工程应用尚不能满足实际应用的迫切需要,一些关键技术问题亟待解决。

①是要优选光学相控阵器件,解决目前主流光学相控阵器件不能满足兼具快速响应和低电压工作的需求,有源、可扩展光学相控阵器件将是未来发展的趋势。

②光学孔径技术,消除栅瓣。需研究更为有效的方法来增加填充因子,实现大角度、准连续、高光束质量光束扫描。

③系统复杂、成本高,由于相控阵器件控制线会随相控阵单元数增多而大大增加,因此需引入微小型化技术。在小型化方面,由于由透镜、反射镜等光学元件组成的激光成像雷达的光学系统体积基本无法缩减,传统激光扫描成像雷达的小型化途径并未涉及光学系统部分的体积缩减。但随着技术的发展和各应用领域的迫切需求,稳定、小型、集成化的光学相控阵器件将进入一个快速的发展时期,为激光雷达发展与应用带来新的机遇。为了追求光学相控阵器件的响应更快速、可靠性更高和小型化的发展趋势,硅基光波导材料的光学相控阵器件成为国外研究热点,DARPA 推出的"模块化光学系统组件"(MOABB)项目,就是利用了基于硅基材料的平面光学组件,大幅压缩激光雷达的体积、成本,从而实现激光雷达小型化。

激光雷达推动了自动驾驶行业的迅速发展,加速了商业化进程,提供了高效快捷的物流运输,更守护了人类安全可靠的出行,如图 2-92 所示。

图 2-92　自动驾驶

可以说,自动驾驶完成商业化,将加速自动驾驶时代的到来。激光雷达产业和技术在迫切的市场需求下快速成长。未来,更先进的激光雷达产品和更成熟的产业链,又将通过精确、可靠、低成本的三维环境感知能力,加速机器人、无人机、安防监控、智慧城市等人工智能产业商业化的进程,推动人类全面跨入人工智能时代。

L3 级以下自动驾驶阶段,毫米波雷达甚至摄像头都能够满足汽车的视觉需求。但要想发展到高级别自动驾驶阶段,受测距、分辨率、精度、信息全面性的影响,激光雷达不可替代。

激光雷达(LiDAR),是一种用于精确获得三维位置信息的传感器。它通过测量激光信号的时间差、相位差确定距离,通过水平旋转扫描或者相控扫描测量角度,再通过不同俯仰角度信号获得高度信息,从而获取整体的三维信息。相比传统的 3D 信号传感器,激光雷达的探测距离更远,测量精度更高,响应速度也更快。

(二)激光雷达技能理论储备

1. 激光雷达结构

(1)机械激光传感器结构如图 2-93 所示

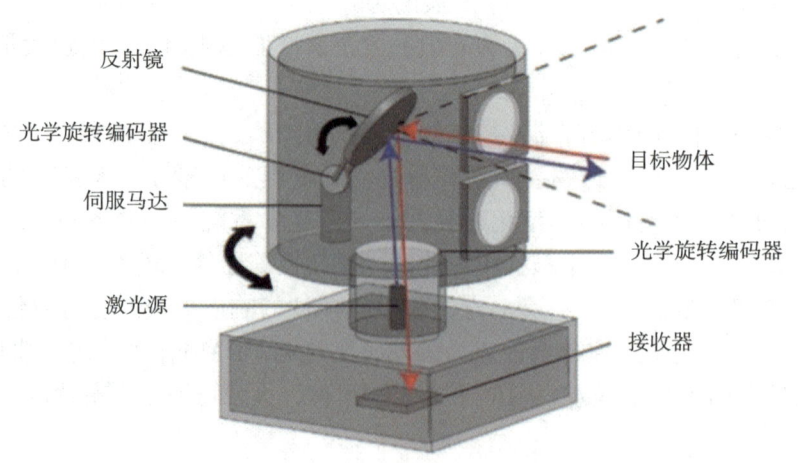

图 2-93　机械激光传感器结构

激光器产生并发射一束光脉冲,打在物体上并反射回来,最终被接收器所接收。接收器准确地测量光脉冲从发射到被反射回的传播时间。因为光脉冲以光速传播,所以接收器总会在下一个脉冲发出之前收到前一个被反射回的脉冲。鉴于光速是已知的,传播时间即可被转换为对距离的测量。结合激光器的高度,激光扫描角度,从GPS得到的激光器的位置和从INS得到的激光发射方向,就可以准确地计算出每一个地面光斑的坐标X,Y,Z。激光束发射的频率可以从每秒几个脉冲到每秒几万个脉冲。举例而言,一个频率为每秒一万次脉冲的系统,接收器将会在一分钟内记录六十万个点。一般而言,LIDAR系统的地面光斑间距在2~4m不等。

(2)多线混合固态激光雷达的构造

C16-xxxA型和C32-xxxA型雷达如图2-94所示,外壳内安装有16/32对固定在轴承上的激光发射与激光接收装置,通过内部的电机旋转以5Hz(或者10Hz、20Hz)转速下,进行360°的全景扫描。

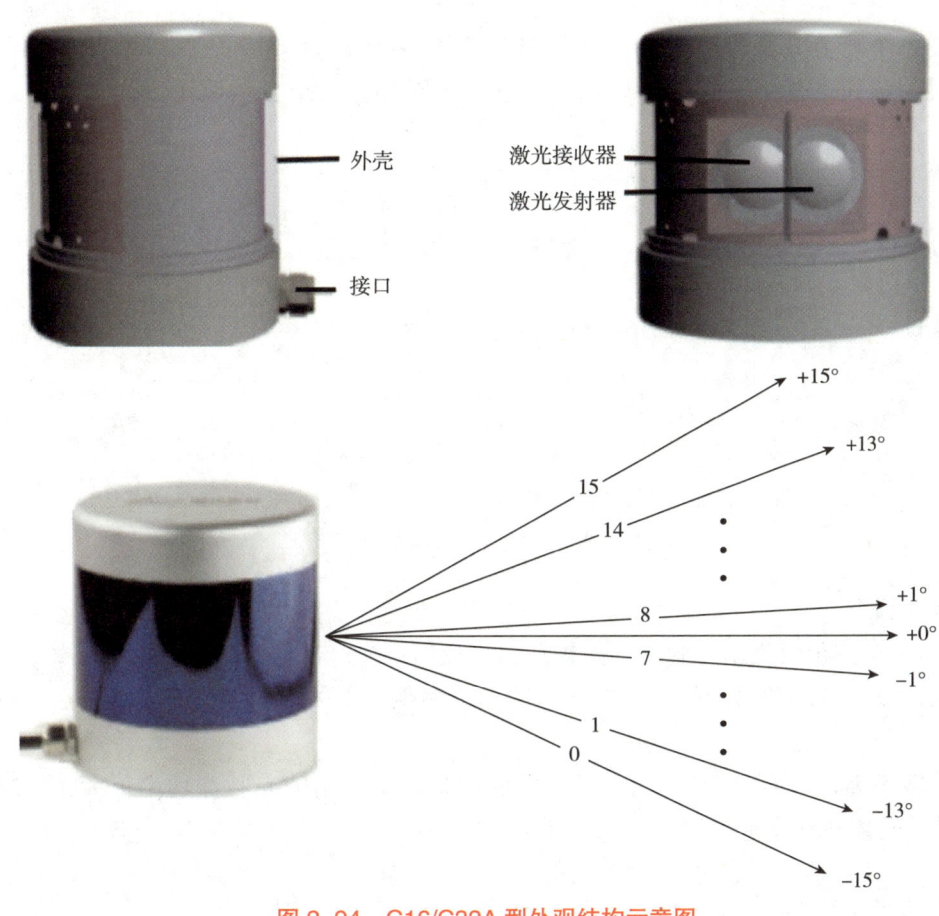

图2-94 C16/C32A型外观结构示意图

2. 激光雷达工作原理

(1)激光雷达的系统

激光雷达主要包括激光发射、扫描系统、激光接收和信息处理四大系统,如图2-95所示,这四个系统相辅相成,形成传感闭环。首先激光发射系统中激励源周期性地驱动激光器,发射激光脉冲,激光调制器通过光束控制器控制发射激光的方向和线数,最后通过发射光学系统,将激光发射至目标物体;扫描系统负责以稳定的转速旋转起来,实现对所在平面的扫描,并产生实时的平面图信息;激光接收系统中光电探测器接受目标物体反射回来的激光,产生接收信号;信息处理系统中接收信号经过放大处理和数模转换,经由信息处理模块计算,获取目标表面形态、物理属性等特性,最终建立物体模型。

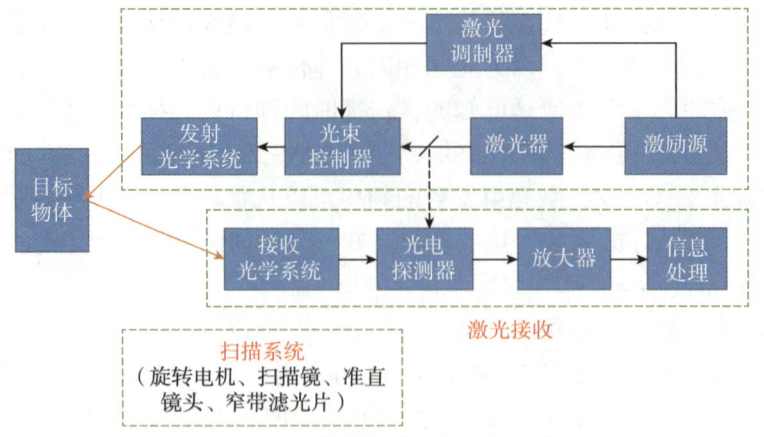

图 2-95　激光雷达四大工作系统

激光雷达的各个环节几乎都有不同的执行方式（图 2-96），单从测距这一个环节来看，就存在基于时间的飞行时间法和不基于时间的相位式等方法，不同环节的组合构成了激光雷达的近二十种分类方法。

激光雷达														
测距			发射			光束操作				探测			数据处理	
飞行时间法		不基于时间	发射器（半导体）	发射光学系统			扫描		Flash	方法		光电探测器	FPGA	DSP
脉冲式	三角式	相伴式	FWCW	EEL	VCSEL	准直镜	扩束镜	辅助	机械式	MEMS	OPA（固态）	直接法	相干法	APD	SPAD	SiPM		

图 2-96　激光雷达的执行方式

（2）激光脉冲测距

如图 2-97 所示，测距仪发出光脉冲，经被测目标反射，光脉冲回到测距仪接收系统。

测量发射和接收光脉冲的时间间隔，即光脉冲在待测距离上的往返传播时间，然后根据光速计算出距离。

脉冲测距精度不高，并且需要"巨脉冲"，巨脉冲，测距时用的光脉冲功率很大，一般峰值功率在一兆瓦以上，脉冲宽度在几十毫秒以下。

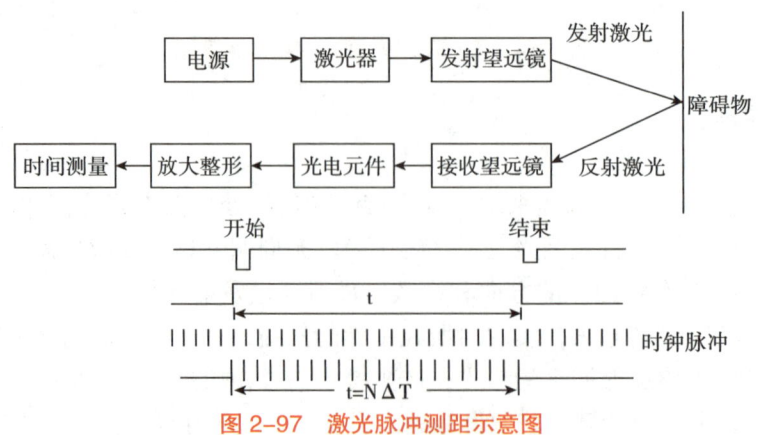

图 2-97　激光脉冲测距示意图

（3）激光相位测距

对发射的激光强度进行连续的调制，测定调制光往返过程中所经过的相位变化，从而间接测量出传播时间，进而计算出距离。

产生强度成余弦变化的连续波，如图 2-98 所示。相位测距的精度高于脉冲测距，负载小，使用较多。

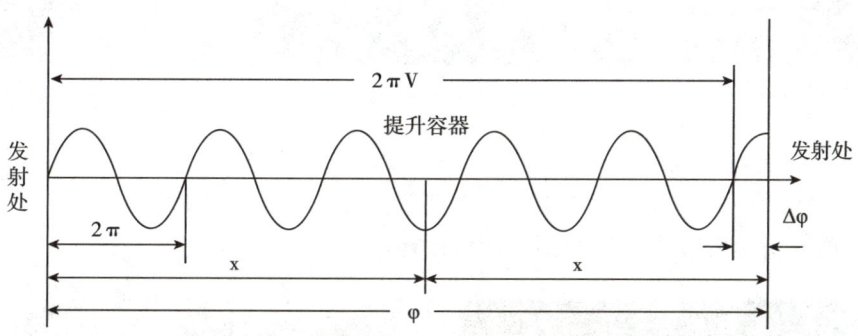

图 2-98 激光相位测距示意图

发射处与反射处（提升容器）的距离为 x，激光的速度为 c，激光往返的时间为 t，则有 t=2x/c。

调制波频率为 f，从发射到接收间的相位差为 φ，则有 φ=2πft=4πfx/c=2πN+Δφ（N 为完整周期波的个数，Δφ 为不足周期波的余相位）

$$X=\frac{\varphi c}{4\pi f}=\frac{c}{2f}\left(\frac{2\pi N+\Delta\varphi}{2\pi}\right)=\frac{c}{2f}(N+\Delta N)$$

二、激光雷达应用必备技能

1. 安装

（1）实车安装位置

为自动驾驶车辆服务的激光雷达，目前多数还只能在车身上寻找不太突兀的地方安放，如图 2-99 所示。

固态激光雷达的小尺寸足以让其很好的隐蔽在车辆隔栅之中，如图 2-100 所示。

图 2-99 激光雷达安装位置

图 2-100 固态激光雷达安装位置

（2）台架安装

①确定激光雷达的安装高度以及安装俯仰角度（激光雷达安装的俯仰角度为 180°，横摆角为 0°，侧倾角为 0°，安装高度根据前方障碍物高度进行调整，横向安装位置为车辆正中央轴线上）。如图 2-101 所示。

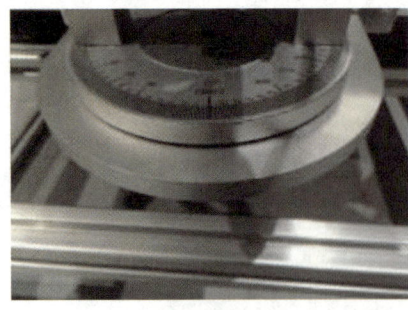  

（a）横摆角　　　　　　　　　（b）侧倾角　　　　　　　　　（c）俯仰角

图 2-101　激光雷达安装角度

②将激光雷达电源及控制线束与其他功能部件连接。如图 2-102 所示。

③接通电源，激光雷达安装完毕，如图 2-103 所示。

图 2-102　激光雷达信号输出控制线束　　　　图 2-103　激光雷达安装完成图

2. 标定

激光雷达标定的目的是求解激光雷达测量坐标系相对于其他测量坐标系的相对变换关系，以便获取障碍物相对本车的距离、速度、角度等信息。以单线激光雷达扫描为例，介绍激光雷达安装在真实车辆中的标定原理。选定车体坐标 X 轴为激光雷达扫描角度为零时车体的指向，Z 轴指向车体上方，XYZ 轴构成右手系，单线激光雷达所有的扫描点在同一个几何平面 S 上，将扫描点 P 投影到坐标面和坐标轴，如图 2-104 所示。

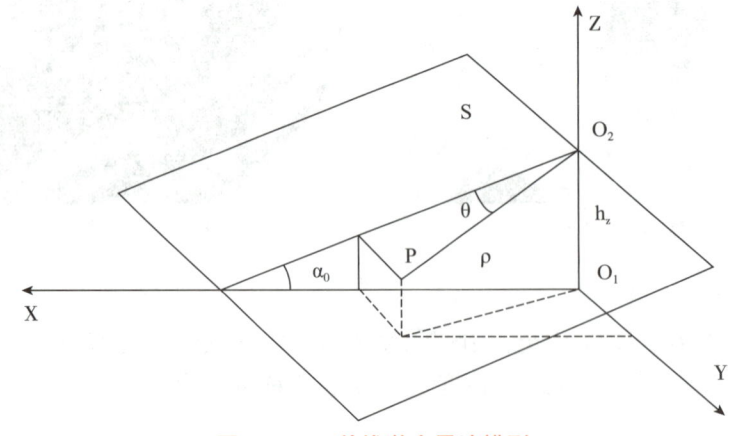

图 2-104　单线激光雷达模型

从而得到扫描点 P 在车体坐标系中的坐标：

$$c = \begin{bmatrix} X \\ Y \\ Z \end{bmatrix} = \begin{bmatrix} \rho\cos\theta\cos\alpha_0 \\ \rho\sin\theta \\ h_0 - \rho\cos\theta\sin\alpha_0 \end{bmatrix}$$

式中：ρ 是扫描点到激光雷达的距离；θ 是扫描角度；α_0 是安装俯角；h_0 是安装高度。

上面公式可重写为：

$$[X, Y, Z, 1]^T = f_{(h_0, \alpha_0)}(\rho, \theta)$$

上述公式实现了由激光雷达数据点 (ρ, θ) 到三维空间坐标的转换，其中 (h_0, α_0) 为标定参数。

当激光雷达的位姿调整装置的三个刻度盘均指示为 0 时，即标定完成。在激光雷达安装完毕后，标定参数保持不变。

具体标定步骤如下。

① 在工作区放置工作牌，将激光雷达安装在支架上，注意平整与无遮挡。
② 将激光雷达的 USB 接口与实验台 USB 接口连接。
③ 打开计算机的"设备管理器"，查看连接硬件的识别端口。
④ 深圳速腾提供 RSVIEW 软件读取设备参数，根据硬件识别端口进行设置。也可以使用其他定制软件。
⑤ 单击"command-scan"启动激光雷达扫描。
⑥ 在雷达正前方放置模拟目标，观察扫描的点云图像、角度与距离信息。
⑦ 移动物体，观察点云变化，并记录。
⑧ 单击"set motor PWM"，调节激光雷达转速。
⑨ 连接示波器。
⑩ 根据激光雷达接口及定义，测试激光雷达供电电压值。
⑪ 测试激光雷达输出、输入信号波形（比特率 256kbi/s），并记录。
⑫ 测试激光雷达 PWM 脉冲调制波形，并记录。
⑬ 清理实验场地。

3. 测试

在车载激光雷达的测评中，需要针对测试指标构建车用激光雷达测试场景，建立标定场、控制点和检测点，通过设置标靶，结合已有的高精度，高置信度测试仪器进行激光雷达标定，通过控制点进行评测指标精度分析，结合检测点进行指标精度对比分析，最后形成指标参数精度的置信描述。

比较重要的激光雷达测评参数包括以下几个。

① 最大测距为最初看到采样目标的距离。
② 检测距离为检测到有效目标时的距离。
③ 分类距离为能够将车辆等目标与其他物体分离出来的距离。
④ 最佳分类距离为能够将目标的形状识别出来的最佳距离。

【练 习】

1. 激光雷达按照旋转方式可以分成_____、_____；按照激光束的多少可以分成_____、_____。
2. 请简述激光雷达的优缺点。
3. 请简述激光脉冲测距的原理。

学习点五 GPS 定位系统专项技能

【情景描述】

在谈论自动驾驶时,我们谈论的并非一个独立的个体,而是一套完整的技术矩阵。在这个技术矩阵中,除去雷达传感器、算法之外,还有一项我们非常熟悉的技术——GPS。它的存在,保证了自动驾驶汽车行驶在应当行驶的道路上,而不是像没头苍蝇一样四处乱撞。

【学习目标】

知识目标:1. 了解 GPS 的特点。
    2. 了解 GPS 的组成与工作原理。
能力目标:能够正确进行 GPS 的安装与调试。

【知识链接】

一、GPS 定位系统基础知识储备

(一)GPS 定位系统概述

1.GPS 定位系统概述

GPS 是通过接收和解译人造卫星所发射的电波信号来确定测站点位置的测量定位系统,它是英文"Global Positioning System"(全球定位系统)的缩写。

2.GPS 定位系统特点

GPS 与其他的导航和定位技术相比,GPS 定位技术主要有以下几个特点,如图 2-105 所示。

① 全球范围内连续覆盖,由于 GPS 卫星的数目比较多,其空间分布和运行周期经精心设计,可使地球上任何地点在任何时候都能观测到至少 4 颗卫星,从而来保证全球范围的全天候连续三维定位。

② 实现实时定位。GPS 定位系统可以实时确定运动载体的三维坐标和速度矢量,从而可以实时地监视和修正载体的运动方向,避开各种不利环境,选择最佳航线,这是许多导航定位技术难以企及的。

③ 定位精度高。利用 GPS 系统可以得到动态目标的高精度的坐标、速度和时间信息,在较大空间尺度上对静态目标可以获得比较高的定位精度,随着技术水平的提高,定位精度技术,还会有更进一步的提高。

④ 静态定位观测效率高。根据精度要求不同,GPS 静态观测时间从数分到数十天不等,从数据采集到数据处理基本上都是自动完成。

⑤ 应用广泛。GPS 以其全天候、高精度、自动化、高效益等显著特点成功应用于测绘领域、资源勘探、环境保护、农林牧渔、运载工具导航和管制、地壳运动监测、工程变形监测、地球动力学等多门学科。

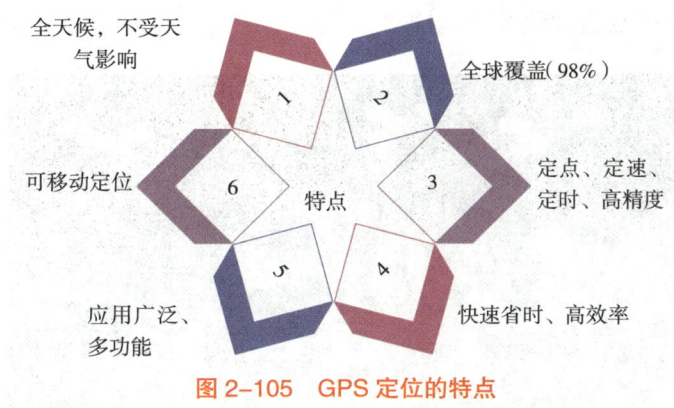

图 2-105　GPS 定位的特点

（二）GPS 定位系统技能理论储备

1.GPS 定位系统的组成

GPS 系统主要由三大部分组成：卫星星座（空间部分）、地面监测系统（地面部分）和 GPS 接收机（用户设备部分）。如图 2-106 所示。

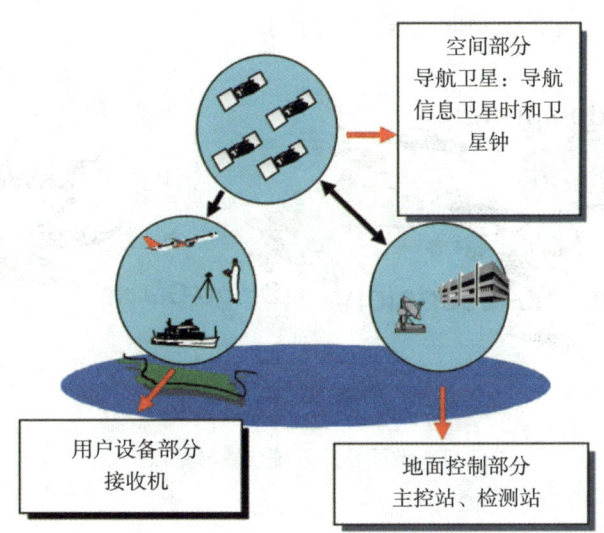

图 2-106　系统三大部分组成

（1）GPS 卫星星座

GPS 由 24 颗卫星组成，如图 2-107 所示，其中 21 颗工作卫星，3 颗备用卫星，大致均匀地分布在 6 个轨道面上。轨道面相对于地球赤道面的倾角为 55°，各轨道平面之间的交角为 60°，卫星距地球约 20200 公里，运行周期为 11 小时 58 分。在世界任何地区任何时候至少可以同时接收 4 颗卫星信号，最多可以同时接收到 11 颗卫星发射的信号。每颗卫星上均装有 4 台高精度的原子钟（2 台铯钟、2 台铷钟），称为卫星钟，用以提供高精度的时间标准。

GPS 卫星的主要功能：连续不断地向地球发送导航定位的 GPS 信号，如图 2-108 所示，以导航电文的形式向用户提供卫星星历表（其中包含卫星现时的位置及其他卫星的概略

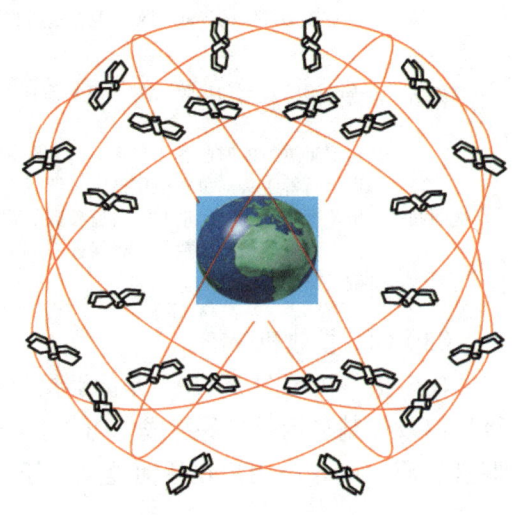

图 2-107　GPS 卫星星座

位置）、时钟校正参数、传播延迟参数及其他信息，（最主要的信息是"时间"和"位置"）。

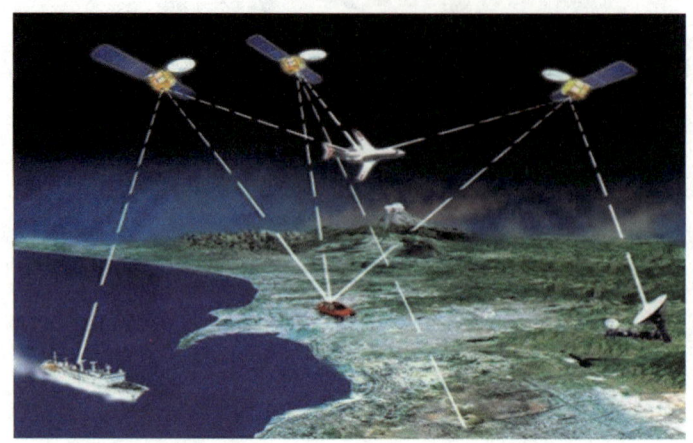

图 2-108　GPS 信号

（2）地面监控系统

如图 2-109 所示，该系统由 5 个监测站、1 个主控站和 3 个注入站组成，设在美国本土的科罗拉多和三大洋的美国军事基地中。各系统功能见表 2-7 所列。

图 2-109　地面监控系统

表 2-7　地面监控系统功能与站点布局

系统	功能	站点
主控站	收集由监测站传来的卫星跟踪数据并计算卫星星历和时间参数	1 个。科罗拉多·斯必灵司（Colorado springs）
注入站	将主控站发来的导航电文（卫星星历和时间参数）注入给卫星	3 个。阿松森（Ascencion）、迪哥·伽西亚（Diego Garcia）和卡瓦加兰（kwajalein）
监测站	连续跟踪观测和接收 GPS 卫星的信号，并监测卫星的工作状态	5 个主控站和 3 个注入站各设一个，另一个设在夏威夷（Hawaii）
地面站	对卫星进行实时监测（包括卫星上设备是否正常工作、卫星是否沿轨道运行等）；向每颗卫星提供其编写并播发的导航电文，包括卫星星历（即描述卫星运动及其轨道参数的数据）、卫星钟差（时钟修正参数）和大气修正参数等，以保证卫星能够不间断地向地面用户发送准确可靠的导航信号	

（3）GPS 接收机

GPS 接收机（图 2-110）是能够接收、跟踪、解译和测量 GPS 信号的设备，由接收主机、天线、计算机以及控制显示设备等组成。GPS 卫星发送的导航定位信号是一种全球共享的信息资源，只要用户掌握其解码，则各类用户在任何地点、任何时刻、任何气候均可用 GPS 接收机接收信号，进行导航定位测量。

2.GPS 定位系统工作原理

（1）交会法

GPS 原理简单地说就是通过导航卫星确定目标坐标，然后对比地图坐标确定目标的具体位置。GPS 定位原理是根据高速运动的卫星瞬间位置作为已知的起算数据，采用空间距离后方交会的方法，确定待测点的位置。全球定位系统（图 2-111）是一个无线电空间定位系统，它利用导航卫星和地面站为全球提供全天候、高精度、连续、实时的三维坐标（纬度、经度、海拔）、三维速度和定位信息，地球表面上任何地点均可以使用定位和导航。

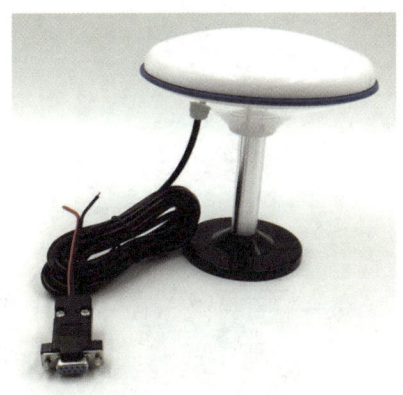

图 2-110　GPS 接收机

图 2-111　全球定位系统

GPS 系统的定位过程可简述为如图 2-112 所示。

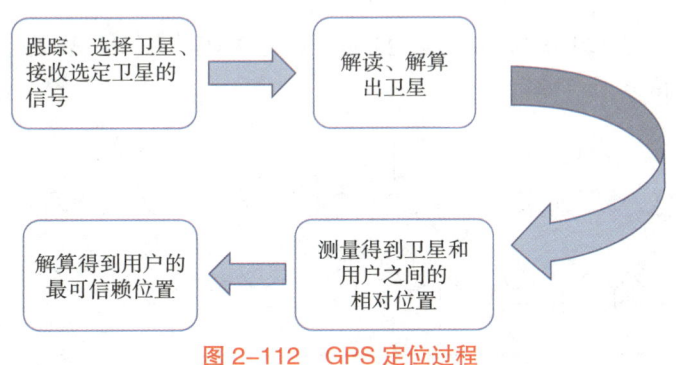

图 2-112　GPS 定位过程

采用交会法定位的工作原理：已知一颗卫星的位置和接收器到它的距离，就可以确定接收器在一个球面上；已知两颗卫星的位置和接收器到它们的距离，就可以确定接收器在一个环上，如图 2-113 所示。

如果知道散客卫星的位置和接收器到他们的距离，就可以确定接收器一定位于两点之一。若排除一点，接收器的位置就可以确定，如图 2-114 所示。

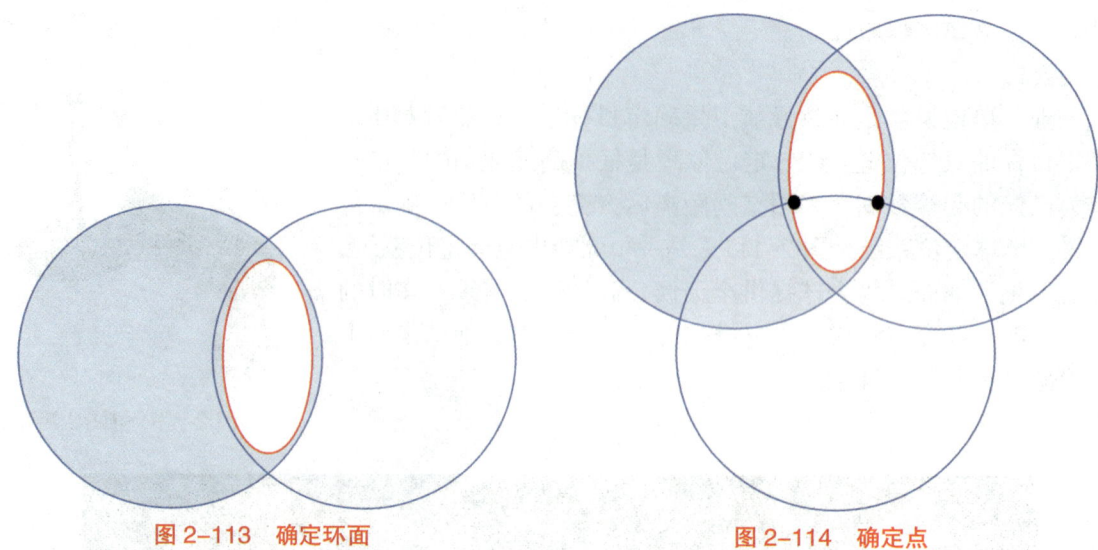

图 2-113　确定环面　　　　　图 2-114　确定点

（2）伪距测量及伪距单点定位

伪距测量就是测定卫星到接收机的距离。

如图 2-115 所示，每个卫星以每 1ms 一次的频率播发伪随机测距码信号，若信号到达 GPS 接收机的传播时间为 dT，乘以光速就能示得距离。

通过 4 颗以上 GPS 卫星的伪距，及从卫星导航电文中获得的卫星瞬时坐标，采用距离交会法就能求出接收机的三维坐标。

（3）载波相位测量及载波相位定位

载波相位测量是测定 GPS 卫星载波信号到接收机天线之间的相位延迟。

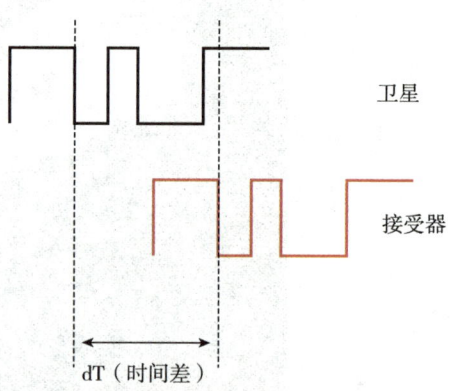

图 2-115　卫星信号发射与接收的时间差

GPS 卫星载波上调制了测距码和导航电文，接收机接收到卫星信号后，先将载波上的测距码和卫星电文去掉，重新获得载波，称为重建载波。

GPS 接收机将卫星重建载波与接收机内由振荡器产生的本振信号通过相位计比相，即可得到相位差。

如图 2-116 所示，载波波长 L1=19cm，L2=24cm，比 C/A 码波长（C/A=293m）短得多，因此载波相位定位比伪距定位精度高得多。

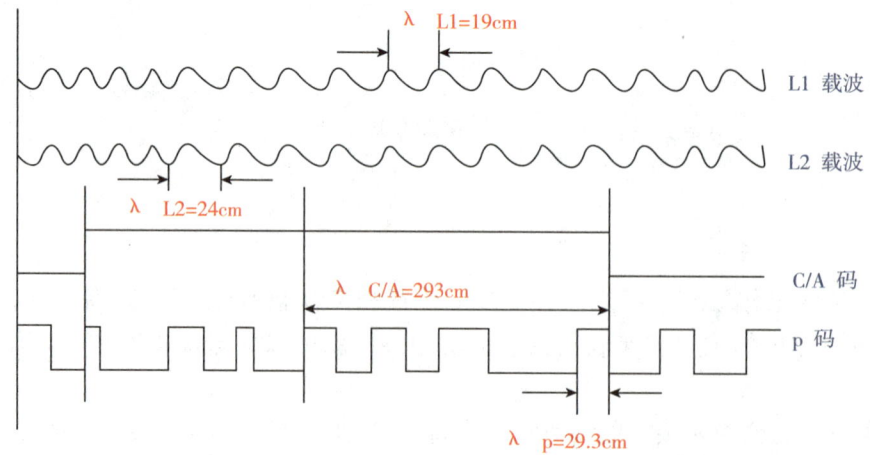

图 2-116　载波相位测距的卫星信号

（4）实时差分定位

如图 2-117 所示，GPS 实时差分定位的原理是在已有的精确地心坐标点上安放 GPS 接收机（称为基准站）利用已知的地心坐标和星历计算 GPS 观测值的校正值，并通过无线电通信设备（称为数据链）将校正值发送给运动中的 GPS 接收机（称为流动站）。

流动站利用校正值对自己的 GPS 观测值进行修正，以消除上述误差，从而提高实时定位精度。

GPS 动态差分方法有多种，主要有位置差分、伪距差分（RTD）、载波相位实时差分（RTK）和广域差分等。

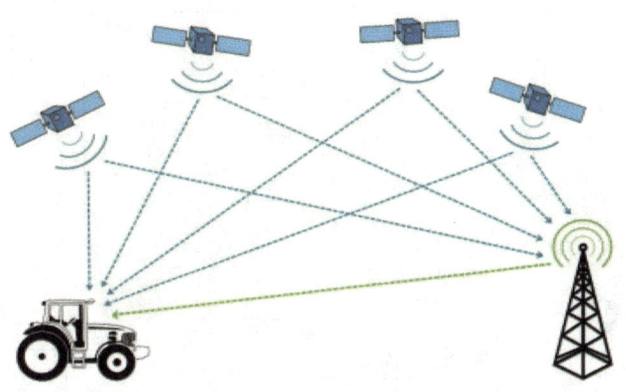

图 2-117　实时差分 GPS 定位系统

二、GPS 定位系统应用必备技能

1. 安装

（1）工作准备

产品配件：车载终端主机 1 台、GSM 天线 1 条、GPS 天线 1 条、断电继电器 1 个（24V 或 12V）、防拆盒 1 个（24V 或 12V，可选配件）、线束 1 扎、双面贴一张。部分产品配件如图 2-118 所示。

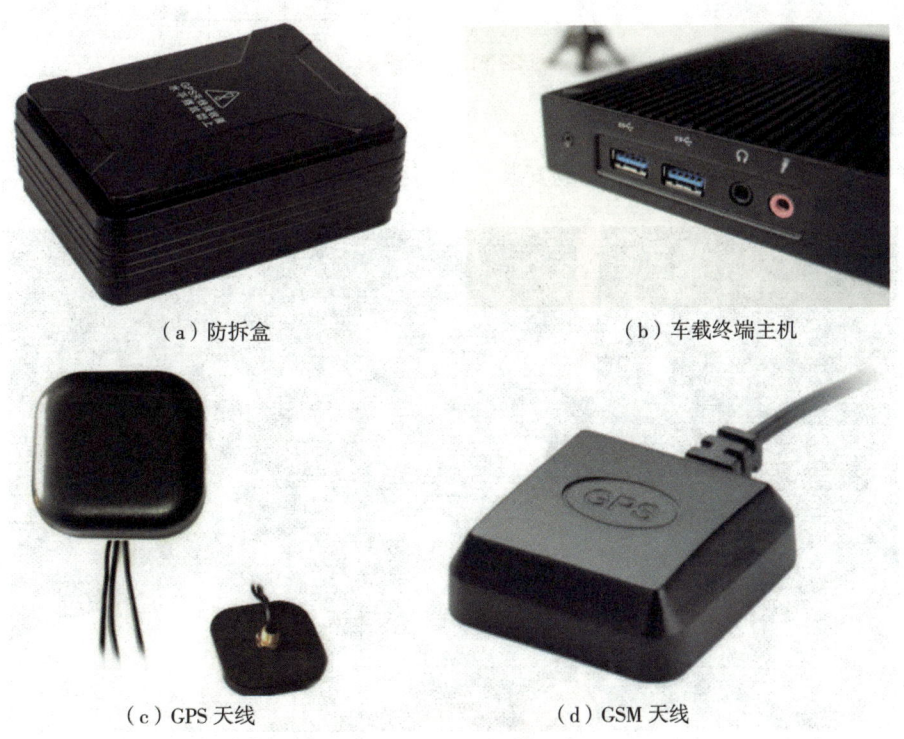

（a）防拆盒　　　　　　　　　　（b）车载终端主机

（c）GPS 天线　　　　　　　　　（d）GSM 天线

图 2-118　产品配件

（2）接线图，如图 2-119 所示

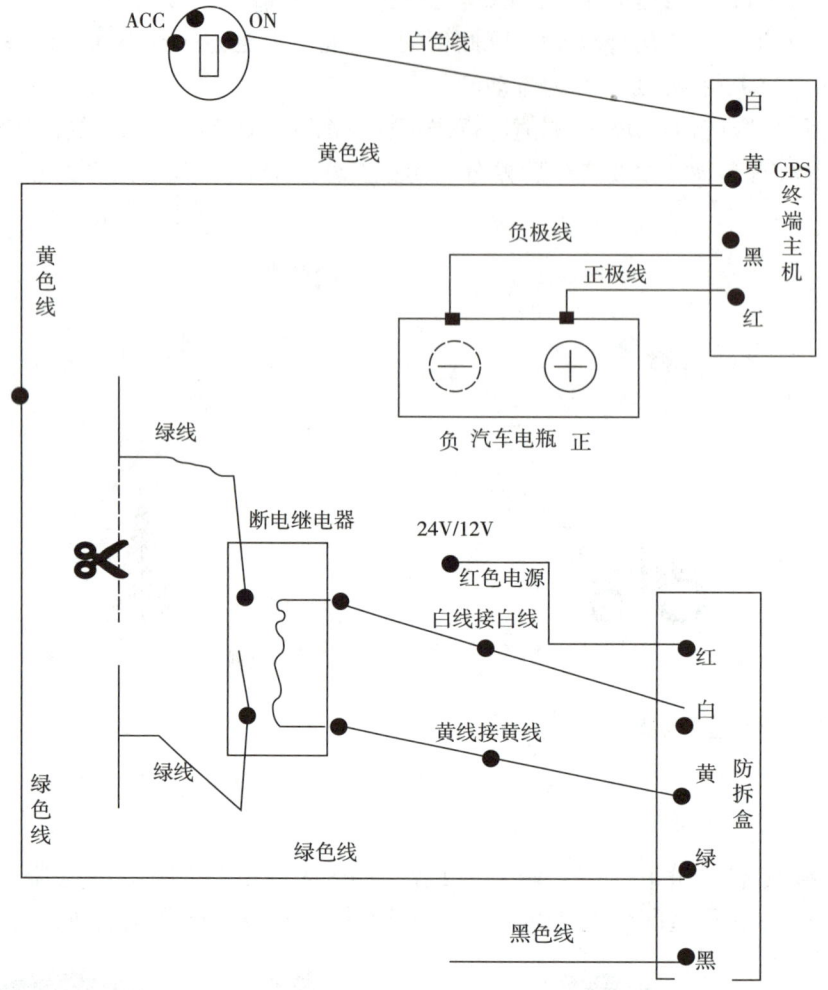

图 2-119　接线图

（3）安装步骤

① 安装过程中，安装人员要文明、规范安装，不得损伤弄脏车辆。如图 2-120 所示。

图 2-120　文明操作

② 确认车载终端主机、GPS 天线、断电继电器、防拆控制盒、摄像头、通话手柄（或调度屏或语音播报器）的安装位置。如图 2-121 所示。

图 2-121　确认安装位置

③ 查找离终端最近的电源线（直流 12~24V）、点火开关线（ACC）等线的颜色和位置并做好标记。
④ 各部件安装位置选定后开始布线。
⑤ 线路连接。
⑥ 所有开口裸露的连接线最后都要缠上防水电工胶布，以免接头日久氧化腐蚀。
⑦ 连接主机，再开备用电源，如果需要更换卡时，按如下流程操作：关备用电源→拔主机线束（断主电源）→换卡→接主机线束→开备用电源。
⑧ 上电测试查看各指示灯是否正常：黄灯（GSM 信号）三秒闪烁一次视为读 SIM 卡，绿灯（GPS 信号）一秒一闪视为定位。
⑨ 用电话拨打车载终端里的 SIM 卡，4 次响铃后会挂机则视为车载终端系统正常工作。
⑩ 如果安装了防拆盒，拔开车载终端的外接电源线，车辆无法启动，视为防拆盒正常工作。
⑪ 编辑短信【*1234*X#】发送到车载终端内的号码，回复为当前时间、经纬度和车况视为系统正常工作，定位正常。
⑫ 发送短信【*1234*STOP#】（注：STOP 字母必须大写）到车载终端里的 SIM 卡，机器回复短信"关闭发动机命令已执行"，车辆马上熄火或无法正常启动，视为远程锁车功能正常。
⑬ 发送短信【*1234*K#】解除，机器回复短信"关闭发动机命令已取消"，车辆正常启动。
⑭ 必要时可使用通话手柄（调度屏）拨打电话和接听，测试数据通信和通话是否正常。
⑮ 必要时，通知平台下发拍照指令，并确认是否拍照正常。
⑯ 必要时，测试抢劫报警与监听功能，并确认是否正常。
⑰ 必要时，测试客户定制功能。
⑱ 终端和各配件用高强度双面胶粘合，并用扎带拉紧固定。
⑲ 按原样复原车上所有装饰板和物件，清理车内安装留下的杂物，清洁车辆。

2. 调试

中国现在拥有私车的人是越来越多，车主和他们的家庭活动范围因此也得到了很大的延伸。当他们周末出门度假时车载 GPS 导航将是很有用的一个工具，而车载 GPS 导航系统测试也已经成为业界工程师们的热点话题。调试设备清单见表 2-8 所列。

表2-8 调试设备清单

编号	设备名称	用途	设备型号
1	服务器	全球眼平台及VPN	
2	服务器	MSP	
3	移动网络	测试	CDMA EVDO 网络
4	CDMA1X/EVCO 手机终端	手机终端浏览	手机终端
5	EVDO 卡	UIM 卡	
6	测试手机	1X 和 EVDO 测试手机	S900C、SSOS
7	现网卡		5 张 VPDN
8	VPDN、INS、AAA	R-PU 测试网络环境	
9	WAP GW	测试网络环境	
10	PC	客户端	
11	核心交换机	网络设备	32 口 10/100m 以太网接口
12	普通交换机	网络设备	8 口以上以太网接口
13	AP	Wi-Fi 网络设备	H3C
14	无线 PU	无线 PU 测试	
15	短信网关	测试短信唤醒	
16	声讯平台	测试语音唤醒	
17	车辆	车载设备测试	
18	测试仪表	清晰度测试卡信号发生器	Sg2008
19		网络损伤仪	IPWave3.0（Testcenter）
20		安捷伦 8960 综测仪	安捷伦 8960 综测仪

车载 GPS 导航系统基本上分成二种，一种是简单的带天线的 GPS 接收器加上映射软件和数字地图，每个 GPS 接收器都经过出厂测试，因此当这些 GPS 接收器进入商店出售时没有必要再次测试它的 GPS 性能，只需要测试实际的经纬度位置数据能否通过映射软件正确映射到数字地图上。

另外一种就像 CD 播放器那样嵌入在车内，是利用功能更强、具有多种传感器输入的 GPS 接收器形成的 GPS 惯性导航系统。其中陀螺传感器、里程表、车轮断续器等传感器可以改善在车辆通过隧道或经过高耸建筑物等 GPS 信号发生中断情况时的导航精度。

【练 习】

1. 卫星导航系统由地面控制部分、（　　）和用户设备部分三部分组成。
   A. 空间部分　　　B. 主控　　　C. 地面通信　　　D. 通信辅助系统

2. GPS 的空间部分的 24 颗工作卫星组成一个 GPS 卫星组，其中（　　）颗是导航卫星，3 颗是活动卫星。
   A. 20　　　B. 18　　　C. 21　　　D. 24

3. 用户设备部分包括卫星导航接收器和（　　）。
   A. 地面通信　　　B. 卫星天线　　　C. 通信辅助系统　　　D. 空间部分

4. GPS 系统组成中的地面控制部分有（　　）个主控站，（　　）个注入站，（　　）个监测站。
   A. 1　3　3　　　B. 1　3　5　　　C. 1　2　3　　　D. 2　3　5

5. 请简述 GPS 的特点。

6. 请简述 GPS 定位系统交会法定位系统的原理。

学习点六 惯性导航系统专项技能

【情景描述】

自从汽车制造商开始使用第一台微机电传感器（MEMS）加速计来测量加速的强劲力道以及启动安全气囊已经二十多年了。第一台惯性传感器早已为今日的先进驾驶辅助系统（ADAS）加速计的普及做好万全准备，惯性导航系统能够在 GPS 接收不到信号时进行辅助定位，今天就让我们一起走进"惯性导航系统"。

【学习目标】

知识目标：1. 了解惯性导航系统的特点与应用。
2. 了解惯性导航的组成与工作原理。
3. 了解惯性导航与 GPS 融合技术。
能力目标：1. 能够正确进行惯性导航系统的安装与工作模式设置。
2. 能够正确进行数据的输出与解析。

【知识链接】

一、惯性导航系统基础知识储备

（一）惯性导航系统概述

1. 惯性导航系统概述

惯性导航系统（Inertial Navigation System，INS）是一种不依赖于外部信息、也不向外辐射能量的自主式导航系统，是以陀螺仪和加速度计为敏感器件的导航参数解算系统。该系统根据陀螺仪的输出建立导航坐标系，系统根据陀螺仪的输出建立导航坐标系，根据加速度计输出解算出运载体在导航坐标系中的速度和位置。惯性导航系统至少包括计算机及含有加速度计、陀螺仪或其他运动传感器的平台（或模块）。目前的高级驾驶辅助系统（ADAS）包括加速度计、陀螺仪、压力传感器和磁力仪等类型的惯性传感器的运用。其中加速度计用来测量运动体的加速度大小和方向，经过对时间的一次积分得到速度，速度再经过对时间的一次积分即可得到位移；陀螺仪用来测量运动体围绕各个轴向的旋转角速率值，通过四元数角度解算形成导航坐标系，使加速度计的测量值投影在该坐标系中，并可给出航向和姿态角；磁力仪用来测量磁场强度和方向，定位运动体的方向，通过地磁向量得到的误差表征量，可反馈到陀螺仪的姿态解算输出中，校准陀螺仪的漂移。

2. 惯性导航系统特点

（1）在自动驾驶汽车上使用惯性导航系统有诸多优点

① 自主式导航。不依靠外部参照，给定初始值使用自身的运动传感器即可解算出物体当前的位置及速度。

② 环境适应性强。由于惯性导航系统既不依托外界信息同时也不需向外部辐射能量，故而不易受到外界复杂电磁环境的干扰，能在各种极端气象条件和地理位置下仍然保持良好的工作性能，可全天候工作于空中地上以及水下。

③ 导航信息延迟低。惯性导航系统可以实时从陀螺仪和加速度计中解算出速度和位移，从而不断更新运动物体的位置、速度、航向和姿态角数据，帮助物体精准保持动态基准。因此，惯性导航系统数据更新率高，系统稳定好，短期精度高。

（2）与此同时，惯性导航系统的缺点也是显而易见的

① 长期精度差。由于惯性导航系统解算物体的运动信息使用一次积分和二次积分，该误差随着时间增大而增大，因此需要外部信息进行修正，保证系统的可靠性。

② 每次使用前进行的初始校准时间过长。

③ 设备的成本与其他导航系统而言比较昂贵。

④ 缺少时间信息。

3. 惯性导航系统应用

自动驾驶技术的核心内容包括四个模块：定位模块、感知模块、决策模块、执行模块。其中定位模块作为所有模块的基础，是十分重要的。而惯性导航在自动驾驶的定位模块中具有十分关键的作用。定位模块的主要目的是确定车辆所处的绝对位置。在自动驾驶技术中，高精地图、全球卫星导航系统和惯性导航系统是相互配合、相辅相成的，共同确定车辆的绝对位置。其中全球卫星导航系统依赖卫星信号可以提供全局的定位信息，惯性导航不依赖外界信息提供相对的局部信息。将全球卫星导航系统和惯性导航系统的联合信息与本地的高精度地图进行比对，即可得到当前车辆在该高精地图中的绝对位置，从而为后续的感知、决策和执行模块提供数据基础。

惯性导航数据更新率高，导航信息延时低，而且系统稳定不易受到干扰的特点使得其可以给自动驾驶的数据中心不断提供准确的车辆位置及速度信息，从而进行更好的宏观调控数据处理。惯性导航在自动驾驶系统中主要有三个关键作用。

① 辅助全球卫星导航系统进行高精度定位。在复杂的城市环境中，由于受地面高层建筑物的遮挡，卫星发出的信号无法覆盖全部的地方。在一些全球卫星导航系统信号丢失或者很弱的情况（例如隧道、高架桥、地下车库等）下，惯性导航系统可以及时启用，不依赖外界信息，暂时充当车辆的"眼睛"，使用自身携带的运动传感器和运动方程解算出真实的位置和速度信息，弥补全球卫星导航系统信号丢失造成的影响。在实际应用中，全球卫星导航系统和惯性导航联合进行高精度定位使自动驾驶可以适应复杂的外在环境。GNSS+IMU 方案是一种最常用的设计组合惯导系统的方案。GNSS 虽然可以提高精准的绝对定位，但是在局部区域卫星信号丢失或者微弱时会导致定位信息延迟而造成车辆失控；惯性导航虽然可以不依托外在信息，无惧极端环境提供稳定的位置和速度信息，但是长期系统具有累计误差。将GNSS 和 IMU 提供的定位信息进行融合形成组合惯导系统可以发挥两种导航系统的优势，提高车辆导航系统的健壮性。

② 配合激光雷达进行定位。① 中所述的组合惯导系统为激光雷达的位置和脉冲发射的姿态提供高精度信息，帮助建立激光雷达云点的三维坐标系。在实际应用中，自动驾驶系统首先通过全球卫星导航系统得到初始位置信息，再通过惯性导航和车辆的编码器配合得到车辆的初始位置。其次，对激光雷达实时扫描单次的点云数据（包括其几何信息和语义信息）进行特征提取，并结合车辆初始位置进行空间变化，获取基于全局坐标系下的矢量特征。最后，将初始位置信息、激光雷达提取的特征跟高精度地图的特征信息进行匹配，从而获取一个准确的定位，在该过程中组合惯性导航系统提供给车辆的初始位置并建立激光云点的坐标系起到了十分重要的作用。

③ 辅助主动车距控制巡航系统（ACC）预测路径。惯性导航系统与 ACC 联合预测路径并将该路径连接到障碍物的检测上实现主动地车距控制。特别地，惯性导航装置还能做到在坡通上对车辆的姿态控制。该装置让低重力传感器利用向下的重力方向来确定倾斜度，使正在上坡的车辆不会向后滑动，进一步提高自动驾驶的爬坡的稳定性。

综上所述，在自动驾驶系统中惯性导航系统是定位模块进行信息融合的核心。惯性导航系统不仅可以提供高频词的测量信息，而且可以将各类传感器（例如雷达、激光雷达、视觉传感器等等）的信息进行有效融合，不断为后续的决策和执行模块提供精准可靠的车辆位置、速度和姿态信息。以百度阿波罗的多传感器融合定位架构为例，惯性导航系统处于定位模块的中心位置，模块将 IMU、GNSS、LiDAR 等定位信息进行融合，通过惯性导航系统解算修正后输出 6 个自由度的位置信息。

惯性导航系统应用于自动驾驶技术中还属于初步阶段，现阶段短期内，惯性导航系统的竞争主要在于算法层面。算法决定了惯性导航系统的稳定性和健壮性。算法内容主要包括对惯性传感器传回的硬件信息的处理，速度、加速度、航向及姿态的解算，以及惯性导航作为定位模块的核心与其他传感器和车身信息融合的技术。随着自动驾驶技术的发展，惯性导航系统的竞争长远看可能会从算法层面转向惯性传感器的芯片设计，惯性导航系统的算法不断成熟，现阶段惯性传感器芯片的硬件性能可能不满足算法的具体需求，提高惯性化感器芯片的硬件性能可以给算法设计提供更大的发展空间，相应地，后期惯性导航技术发展的关键在于惯性传感器芯片的设计、制造、封测以及标定。表 2-9 为自动驾驶对惯性传感器芯片的基本要求。

表 2-9 自动驾驶对惯性传感器芯片的基本要求

指标需求	L2 智能驾驶	L3 及以上级别自动驾驶
MEMS（微机电系统）陀螺不稳定性	10°/h	1°~5°/h
MEMS 加速度计精度	10mg	2mg
组合定位精度	5m	10cm
惯导系统形式	惯性测量单元	惯性组合导航系统

（二）惯性导航系统技能理论储备

1. 惯性导航系统的组成

惯性导航系统（INS）是利用惯性测量单元（IMU）的角度和加速度信息来计算载体的相对位置的一种定位技术。如图 2-122 所示，其主要由 3 个模块组成：惯性测量单元、信号预处理单元和机械力学编排模块。

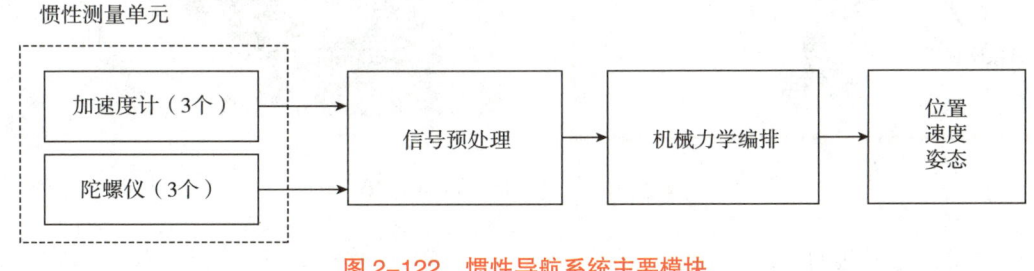

图 2-122　惯性导航系统主要模块

IMU 利用陀螺仪或加速度传感器等惯性传感器的参考方向和初始位置信息来确定载体位置。惯性导航涉及力学、控制理论、计算机技术、测试技术、精密机械技术等，是一门综合性很强的应用技术。

一个惯性测量单元包括 3 个相互正交的单轴加速度计（Accelerometer）和 3 个相互正交的单轴陀螺仪（Gyroscopes），惯性测量单元结构如图所示。信号预处理部分对惯性测量单元输出信号进行信号调理、误差补偿并检查输出量范围等，以确保惯性测量单元正常工作。如图 2-123 所示。

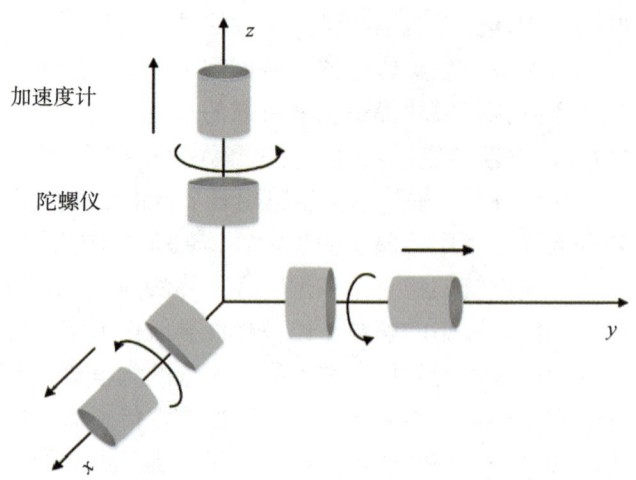

图 2-123 惯性测量单元结构图

（1）陀螺仪

陀螺有多种类型，根据陀螺转子主轴的进动程度可分为二自由度陀螺和单自由度陀螺。根据支撑系统可分为滚珠轴承陀螺、液浮/气浮和磁悬浮陀螺、挠性陀螺和静电陀螺。根据物理原理可分为转子陀螺、半球谐振陀螺、微机械陀螺、环形激光陀螺和光纤陀螺。

陀螺仪的工作原理：如图 2-124 所示，转子可以在内部框架内高速旋转，旋转轴称为旋转轴，旋转角速度称为旋转角速度。内框可以绕内框轴相对于外框自由转动，外框绕外框轴相对于支架自由转动，两个旋转的角速度称为牵连角速度。旋转轴、内框架轴和外框架轴的轴线相交于一点，称为陀螺支点，整个陀螺可以围绕支点任意旋转。

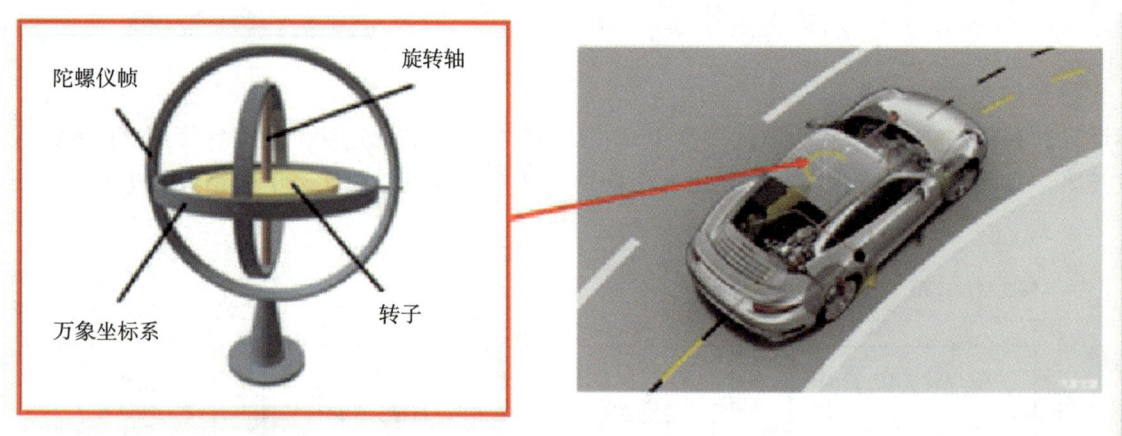

图 2-124 陀螺仪工作原理图

（2）6 轴 MEMS 加速度计

电容的变化会被另外一块专用芯片转化成电压信号，有时这个电压信号还会被放大。

电压信号在数字化后经过一个数字信号处理过程，在零点和灵敏度校正后输出。

①工作原理是靠 MEMS 中可移动部分的惯性。

②由于中间电容板的质量很大，而且它是一种悬臂构造，当速度变化或者加速度足够大时，它所受到的惯性力超过固定或者支撑它的力，这时候它会移动，它跟上下电容板之间的距离就会变化，上下电容就会因此变化。

③电容的变化与加速度成正比。

2. 惯性导航系统工作原理

惯性导航的基本工作原理是以牛顿力学定律为基础，通过测量载体在惯性参考系的加速度，将它对时间进行积分，且把它变换到导航坐标系中，就能够得到在导航坐标系中的速度、偏航角和位置等信息。

惯性导航系统是一种不依托于外在参考系的自主式导航系统。惯性系统导航使用陀螺仪测量物体的角速度一方面通过四元数角度解算形成自主的导航坐标系，另一方面计算得到物体的航向和姿态角。在自主形成的导航坐标系中，加速度计首先测量物体的加速度，其次对该加速度一次积分和二次积分得到在该坐标系中的速度和位移。

在实际应用中，由 GPS 或其他外界系统给出物体当前准确的初始位置以及速度，惯性导航系统可以实时从陀螺仪和加速度计中解算出速度和位移，从而不断更新物体当前位置和速度。在给定初始位置以及速度的情况下，惯性导航系统的优势在于不依靠外部参照就可以实现自主导航。惯性导航系统具体的解算过程包括惯性速率和惯性位置两个层面。惯性导航系统首先通过陀螺仪和加速度计记录系统当前角速度以及线加速度，然后以起始速度作为初始条件对惯性加速度进行积分从而得到系统的惯性速率，最后惯性导航系统以给定的起始位置作为初始条件对惯性速率进行积分得到惯性位置。

与其他常见的导航系统（天文导航、卫星导航、无线电导航等等）相比，惯性导航系统是唯一具有自主导航能力的系统。其特性在于既不需要向外界辐射信号，也不需要连续接收外部信号。该特性使得惯性导航系统不仅隐蔽性好，而且在复杂电磁环境和外界干扰下仍能正常工作、精确定位。

3. 惯性导航与 GPS 的融合

全球导航卫星系统是应用最广泛的定位系统，它使用方便，成本低，定位精度可达到 5 米。然而，定位导航系统的应用也面临着易受干扰、动态环境可靠性差、数据输出频率低、高层建筑卫星信号闭塞等问题。如果将卫星定位导航和惯性导航系统结合起来，两个导航系统可以相互补充，形成一个有机的整体，如图 2-125 所示。

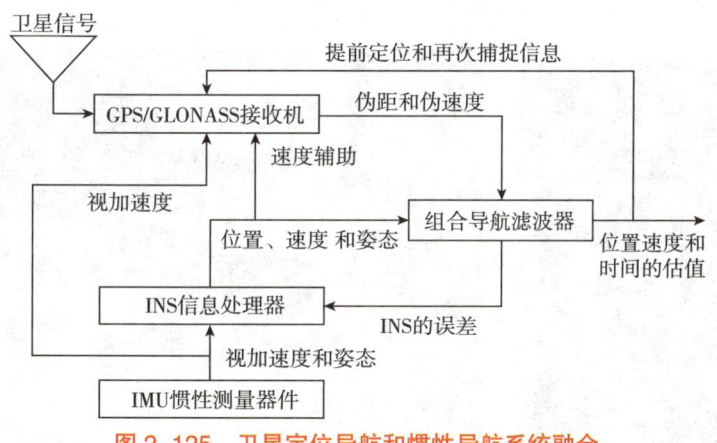

图 2-125　卫星定位导航和惯性导航系统融合

二、惯性导航系统应用必备技能

1. 安装

GPS 定位和惯性定位的优缺点都很突出，现在通常采用多传感器融合技术将 GPS 定位和惯性测量相结合。

① CGI-610 高精度 MEMES 组合导航接收机安装示意图，GNSS 天线分别旋拧到两个强磁吸盘上并分别固定摆放在测试载体的前进方向和后退方向上。

② 尽可能地将其安置于测试载体的最高处以保证能够接收到良好的 GNSS 信号。

③ 同时要保证两个 GNSS 天线相位中心形成的连线与测试载体中心轴线方向一致或平行。

④ 将 CGI-610 主机安装在载体上，主机铭牌上标示的坐标系 XOY 面尽量与载体被测基准面平行，X 轴与载体前进方向中心轴线平行。安装示意图如图 2-126 所示。

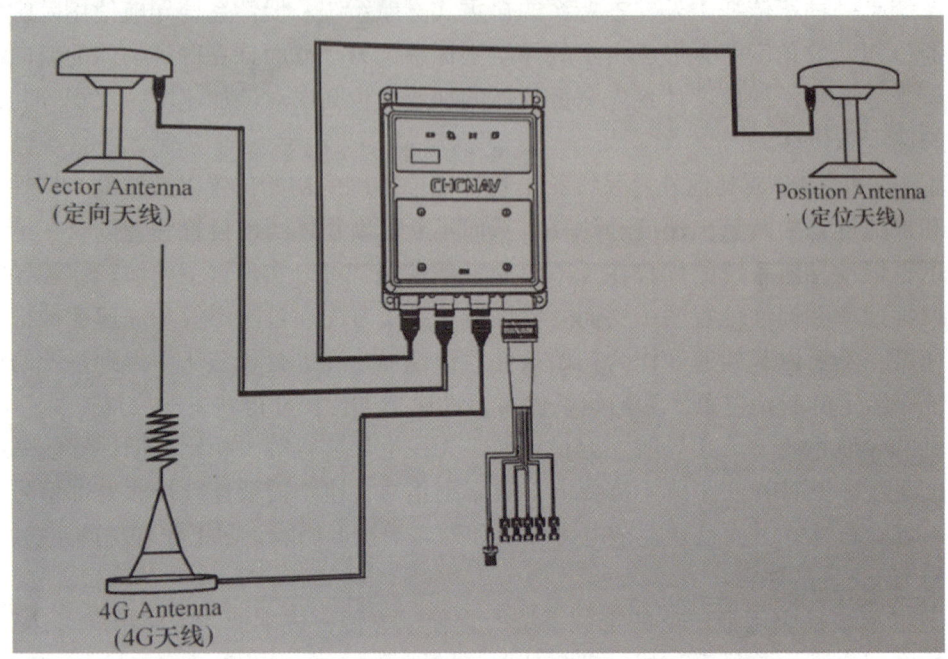

图 2-126　CGI-610 高精度 MEMES 组合导航接收机安装示意图

⑤ CGI-610 主机单元必须与被测载体固连，主机安装底面应平行于被测载体的基准面，主机铭牌上标示的 X 轴指向必须与被测载体的前进方向一致。如图 2-127 所示。

图 2-127　CGI-610 主机安装示意

⑥ 在 CGI-610 主机 SIM 卡槽位置安装插入 SIM 卡，连接 4G 网络天线，正常供电。

⑦ 用计算机或手机连接设备的 Wi-Fi 信号，在浏览器地址栏输入 192.168.200.1，登录账号：admin，密码：password。

⑧ 登录网页以后可查看接收机的各类状态数据。

⑨ 检查主机工作是否正常，接收机位置，接收机活动及 Google Map 等相关信息。

⑩ 在"接收机位置"中，可查看当前接收机的概略位置，DOP 值，使用的卫星、跟踪到的卫星及接收机时钟。

⑪ 进入卫星界面可以看到接收机跟踪到的卫星。

⑫ 分别用列表和图表的形式展现跟踪到的每一颗卫星的相关信息，包括卫星编号，卫星类型，高度角，方位角，L1 信噪比，L2 信噪比，L5 信噪比和是否使用等。

⑬ 进入 I/O 设置界面，可查看仪器的搜星状态、固件升级、工作状态等。

⑭ 进入到 I/O 配置界面，选择"RTK 客户端"，连接协议选择 NTRIP/TCP/APIS 协议，输入账号密码。

⑮ 进入"惯导"配置界面，可进行接收机的融合数据设置和车辆参数设置。

⑯ 融合数据设置，选择串口要输出的数据格式大"√"，设置输出频率，点击"保存"。

⑰（GPRMC 以及 GPGGA 为标准 NMEA 协议标准，方便导入专业软件进行精度分析，GPCHC 数据为华测协议，实际使用只钩选 GPCHC 即可）输出频率可选择 1/5/20/20/100Hz。如图 2-128 所示。

图 2-128　CGI-610 的网页登录界面

2. 工作模式设置

① 针对不同的应用场景设备共支持 4 种工作模式，分别为车载模式（适用于一般汽车，最大车速大于 15kM/h），低速模式（一般应用于巡航机器人，最大速度小于 15kM/h），轨道交通（适用于高铁、火车等），农机（适用于农业拖拉）。

② 进行车辆参数设置（图 2-129）。

"设置输出参考点位"。

"定位天线到后轮中心杆臂"。

"GNSS 定向基线与车辆坐标系夹角"。

"惯导到 GNSS 定位主天线矢量"。

"轮距"。

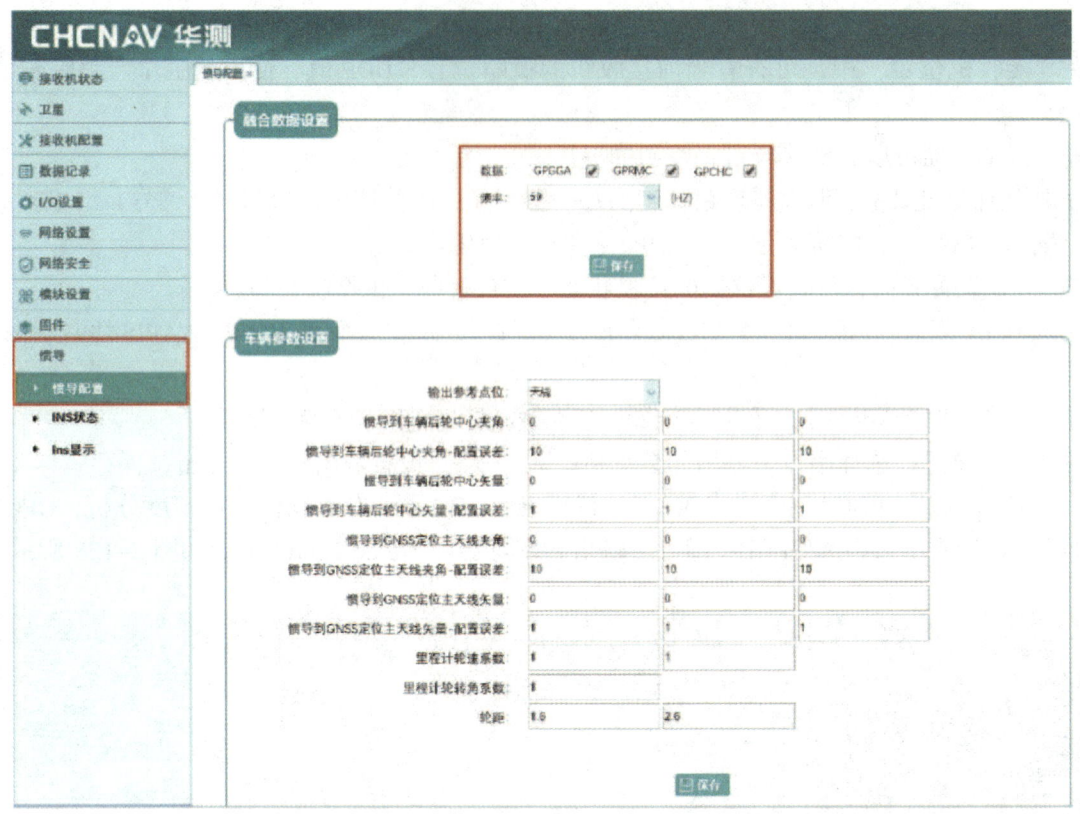

图 2-129　CGI-610 的网页登录界面

3. 数据输出与解析

点击左侧 I/O 设置界面，选择想要数据输出的串口，点击右侧"设置"按钮，进行波特率的设置。

串口（BD9）对应线缆的 A_RS232 接口，可设置波特率以及 nmea-0183 数据输出，串口 C 和串口（422）对应线缆的 C_RS232 接口和 RS422 接口，可设置波特率，数据输出格式在惯导设置里面设置。如图 2-130 所示。

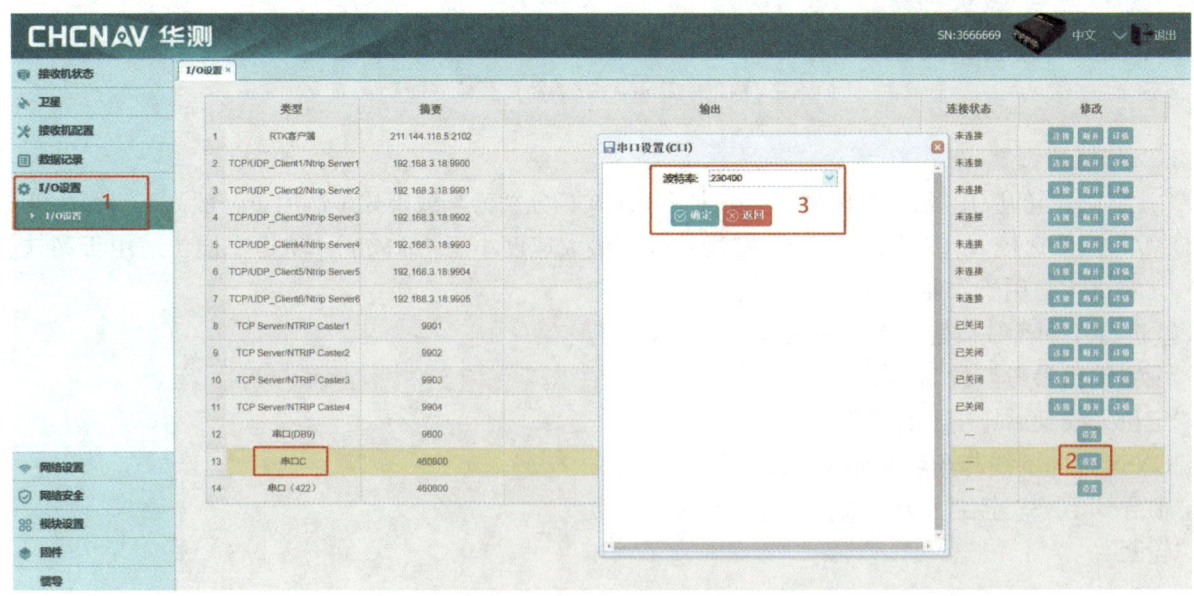

图 2-130　CGI-610 数据输出

【练 习】

1. 一个惯性导航传感器通常集成多个_____和多个_____。随着技术发展，惯性导航传感器的发展趋势是与_____融合集成为一个传感器。

2. MEMS 陀螺仪主要利用_____（旋转物体在有径向运动时所受到的切向力）原理，利用振动来诱导和探测科里奥利力。

3. 惯性传感器定位的特点（　　）。

A. 无信号丢失问题　　　　　　　　　　B. 外界环境干扰较小

C. 不存在比例误差　　　　　　　　　　D. 误差不会累积

4. 惯性导航传感器不能够测量（　　）。

A. 位移　　　　　　B. 加速度　　　　　　C. 振动　　　　　　D. 冲击

学习点七 高精地图专项技能

【情景描述】

地图我们都不陌生，更是我们日常出行必备的一大神器，让我们到了一个陌生的地方也可以随时随地出行，但它仍处于二维空间，精度不高（米级），对于自动驾驶汽车来说，精准是它实现安全驾驶的必要保障，所以传统地图并不足以支撑汽车的自动驾驶，在此基础上诞生了高精度地图，具备更高精度（厘米级）、更多数据维度。

【学习目标】

知识目标：1. 了解高精地图的特点、主要信息及作用。

2. 了解高精地图的数据特征类型、生产过程与采集办法。

能力目标：1. 能够正确进行高精地图的采集与储存。

2. 能够正确进行高精地图的编辑和储存。

3. 能够正确进行地图的调用。

【知识链接】

一、高精地图基础知识储备

（一）高精地图概述

1. 高精地图概述

高精度地图（图 2-131）的定义分为两种：狭义高精度地图和广义高精度地图。狭义高精度地图是由传统图形商定义的精度更高、内容更详细的地图。例如，定义更详细信息（如车道和交通标志）的地图。广义的高精度地图直接为我们构建了一个真实的三维世界。除了绝对位置的形状信息和拓扑关系外，还包括点云、语义和特征等属性。

导学视频

矢量元素分类	用途
交通标志审查	全自动交通标志识别
车道线	建立在Ground T/1的基础上的车道线
可行驶边界线	表现边界的边缘，阻碍车辆行驶
标志/限速级别/标志关联	根据安全规定控制汽车行驶
指示灯/红绿灯	在真实位置应用指示灯信息
指示灯关联	关联指示灯信息
虚拟车道线/车道线元素	生成车道元素
停车/慢行标志	在特定位置为车辆提供减速慢行信息
人行道/减速带	为车辆提供人范围信息
十字路口区域ZOI/转弯车道	提供十字路口信息，使车辆减速慢行，ZO/
车道优先级	为车辆判断车道优先行驶级别
路面印记	如停车线
区域性路面标志	如地面限速值，行驶方向

图 2-131　高精地图

2. 高精地图特点

如图 2-132 所示，与传统地图相比，高精度地图信息的丰富性和准确性都有显著的提升。高精度地图包含的信息有以下内容和特点。

① 为了实现车道级导航、路径规划功能，需要在原始地图数据中抽象道路结构，形成由顶点组成的拓扑图形结构，同时为了优化数据的存储，需要将道路用连续的曲线段来表示。

② 除道路参考线外，高精度地图还应描述道路的连通性。比如路口中没有车道线的部分，需要将所有可能的行驶路径抽象成道路参考线，在高精度地图数据库中体现。

③ 除了记录道路参考线、车道边缘（标线）和停车线外，高精度地图数据库还需要记录无车道道路的拓扑结构，且除车道的几何特性外，道路模型还包括车道数、道路坡度、功能属性等。

④ 对象模型记录道路和车道行驶空间范围边界区域的元素，模型属性包括对象的位置、形状和属性值。这些地图元素包括路牙、护栏、互通式立交桥、隧道、龙门架、交通标志、可变信息标志、轮廓标志、收费站、电线杆、交通灯、墙壁、箭头、文字、符号、警告区、分流区等。

图 2-132　传统地图与高精地图的对比

⑤ 对于自动驾驶系统，导航系统需要提供更高精度的路径，引导车辆到达目的地，需要将环境中尽可能丰富的信息提供给自动驾驶系统。

⑥ 作为存储静态、准静态交通信息的数据库，为了满足自动驾驶系统的导航、路径规划要求，高精度地图需要提供更精细、精确的交通信息。

⑦ 高精度地图在自动驾驶中，不仅可以用于导航、路径规划，还可以为环境感知和理解提供先验知识，辅助车载传感器实现高精度定位。

⑧ 高精度地图被普遍认为是L3级及以上自动驾驶不可缺少的关键技术（图2-133）。

3. 高精度地图包含的主要信息

如图2-134所示，高精地图应包含的主要信息包括导向箭头、车道宽度、车道标线、车道分割/合并、车道宽度变化、护栏、障碍物等等。

4. 高精地图的作用（图2-135）

（1）地图匹配

高精度地图在地图匹配上更多地依靠其先验信息。

图 2-133　高精地图

传统地图的匹配依赖于GPS定位，定位准确性取决于GPS的精度、信号强弱以及定位传感器的误差。高精地图相对于传统地图有着更多维度的数据，比如道路形状、坡度、曲率、航向、横坡角等。通过更高维数的数据结合高效率的匹配算法，高精度地图能够实现更高尺度的定位与匹配。

图 2-134　高精地图包含的信息

（2）辅助环境感知

通过对高精度地图模型的提取，可以将车辆位置周边的道路、交通、基础设施等对象及对象之间的关系提取出来，这可以提高车辆对周围环境的鉴别能力。

一般的地图会过滤掉车辆、行人等活动障碍物，如果无人驾驶车载行驶过程中发现了当前高精度地图中没有的物体，这些物体大概率是车辆、行人和障碍物。

高精度地图可以看作是无人驾驶的传感器，相比传统硬件传感器（雷达、激光雷达或摄像头），在检测静态物体方面,高精度地图具有的优势包括以下几点。

①所有方向都可以实现无限广的范围。

②不受环境、障碍或者干扰的影响。

③可以"检测"所有的静态及半静态的物体。

④不占用过多的处理能力。

⑤已存有检测到的物体的逻辑,包括复杂的关系。

(3)路径规划

高精度地图的规划能力下沉到了道路和车道级别。传统的导航地图的路径规划功能往往基于最短路算法,结合路况为驾驶员给出最快捷/短的路径。但高精地图的路径规划是为机器服务的。机器无法完成联想、解读等步骤,给出的路径规划必须是机器能够理解的。在这种意义上,传统的特征地图难以胜任,相对来说高精度矢量地图才能够完成这一点。矢量地图是在特征地图的基础之上进一步抽象、处理和标注,抽出路网信息、道路属性信息、道路几何信息以及标识物等抽象信息的地图。它的容量要小于特征地图,并能够通过路网信息完成点到点的精确路径规划,这是高精度地图使能的一大路径。

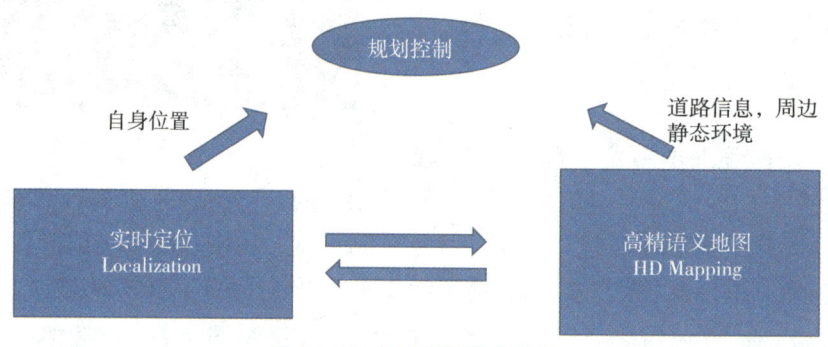

图 2-135 高精地图的作用

(二)高精地图技能理论储备

1. 高精度地图的数据特征类型

高精度地图的数据结构也是分层的。

(1)数据类型1:二维网格数据

高精度地图的底层是一个基于红外线雷达传感器建立的精密二维网格。这个二维网格的精度保证在 $5 \times 5cm$ 左右。网格中存储的数据包括:可以行使的路面、路面障碍物、路面在激光雷达下的反光强度等都分别存储于相应的网格中。无人驾驶汽车可以通过对其传感器搜集到的数据及其内存中的高精度二维网格进行比对,从而确定车辆在路面的具体位置。

(2)数据类型2:路面语义信息

在二维网格参照系的基础上,高精度地图还包括路面的语义信息,比如道路标识线的位置和特征信息,车道特征。这些路面语义信息可以发挥环境辅助感知作用。由于传感器在恶劣天气、障碍物以及其他车辆的遮挡不能可靠地分析出车道信息时,高精地图中的车道信息特征可以辅助对车道信息进行更准确的判断,理解相邻车道之间是否可以安全并道。

(3)数据类型3:交通标识信息等

高精度地图还包括道路标识牌、交通信息灯等相对于二维网格的位置。其作用包括:①提前提示自动驾驶汽车在某些特定的位置检测相应的交通标示牌或者交通信息灯,提高检测速度。②在自动驾驶汽车在没有成功检测出交通标示牌或者信号灯的情况下，确保行车的安全。

2. 高精地图生产过程

高精度地图与传统地图相比，具有不同的采集原理和数据存储结构。

传统地图依赖于拓扑结构和传统的数据库，将各种元素作为对象堆放在地图上，将道路存储为路径。而高精度地图为了提高存储效率和机器可读性，地图在存储时分为矢量层和对象层，如图 2-136 所示。

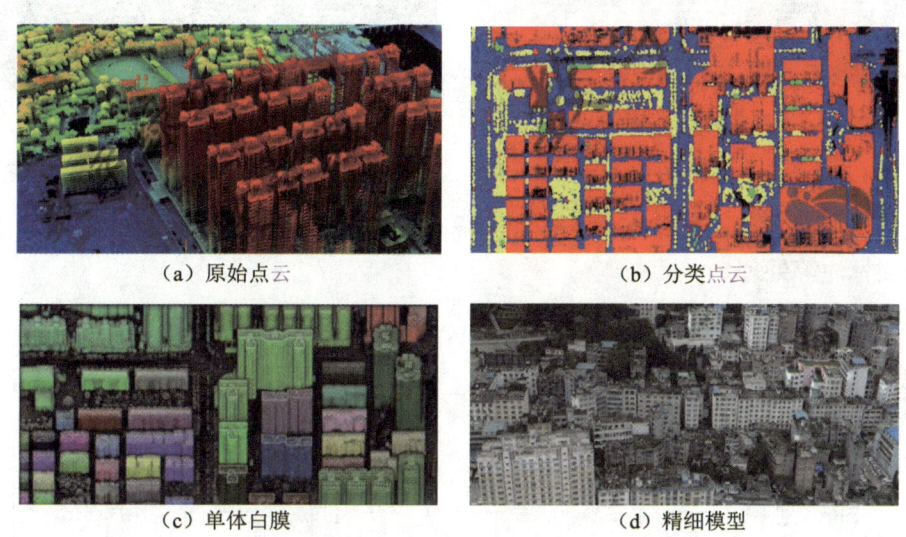

图 2-136　高精地图的生产过程

在高精度地图生产过程中，如图 2-137 所示，通过提取车辆上传感器采集的原始数据，获取高精度地图特征值，构成特征地图；在此基础上，进一步提取、处理和标注矢量图形，包括道路网络信息、道路属性信息、道路几何信息和道路上主要标志的抽象信息。

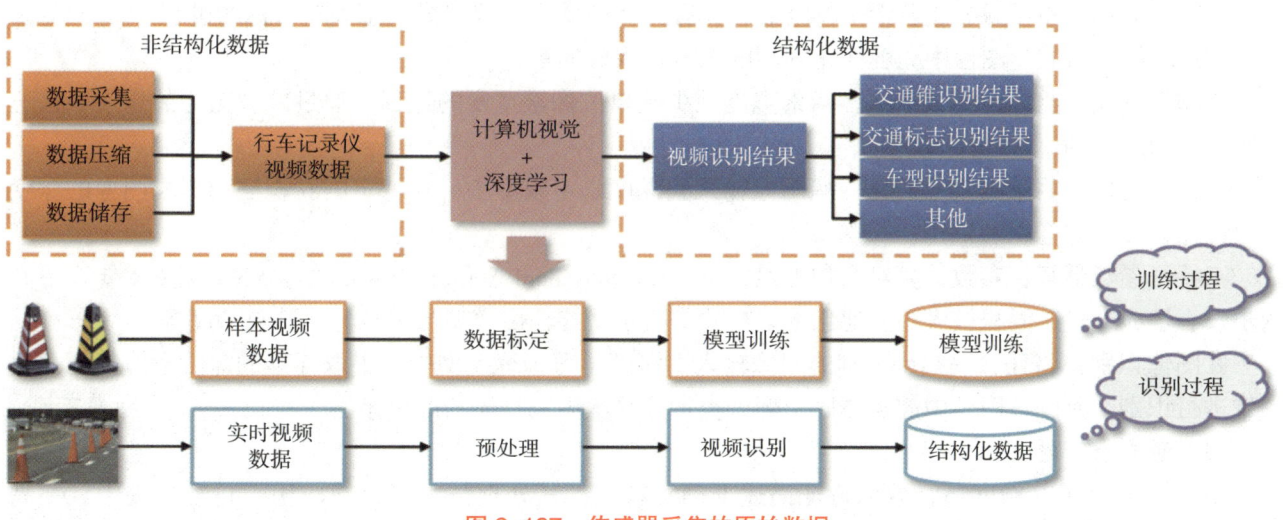

图 2-137　传感器采集的原始数据

（1）道路元素图像处理

在高精度地图中，为了给自动驾驶汽车提供道路的拓扑信息、交通约束信息，需要对道路元素进行识别并做语义标注等以便于后期高精度地图的制作，如图 2-138 所示。

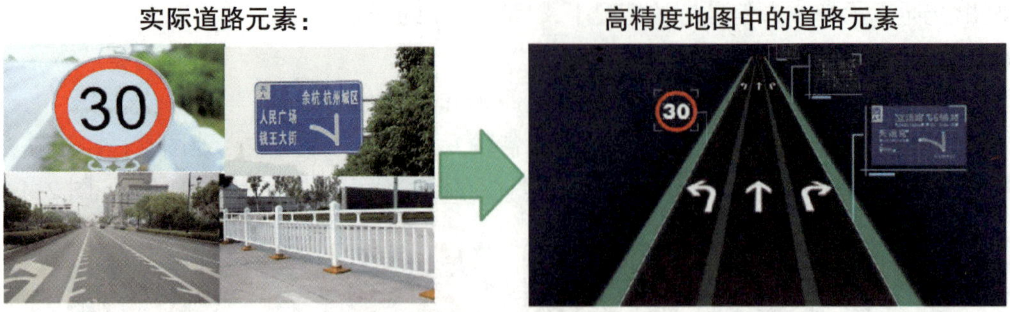

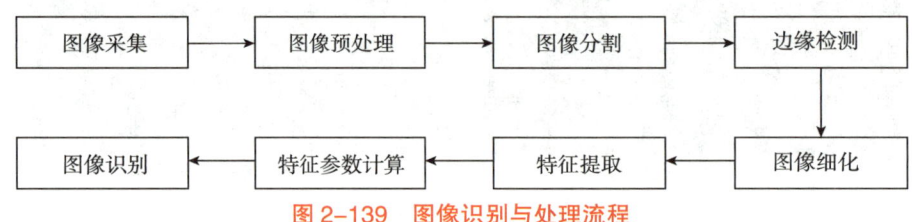

图 2-138　道路元素图像处理

（2）图像识别与处理

道路元素包括交通标志牌、红绿灯、车道线和隔离带等。高精度地图的制作需要对各种道路元素进行图像识别、语义标注等处理。

常用的图像识别与处理流程如图 2-139 所示。

图像采集 → 图像预处理 → 图像分割 → 边缘检测

图像识别 ← 特征参数计算 ← 特征提取 ← 图像细化

图 2-139　图像识别与处理流程

①图像采集：通过摄像机等工具采集真实道路环境下的图像，形成数据集。

②图像预处理：对数据集中的图像进行扩充同时对图像进行标注工作，便于后期进行深度学习训练模型使用。

③图像分割：将图像分成若干个特定的、具有独特性质的区域并提出感兴趣目标的过程。

④边缘检测：找出图像中亮度变化剧烈的像素点构成的集合。

⑤图像细化：将图像的线条从多像素宽度减少到单位像素宽度的过程。通过减少图像的像素数来达到压缩图像的目的。

⑥特征提取：将数据集中的每一幅图像输入到深度学习模型中，在特定的卷积层中提取图像的深度学习特征，便于图像识别工作。

⑦特征参数计算：参数计算对卷积神经网络（Convolutional Neural Networks，CNN）至关重要，不同的步长、填充方式、卷积核大小、池化层策略等都决定最终输出模型与参数、计算复杂度等。

⑧图像识别：将任意一幅待识别的图像输入到深度学习训练模型中，提取样本的深度学习特征并对图像进行识别，判断该图像中的物体属于哪个类别并显示识别物体的准确率。

（3）激光点云处理

激光点云由于其精度高，数据特征描述准确等特点，其处理技术广泛地应用于自动驾驶中。在高精度地图制作中，通常使用激光雷达扫描获取点云数据，进而重建三维道路环境，并利用重建好的三维环境进行道路要素特征的提取与识别，如图 2-140 所示，准确地反映道路环境并描述其道路环境特征，准确表述道路环境特征，得到高精度点云地图。同时，其处理后的激光点云数据能够与图像数据进行映射或融合处理，得到信息更加丰富的彩色激光点云地图，为人工检测与修订提供充分的数据基础。

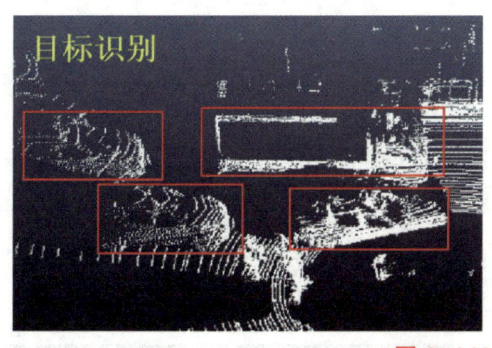

图2-140 目标识别

（4）激光点云特征提取

激光雷达获取的原始数据集以激光点云文件形式进行存储。点云文件包含物体表面的离散点集、法向量、颜色或标签等基本信息，但缺少物体的曲面、体积以及各顶点间的几何拓扑等信息。

为了描述道路环境的几何特征，需要对点集数据进行特征提取。特征向量特点：平移旋转不变性、抗密度干扰性及抗噪声稳定性等。

点云特征按空间尺度分为局部特征和全局特征两种类型。

① 局部特征：法线、点特征直方图、快速点特征直方图、方位直方图特征和3D形状描述子等几何形状特征描述。

② 全局特征：一般为拓扑特征描述，拓扑特征描述难以捕捉细节且对物体遮挡敏感。

（5）激光点云法向量

法向量作为激光点云数据重要的局部特征，能够对散乱激光点云的局部进行有效的描述并为其他激光点云处理技术提供支撑。激光点云法向量的计算方法有很多，通常来说有两种解决方案：其一，使用曲面重建技术，从获取的激光点云数据集中得到采样点对应的曲面，然后从曲面模型中计算表面法向量；其二，直接对激光点云数据集进行法向量估计，如图2-141所示。

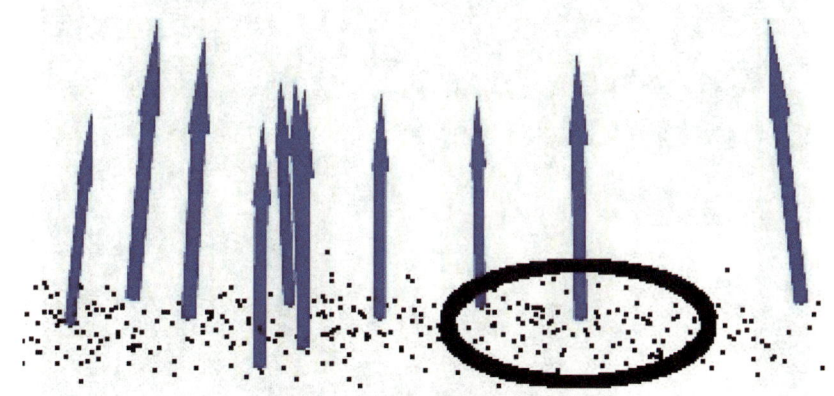

图2-141 激光点云法向量

（6）激光点云配准

高精度地图的制作需从采集并处理后的道路环境激光点云中提取如标志牌、交通灯以及防护栏等多种道路元素的坐标与正确的几何参数。事实上，在激光点云数据的采集过程中，由于采集角度有限，可能需要从道路的多个方向进行多次采集，以保证采集数据的可靠性和完整性。此外，由于在采集车辆的运动过程中，采集到的激光点云数据会包含误差，进而不能准确地描述道路三维环境。因此，我们需要利用激光点云配准技术将从各个视角下采集到的含有误差的激光点云通过旋转平移，消除误差并统一到同一坐标系下，还原道路的三维环境。

激光点云配准算法繁多，主要分为粗配准以及精配准两种。

粗匹配：用于两片激光点云初始位置误差较大的情况下快速取得两片激光点云的转换关系，输出精度不高。

精匹配：适用于初始位置误差较小的情况下对两片激光点云的坐标进行精准的计算，输出精度高。

（7）激光点云分割

在高精度地图制作中，为了能够将灯杆、标志牌和路沿等交通道路元素从大量杂乱无序的激光点云中识别出来，需要对激光点云进行分割后提取出来。如图2-142所示。

分割前完整的精光点云

分割后的激光点云

图2-142 激光点云分割

（8）同步定位与地图构建

SLAM最早在机器人领域应用，指机器人从未知环境的未知地点出发，在运动过程中通过观测到的环境特征定位自身位置和姿态，再根据自身位置构建周围环境的地图，从而达到同时定位和地图构建的目的。如图2-143所示。

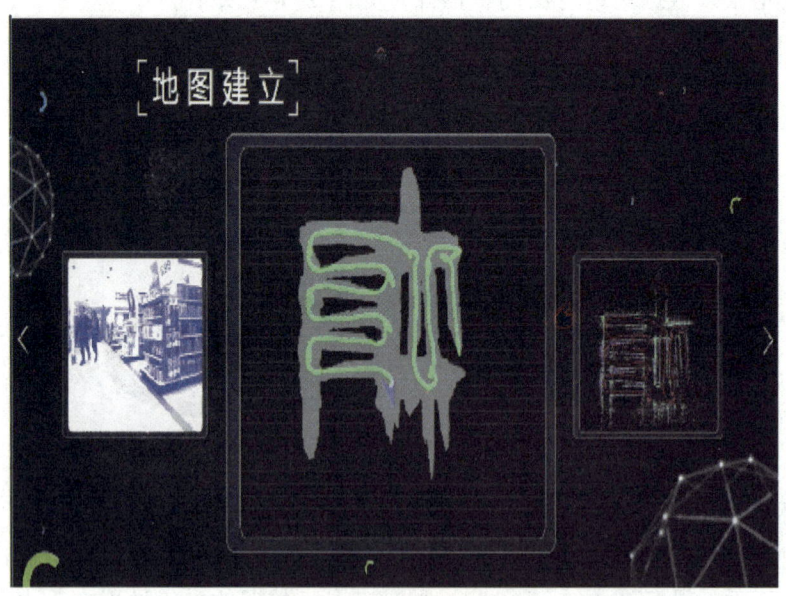
图2-143 地图构建

①激光SLAM：如图2-144所示，通过激光雷达获取自动驾驶车辆周围环境的激光点云数据，激光雷达能以很高的精度测量出车辆周围物体的角度和距离，从而很方便地实现SLAM及避障等功能。

图 2-144 激光 SLAM

②视觉 SLAM：通过摄像头采集来的数据进行同步定位与地图构建。其中视觉 SLAM（图 2-145）主要有两种实现途径，一种是基于 RGB-D 的深度摄像机，另一种是基于单目、双目或者鱼眼摄像头。

图 2-145 视觉 SLAM

SLAM 经典框架如图 2-146 所示。

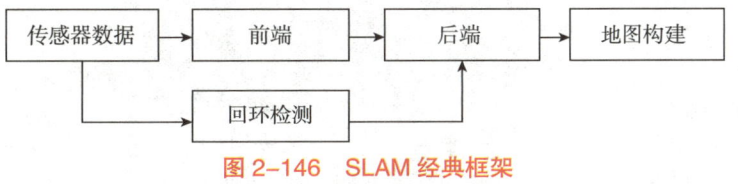

图 2-146 SLAM 经典框架

前端（视觉里程计）：通过相邻图像估计出粗略的相机位姿，在视觉里程计过程中会出现累积漂移。
回环检测：检测相机是否经过同一个地点。
后端（优化）：处理 SLAM 过程中的噪声。
建图：子系统接受不同时刻的位姿信息以及回环信息，进行优化后得到相机轨迹和地图。

3. 高精地图采集办法

（1）实地采集

实地采集是制作高精度地图的第一步，主要通过采集车的现场采集来完成。如图 2-147 所示，采集的核心设备是激光雷达、高精度差分 – 惯导 – 卫星定位系统，它通过激光反射形成点云，完成对环境中各种物体的采集，并通过高精度定位系统记录行驶轨迹和环境中物体的高精度位置信息。

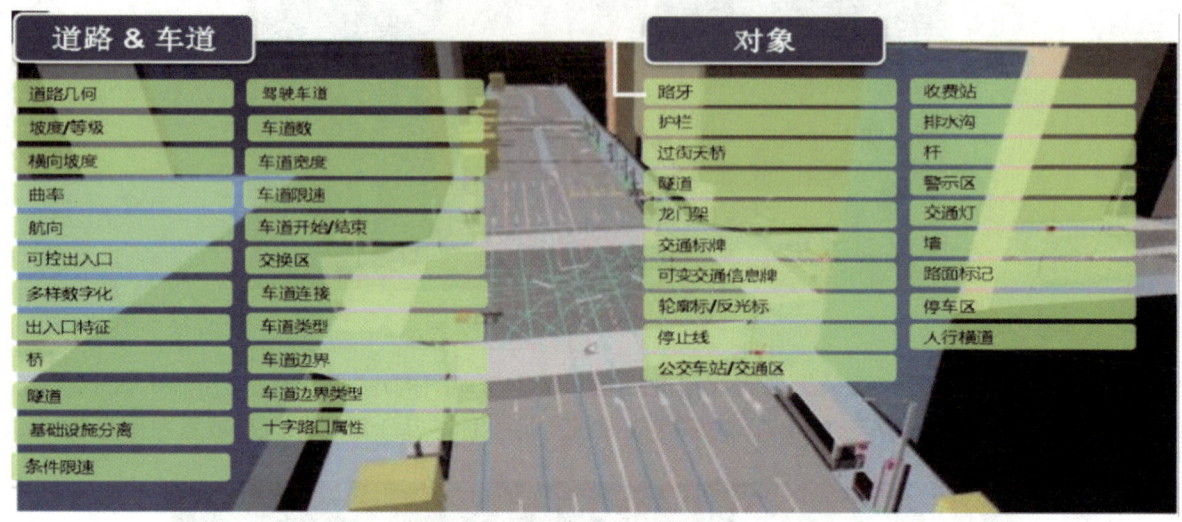

图 2-147　实地采集

（2）加工

加工的过程包括人工处理、深度学习的感知算法（图像识别）等。采集的设备（图 2-148）越精密，采集的数据越完整，就可以降低算法所需的不确定性。收集到的数据越不完整，就需要更多的算法来补偿数据缺陷，也可能会产生更大的误差。

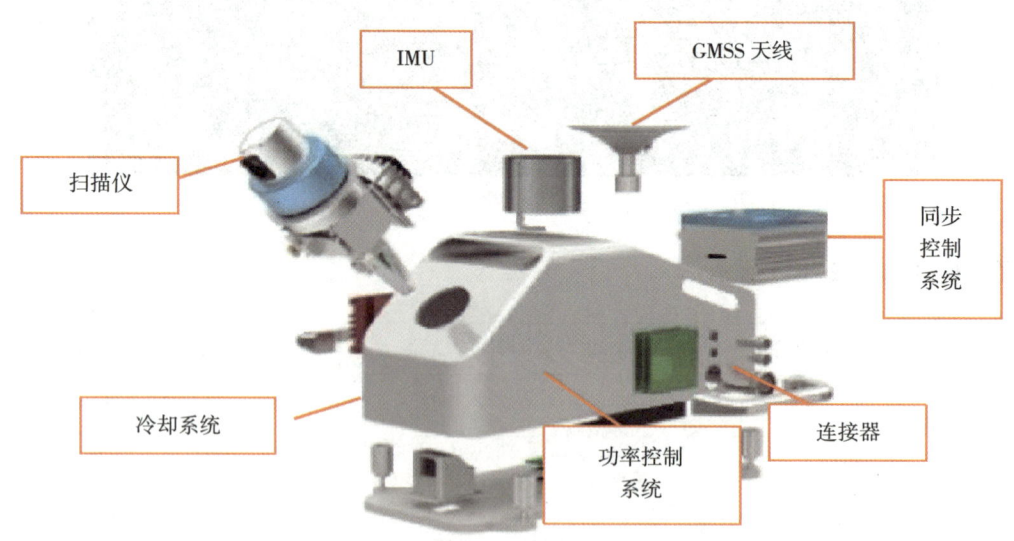

图 2-148　采集设备

（3）后续更新

因为道路的整改工作会经常发生，包括突发性路况。如图 2-149 所示，后续地图更新也可以采取众包方式或与政府实时交通处理部门合作来解决。

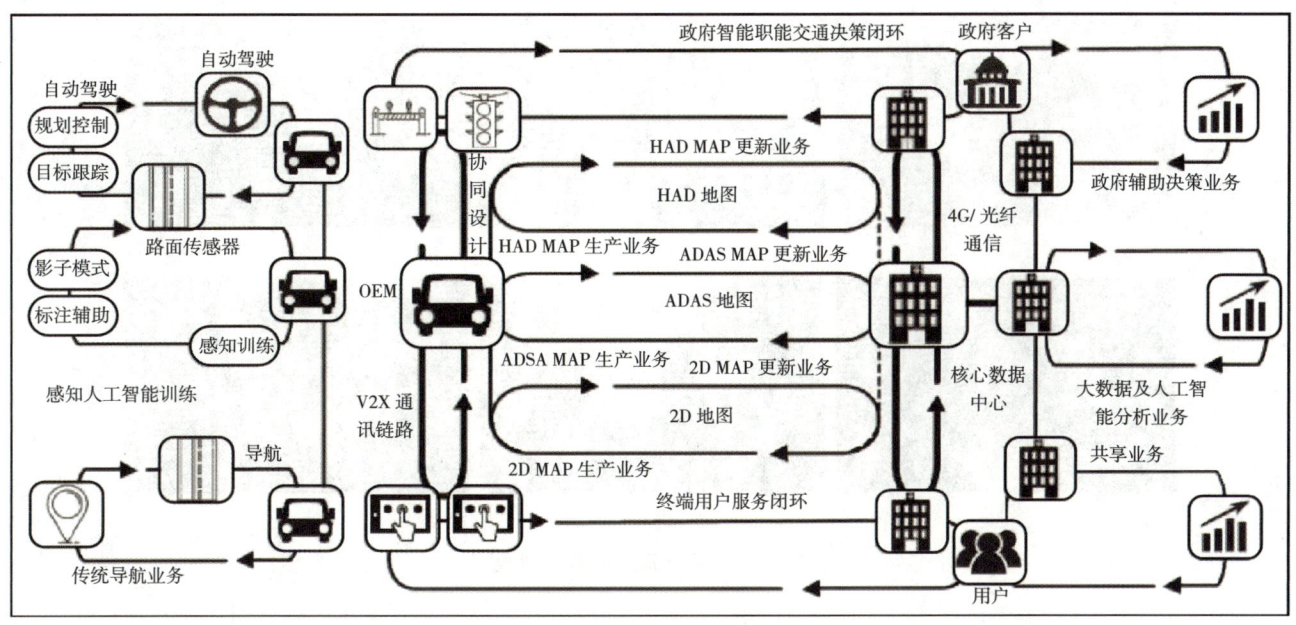

图 2-149　后续地图更新

4. 众包数据构建高精地图

使用安装了成本相对低廉的车载传感器的智能网联汽车收集路况与道路特征，然后通过深度学习和图像识别算法将其转换为结构化数据，生成高精度地图众包信息。

数据来源于用户，而且服务于用户，不仅可以向此类车辆提供高精度地图、还可以提供高精度定位服务。如图 2-150、图 2-151 所示。

通用、日产、丰田、上汽等汽车厂商也积极采用众包采集方式为各自品牌的汽车提供相关服务。

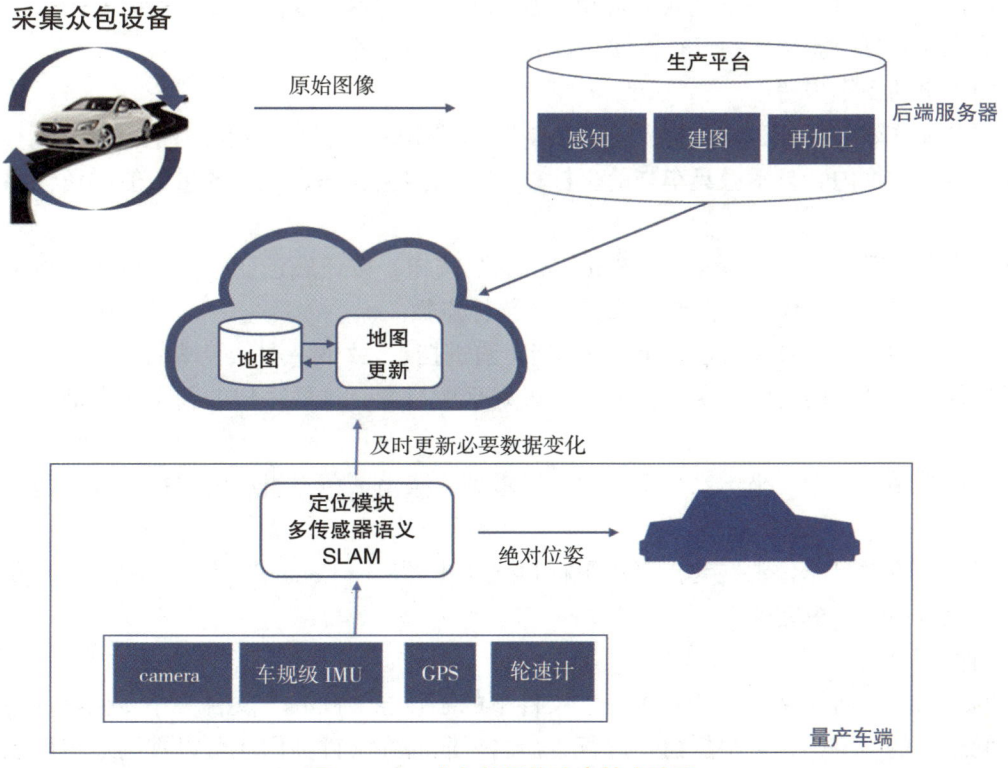

图 2-150　众包数据构建高精度地图

图 2-151 不同道路场景用户数据

二、高精地图应用必备技能

1. 地图采集和储存

自动驾驶教学实训平台地图采集需要采用人工驾驶模式，然后将行驶过的路径坐标自动记录后保存至工控主机。

教具车自动驾驶系统获得地图的方式除了人工采集外还有两种方式：一种是直接将高精地图安装到工控主机内使用。这里所说的高精地图是指地图上的每个点都有清晰的经纬度坐标，而不是日常使用的民用导航地图。另一种是手工编制高精地图，即用专业软件将准备行驶的路径上的每个点的经纬度一个一个手工编译出来。通过这两种方式获取自动驾驶地图不仅技术要求高，而且费时费力，一般只有大型团队配合才能完成。目前能做到的只有谷歌、百度、高德等公司。

（1）地图采集的操作步骤

在自动驾驶操作软件界面，用鼠标单击"CAN"和"GPS"按钮（按钮底色变绿）后，观察 RTK 一栏数据，此时经纬度框内会显示教具车当前坐标点，RTK 卫星状态、卫星数量、航向角栏都将显示实时数据。

当数据显示都正常时，用鼠标单击"Start Collect"按钮，按钮底色变红，且按钮上显示一个"( )"，内有数字显示，这里的数字代表本段地图采集到的坐标点数。

软件准备完成后，将教具车挡位换至"D"档（前进挡），放下手刹，轻踏油门踏板，平稳的驾驶车辆前行，尽量保持匀速。转弯时避免急打方向，最好平顺过弯，这样采集的题图在自动驾驶时会有更好的驾乘感。

采集地图过程中，在地图坐标系显示框中可以看到一条由蓝色点组成的路径，这就是采集完成的部分地图。

行驶完成后，将教具车停泊在终点，用鼠标再次单击"Start Collect"按钮，按钮底色变灰，自动记录功能停止，此时地图采集完成。

（2）地图存储

所采集的地图能自动保存至"Auto Drive"文件下的子目录"Maps"文件夹中，保存的地图原始名称为日期和时间组成的数字串，可根据需要进行重命名。同时在文件夹内还可以查询地图形成的日期、地图的格式、地图大小等信息。

2. 地图编辑和储存

利用自动驾驶教学实训平台采集的地图是原始地图,为了让教具车能更换的完成自动驾驶功能,我们还可以对原始地图进行编辑,设定教具车自动驾驶时在这张地图中的行驶速度和设定停靠路段等。

（1）地图编辑操作方法

打开地图编辑界面：首先打开自动驾驶操作软件（iLadar Data Collect），在"Model"菜单下找到"Map Edit"选项，用鼠标单击，然后会出现地图编辑界面。如图 2-152 所示。

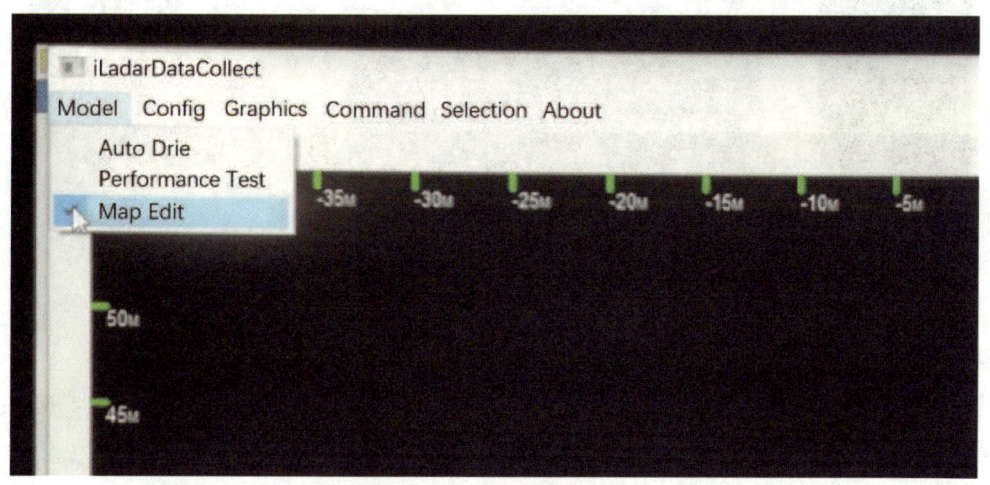

图 2-152　地图编辑界面

原始地图加载：在"Maps"文件夹内找到准备编辑的地图，记住地图的名称、日期或大小信息，然后用鼠标单击"Load GPS"按钮，选择需编辑的地图，用鼠标单击"打开"，地图加载完成。

（2）地图编辑

在软件左侧坐标系中可以看到加载成功的地图，是由蓝色点组成，用鼠标单击地图上任意一点，会出现两个标记绿点，用于选择地图段。选中后标记点会由绿变红（图 2-153）。红色标点可以用鼠标进行移动到所需要的位置。如果需要重新选择，可鼠标单击"Clear Button"按钮，取消已选择的地图段。

图 2-153　地图编辑

选择好需要编辑的地图段后，用鼠标单击"Start Edit"按钮，在按钮下方出现可选择的菜单（图 2-154），有"Fast"（快速）、"Mediun"（中速）、"Slow"（低速）、"Uturn Left"（偏左）、"Uturn Right"

（偏右）、"Very Slow"（很慢）、"Park"（泊车）、"Clear"（取消）等选项供选择。选择完成后，鼠标单击选项右边的"Confirm"按钮，完成一段地图编辑，中途如需退出地图编辑则鼠标单击"Cancel"按钮，此时取消所有的编辑操作。

图 2-154　菜单栏

（3）地图编辑后的存储

当完成整个地图的编辑操作后，用鼠标单击"Save Map"按钮，地图自动保存至"Maps"文件夹的二级目录"Final"文件内，模式与采集地图存储方式一致。

3. 地图调用

编辑过的地图可以作为教具车自动驾驶的行驶地图。教具车在编辑的地图段自动驾驶时，会按照选择的指令行驶，如快速、慢速、靠左或泊车等。

编辑后的地图调用路径：

在自动驾驶操作软件（iLadar Data Collect）界面，用鼠标单击"Start Navigate"按钮，会弹出地图选择对话框，在"Maps"文件夹中找到"Final"文件夹，此文件夹中存储的即为编辑过的地图，地图排列按生成日期先后顺序排列，原始名为地图编辑日期时间形成的数字串。选择需要及加载的地图，鼠标单击"打开"完成地图调用。

【练 习】

1. 高精度地图的定义分为两种：_____ 和 _____。狭义高精度地图是由传统图形商定义的精度更高、内容更详细的地图。广义的高精度地图是构建了一个真实的 _____。除了绝对位置的形状信息和拓扑关系外，还包括 _____ 等属性。

2. 高精度地图包含的主要信息有 _____。

3. 高精度地图与传统地图相比，具有不同的 _____ 和 _____，高精地图的生产过程包括 _____、_____、_____。

二、不定项选择题

1. 动态交通信息共享的内容包括（　　）。

A. 实时路况更新　　B. 云数据中心　　C. 数据采集车辆　　D. 高精定位

E. 增量数据采集

2. 高精度地图的采集方法包括（　　）。

A. 实地采集　　B. 加工　　C. 后续更新　　D. 持续定位

学习点八 多传感器融合技术专项技能

【情景描述】

多传感器数据融合技术形成于20世纪80年代，目前已成为研究的热点。它不同于一般信号处理，也不同于单个或多个传感器的监测和测量，而是对基于多个传感器测量结果基础上的更高层次的综合决策过程。对于自动驾驶车辆来说，单一的传感器信号是远远不够的，需要多传感器的融合才能保证数据的准确性。

【学习目标】

知识目标：1. 了解多传感器的融合结构与融合方式。
　　　　　2. 了解多传感器的融合算法。
能力目标：初步认知多传感器的融合。

【知识链接】

一、多传感器融合技术概述

（一）多传感器融合技术概述

从生物学的角度看，人类和其他动物对客观世界的认知过程，其实质就是对多源数据的磁合过程、人类通过视觉、听觉、触觉等多种感官获得外界的多种信息，然后大脑依据某种在则对这些信息进行统一处理，从而获得了对该物体的统一的理解和认识。传感器融合实际上就是模仿这种由感知到认知的过程。

传感器数据融合是针对一个系统使用多个（种）传感器这一特定问题而提出的信息处理方法，可发挥多个（种）传感器的联合优势，消除单一传感器的局限性，把分布在不同位置的多个同类或不同类传感器所提供的数据资源加以综合，采用使计算机技术对其进行分析并加以互补，实现最佳协同效果，获得对被观测对象的一致性解释与描述，提高系统的容错性，从而提高系统决策、规划、反应的快速性和正确性，使系统获得更充分的信息。

1. 多传感器融合的优势

具体来说，在自动驾驶汽车系统中使用多传感器融合技术主要有如下优势。

① 提高系统感知的准确度。多种传感器联合互补，可避免单一传感器的局限性，最大程度发挥各个（种）传感器的优势，能同时获取被检测物体的多种不同特征信息，减少环境、噪声等干扰。

② 增加系统的感知维度，提高系统的可靠性和健壮性。多传感器融合可带来一定的信息冗余度，即使某一个传感器出现故障，系统仍可在一定范围内继续正常工作，具有较高的容错性，增加了系统决策的可靠性和置信度。

③ 增强环境适应能力。应用多传感器融合技术采集的信息具有明显的特征互补性，对空间和时间的覆盖范围更广，弥补了单一传感器对空间的分辨率和环境的语义不确定性。

④ 有效减少成本。融合可以实现多个价格低廉的传感器代替价格昂贵的传感器设备，在保证性能的基础上又可以降低成本预算。

2. 多传感器的融合过程

多传感器融合可以充分利用多传感器的优势，减小单一传感器的局限性，采集多个（种）传感器的观测信息，通过对这些数据和信息的合理支配和使用，利用其在空间或时间上的冗余或互补信息，基于优化算法进行分析、综合、支配和使用.以获得被观测对象的一致性解释或描述、具体地说，传感器融合过程如下。

① 多个（种）传感器独立工作获得观测数据。
② 对各传感器数据（RGB图像、点云数据等）进行预处理。
③ 对处理数据进行特征提取、变换，并对其进行模式识别处理，获取对观测对象的描述信息。
④ 在数据融合中心按照一定的准则进行数据关联。
⑤ 使用足够优化的算法对各传感器数据进行融合，获得对观测对象的一致性描述和解释。

（二）多传感器融合结构

根据传感器信息在不同信息层次上的融合，可以将多传感器信息融合划分为Low-level融合、High-level融合和混合融合结构。其中，Low-level融合体系结构包括数据级融合和特征级融合，是一种集中式融合结构；High-level融合体系结构是一种决策级别融合，可以是集中式融合或者分布式融合；混合融合结构是多种Low-level和High-level融合结构组合而成。

1. Low-level融合

Low-level融合体系结构是一种较低信息层次上的融合，是集中式融合结构。集中式验合结构将各传感器获得的原始数据直接送到数据融合中心，进行数据对准、数据关联、预测等，在传感器端不需要任何处理，可以实现实时融合，其结构如图2-155所示。集中式融合结构具有较高的融合精度，算法灵活。但是其对处理器的要求高，计算量大，成本较高。另外，其数据流向单一，缺少底层传感器之间的信息交流，可靠性较低，实现难度较大。

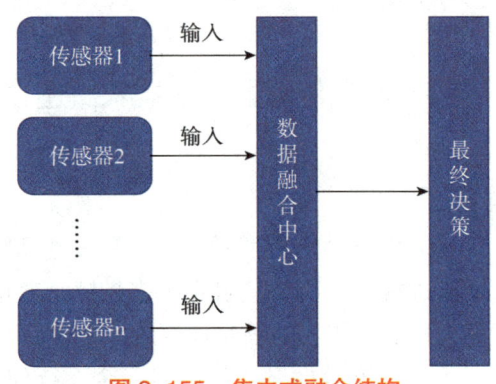

图2-155 集中式融合结构

（1）数据级融合

数据级融合又称像素级融合，是最低层次的融合，直接对传感器的观测数据进行融合处理，然后基于融合后的结果进行特征提取和判断决策，其结构如图2-156所示。经过数据级融合以后得到的图像不论是内容还是细节都会有所增加，如边缘、纹理的提取，有利于图像的进一步分析、处理与理解，还能够把潜在的目标暴露出来，有利于判断识别潜在的目标像素点的操作。

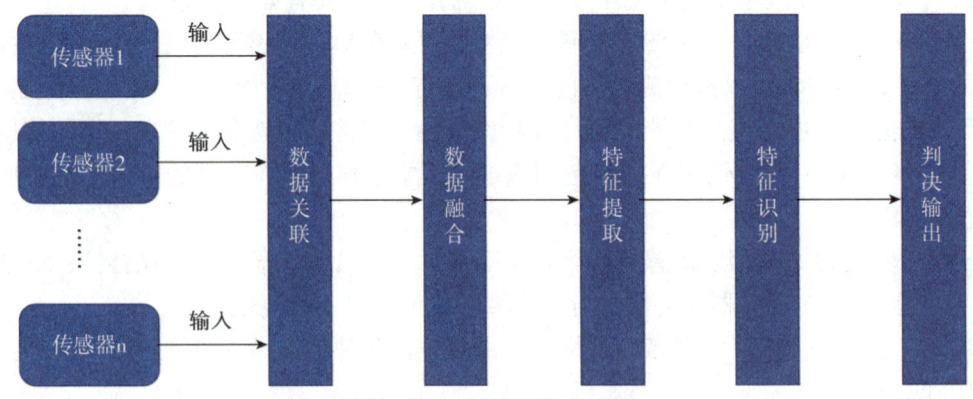

图2-156 数据级融合结构

数据融合处理的数据是最底层融合,精确到图像像素级别的,但其计算量大、处理所耗费的时间成本巨大,不利于实时处理;另外,其在进行数据通信时,容易受不稳定性、不确定性因素的影响;最后,其处理过程都是在同种传感器下进行,无法有效地处理异构数据。

根据融合内容,数据级融合又可以分为图像级融合、目标级融合和信号级融合。图像级融合以视觉为主体,将雷达输出的整体信息进行图像特征转化,与视觉系统的图像输出进行融合;目标级融合是对视觉和雷达的输出进行综合可信度加权,配合精度标定信息进行自适应的搜索匹配后融合输出;信号级融合是对视觉和雷达传感器 ECU 传出的数据源进行融合,其数据损失小、可靠性高,但需要大量的计算。

(2)特征级融合

特征级融合指在提取所采集数据包含的特征向量之后融合。特征向量用来体现所监测物理量的属性,在面向检测对象特征的融合中,这些特征信息是指采集图像中的目标或特别区域,如边缘、人物、建筑或车辆等信息,其结构如图 2-157 所示。特征级融合通过各传感器的原始数据结合决策推理算法,对特征信息进行分类、汇集和综合,提取具有表示能力及统计信息的属性特征。对融合后的特征进行目标识别的精确度明显高于原始图像的精确度。

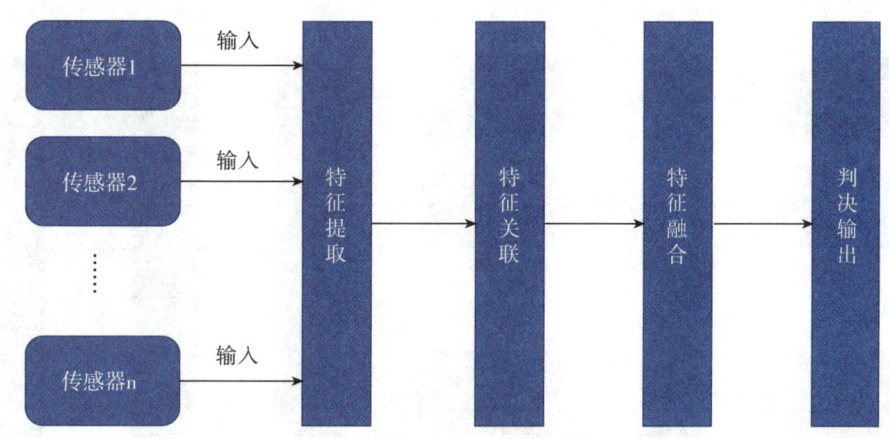

图 2-157 特征级融合结构

特征级融合先对图像进行了压缩,再用计算机分析与处理,所消耗的内存、时间与数量级相对会减少,因此处理的实时性就会有所提高。特征级融合提取图像特征作为融合信息,不可避免地会丢掉一部分的细节性特征,因此,对图像匹配的精确度的要求没有数据级融合高,但计算速度比数据级融合快。

根据融合内容,特征级融合又分为目标状态信息融合和目标特性融合两大类。其中,前者是先进行数据配准,以实现对状态和参数相关估计,更加适用于目标追踪,后者是借用传统模式识别技术,在特征预处理的前提下进行分类组合。

2.High-level 融合

High-level 融合体系结构是一种较高语义层次上的融合,可以是分布式融合结构或者集中式融合结构。分布式融合结构在各独立节点都设置相应的处理单元,在对各个独立传感器所获得的原始数据进行局部处理的基础上,再将结果输入到数据融合中心,进行智能优化、组合、推理来获得最终的结果,其结构如图 2-158 所示。分布式融合结构计算速度快、延续性好,在某一传感器失灵的情况下仍可以继续工作,可靠性更高。分布式融合结构对通信带宽的需求低,适用于远距离传感器信息反馈,但在低通信带宽中传输会造成一定的损失,精度降低。

集中式融合结构如图 2-159 所示,根据不同种类的传感器对同一目标观测的原始数据,进行一定的特征提取、分类、判别,以及简单的逻辑运算,然后根据应用需求进行较高级的决策,获得简明的综合推断结果,是高语义层次上的融合。

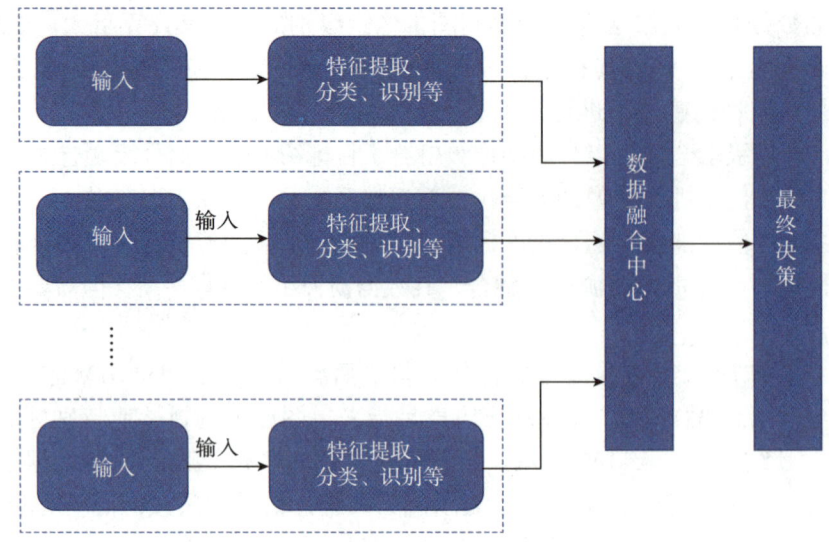

图 2-155　分布式融合结构

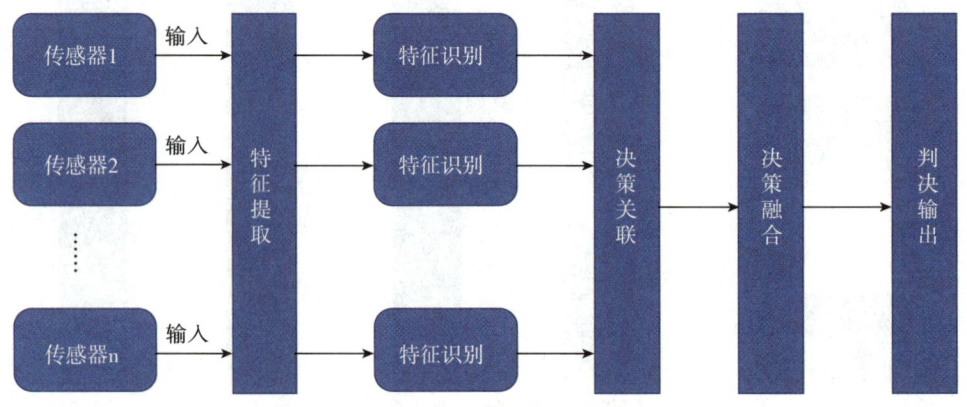

图 2-159　集中式融合结构

3. 混合式融合结构

混合式融合结构是由多种 Low-Level 和 High-Level 融合结构组合而成,如图 2-160 所示,部分传感器采用集中式融合方式,其余的传感器采用分布式融合结构,兼有二者的优点,能够根据不同需要灵活且合理地完成信息处理工作。但是,混合式融合方法的结构复杂,对结构设计要求高,加大了通信和计算上的代价。

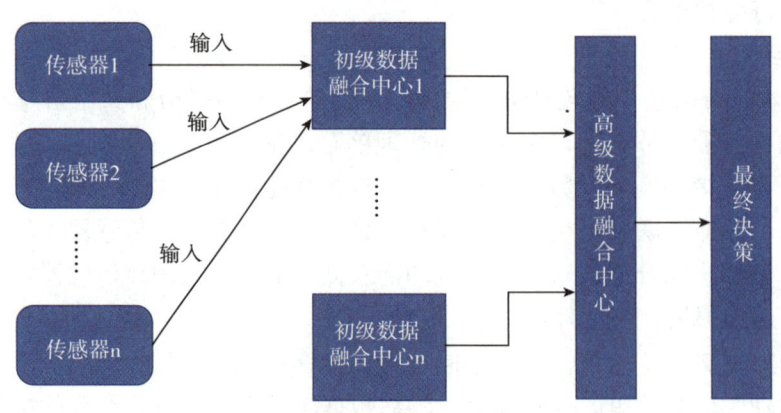

图 2-160　混合式融合结构

4. 三种融合结构的比较

基于精度、通信带宽和可靠性等方面，将分布式、集中式、混合式结构融合方法进行比较，见表2-10所列。

表 2-10　三种融合结构比较

体系结构	分布式	集中式	混合式
信息损失	大	小	中
精度	低	高	中
通信带宽	小	大	中
可靠性	高	低	高
计算速度	快	慢	中
可扩充性	好	差	一般
融合处理	容易	复杂	中等
融合控制	复杂	容易	中等

二、多传感器融合算法

融合算法是融合处理的基础。它是将多元输入数据根据信息融合的功能要求，在不同融合层次上采用不同的数学方法，对数据进行综合处理，最终实现融合。目前已有大量的融合算法，它们都有各自的优缺点。这些融合算法总体上可以分为三大类型：嵌入约束法、证据组合法、人工神经网络法。

（一）嵌入约束法

由多种传感器所获得的客观环境的多组数据就是客观环境按照某种映射关系形成的像，传感器信息融合就是通过像求解原像，即对客观环境加以了解。用数学语言描述就是，即使所有传感器的全部信息，也只能描述环境的某些方面的特征，而具有这些特征的环境却有很多，要使一组数据对应唯一的环境（即上述映射为一一映射），就必须对映射的原像和映射本身加约束条件，使问题能有唯一的解。嵌入约束法有两种基本的方法：贝叶斯估计和卡尔曼滤波。

1. 贝叶斯估计法

贝叶斯估计法是由 Thomas Bayes 提出的，是一种基于先验概率，并不断结合新的数据信息得到新的概率。贝叶斯估计法常用于静态环境下特征层的融合，公式为：

$$P(A_i|B) = \frac{P(B|A_i)P(A_i)}{\sum_{i=1}^{n}P(B|A_i)P(A_i)}$$

贝叶斯估计法在融合过程中，因传感器的输出信息有不确定性，对这些数据进行似然计算，并以条件概率表示该不确定性。在工作过程中，不断结合新数据来更新似然估计，并依概率将信息进行融合，按照一定的原则做出最优决策。贝叶斯估计法的局限性在于其工作基于先验概率，若没有先验概率，则需要通过大量的数据统计来实现，这往往要耗费大量的时间和精力。

2. 卡尔曼滤波法

卡尔曼滤波法是一种利用线性状态方程，通过系统输入输出观测数据，对系统状态进行最优估计的算法。卡尔曼滤波法能合理并充分地处理多种差异很大的传感器信息，通过被测系统的模型以及测量得到的信息完成对被测量物体的最优估计，并能适应复杂多样的环境。卡尔曼滤波法具有的递推特性既可以对当前状态进行估计，也可以对未来的状态进行预测。

卡尔曼滤波法本质就是最小均方误差准则下的最优线性计算，因此在这里首先介绍几种最优估计法。

估计就是根据测量得出的跟目前的状态 $x(t)$ 有关的数据 $z(t)=h[x(t)]+v(t)$ 解算出 $x(t)$ 的计算值 $\hat{x}(t)$，其中随机向量 $v(t)$ 称为向量误差，$\hat{x}(t)$ 称为 $x(t)$ 的估计，$z(t)$ 称为 $x(t)$ 的量测。因为 $\hat{x}(t)$ 是根据 $z(t)$ 确定的，所以 $\hat{x}(t)$ 是 $z(t)$ 的函数。若 $\hat{x}(t)$ 是 $z(t)$ 是的线性函数，则 $\hat{x}(t)$ 称为 $x(t)$ 的线性估计。

设在 $[t_0, t_1]$ 时间段内的测量为，与之对应的估计为，则有下面三种对应关系：

若 $t=t_1$，则称 $\hat{x}(t)$ 为 $x(t)$ 的估计；

若 $t>t_1$，则 $\hat{x}(t)$ 称为 $x(t)$ 的预测；

若 $t<t_1$，则 $\hat{x}(t)$ 称为 $x(t)$ 的平滑。

最优估计是指某一指标函数达到最值时的估计。若以测量估计的偏差的平方和达到最小为指标，即

$$\min(z-\hat{z})(z-\hat{z})$$

则所得估计称为的最小二乘估计

$$\min E((z-\hat{z})(z-\hat{z}))$$

若 $\hat{x}(t)$ 又为 $x(t)$ 的线性估计，则 $\hat{x}(t)$ 称为 $x(t)$ 的线性最小方差估计。

最小二乘估计和最小方差估计是最常用的估计方法。前者是用于对随机向量或常值向量的估计，其达到的最优的指标是使量测估计的精度达到最佳。在估计过程中，可以不使用与估计量相关的动态信息和统计信息，所以估计精度不高，但较为简单，对被估计量和量测误差之间的关系不做要求。后者是使均方差最小的估计，是估计方法中精度最高的。但是最小方差估计只确定了估计值在量测空间上的条件均值这一抽象关系，而条件均值的求取较为困难，所以按照条件均值来进行最小方差估计较为困难。

（二）证据组合法

证据组合法认为完成某项智能任务是依据有关环境某方面的信息做出几种可能的决策，而多传感器数据信息在一定程度上反映环境这方面的情况。因此，分析每一数据作为支持某种决策证据的支持程度，并将不同传感器数据的支持程度进行组合，即证据组合，分析得出现有组合证据支持程度最大的决策作为信息融合的结果。

证据组合法是为完成某一任务的需要而处理多种传感器的数据信息。它先对单个传感器数据信息每种可能决策的支持程度给出度量（即数据信息作为证据对决策的支持程度），再寻找一种证据组合方法或规则，使在已知两个不同传感器数据（即证据）对决策的分别支持程度时，通过反复运用组合规则，最终得出全体数据信息的联合体对某决策总的支持程度，得到最大证据支持决策，即传感器信息融合的结果。

（三）人工神经网络法

人工神经网络通过模仿人脑的结构和工作原理，设计和建立相应的机器和模型并完成一定的智能任务。神经网络根据当前系统所接收到的样本的相似性，确定分类标准。这种确定方法主要表现在网络权值分布上，同时可采用神经网络特定的学习算法来获取知识，得到不确定性推理机制。采用神经网络法的多传感器信息融合，分三个主要步骤。

① 根据智能系统要求及传感器信息融合的形式，选择其拓扑结构。

② 各传感器的输入信息综合处理为一总体输入函数，并将此函数映射定义为相关单元的映射函数，通过神经网络与环境的交互作用把环境的统计规律反映网络本身的结构。

③ 对传感器输出信息进行学习、理解，确定权值的分配，进而对输入模式做出解释，将输入数据向

量转换成高级逻辑（符号）概念。

【练习】

1. 多传感器信息融合划分为_____、_____和_____。其中，_____包括数据级融合和特征级融合，是一种_____融合结构；_____是一种决策级别融合，可以是_____融合或者_____融合；混合融合结构是多种_____和_____融合结构组合而成。

2. 多传感器融合算法有_____、_____、_____，其中_____常用算法为贝叶斯估计法和卡尔曼滤波法。

3. 请简述多传感器融合技术主的优势。

4. 请简述多传感器的融合过程。

学习任务三 智能网联汽车环境感知技术应用

学习点一　环境感知与识别概述

【知识链接】

一、环境感知与识别概述

环境感知对象主要包括行驶路径、周边物体、驾驶状态、驾驶环境，如图 3-1 所示。其中行驶路径主要包括结构化道路和非结构化道路两大块，其中结构化道路包括车道线、道路边缘、道路隔离物、恶劣路况的识别，非结构化道路包括可行驶路径的确认和前方路面环境的识别。周边物体主要包括车辆、行人、地面上可能影响车辆通过性、安全性的其他各种移动或静止障碍物的识别及各种交通标志的识别。本章重点讨论行驶路径部分的车道线检测以及周边物体中的障碍物检测、红绿灯检测。

图 3-1　环境感知

环境感知与识别传感器系统通常采用摄像头、激光雷达、毫米波雷达等多种车载传感器来感知环境，如图 3-2 所示。就三种传感器的应用特点来讲，摄像头和激光雷达都可用于进行车道线检测。对红绿灯的识别，主要还是用摄像头来完成。而对障碍物的识别，摄像头可以通过深度学习把障碍物进行细致分类，激光雷达只能分一些大类，但能完成对物体距离的准确定位；毫米波雷达则完成障碍物运动速度、方位等识别。

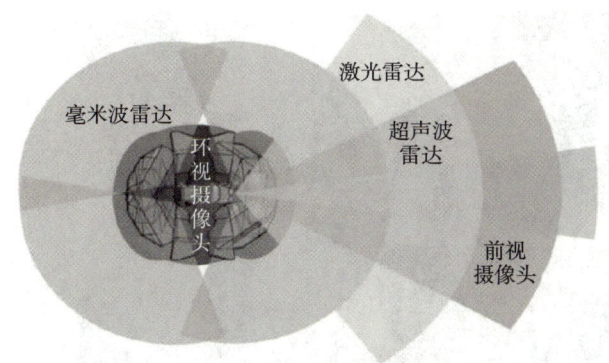

图 3-2 环境感知传感器

车辆行驶道路上的障碍物检测是无人驾驶汽车环境感知模块中的重要组成部分。准确的障碍物检测决定着无人驾驶汽车行驶的安全性。目前障碍物检测技术主要包括以下三种方法。

① 基于图像的障碍物检测。
② 基于激光雷达的障碍物检测。
③ 基于视觉和激光雷达融合的障碍物检测。

每一种检测方式需要对应的算法才能实现，所以环境识别的过程也是一个计算的过程，与此同时，还需要庞大的数据库的支持，实现数据的对比与匹配，才能准确识别周围的环境信息。

学习点二 行人检测

【情景描述】

行人检测具有极其广泛的应用：智能辅助驾驶，智能监控，行人分析以及智能机器人等领域。从 2005 年以来行人检测进入了一个快速的发展阶段，但是也存在很多问题还有待解决，主要还是在性能和速度方面还不能达到一个权衡。近年，以谷歌为首的自动驾驶技术的研发正如火如荼地进行，这也迫切需要能对行人进行快速有效的检测，以保证自动驾驶期间对行人的安全不会产生威胁。

【学习目标】

知识目标：1. 了解行人检测的概念与难题。
2. 了解行人检测的算法。

【知识链接】

一、行人检测概述

（一）概述

行人检测（Pedestrian Detection）一直是计算机视觉研究中的热点和难点。行人检测要解决的问题是：找出图像或视频帧中所有的行人，包括位置和大小，一般用矩形框表示，和人脸检测类似，这也是典型的目标检测问题，如图 3-3 所示。

图 3-3 行人

行人检测技术有很强的使用价值，它可以与行人跟踪，行人重识别等技术结合，应用于汽车无人驾驶系统（ADAS），智能机器人，智能视频监控，人体行为分析，客流统计系统，智能交通等领域。

（二）行人检测的难题

由于人体具有相当的柔性，因此会有各种姿态和形状，其外观受穿着，姿态，视角等影响非常大，另外还面临着遮挡、光照等因素的影响，这使得行人检测成为计算机视觉领域中一个极具挑战性的课题。行人检测要解决的主要难题是以下几点。

1. 外观差异大

包括视角，姿态，服饰和附着物，光照，成像距离等都会对行人检测的结果造成影响。从不同的角度看过去，行人的外观是很不一样的。处于不同姿态的行人，外观差异也很大。由于人穿的衣服不同，以及打伞、戴帽子、戴围巾、提行李等附着物的影响，外观差异也非常大。光照的差异也导致了一些困难。远距离的人体和近距离的人体，在外观上差别也非常大。

2. 遮挡问题

在很多应用场景中，行人非常密集，存在严重的遮挡，我们只能看到人体的一部分，这对检测算法带来了严重的挑战。

3. 背景复杂

无论是室内还是室外，行人检测一般面临的背景都非常复杂，有些物体的外观和形状、颜色、纹理很像人体，导致算法无法准确地区分。

4. 检测速度

行人检测一般采用了复杂的模型，运算量相当大，要达到实时非常困难，一般需要大量的优化。

二、算法

早期的算法使用了图像处理，模式识别中的一些简单方法，准确率低。随着训练样本规模的增大，如 INRIA 数据库、Caltech 数据库和 TUD 行人数据库等的出现，出现了精度越来越高的算法，另一方面，算法的运行速度也被不断提升。按照实现原理，我们可以将这些算法可以分为基于运动检测的算法和基于机器学习的算法两大类，接下来分别进行介绍。

（一）基于运动检测的算法

如果摄像机静止不动，则可以利用背景建模算法提取出运动的前景目标，然后利用分类器对运动目标进行分类，判断是否包含行人。

1. 常用的背景建模算法有：

（1）高斯混合模型（Mixture of Gaussian mode）

高斯模型就是用高斯概率密度函数（正态分布曲线）精确地量化事物，将一个事物分解为若干的基于高斯概率密度函数（正态分布曲线）形成的模型。对图像背景建立高斯模型的原理及过程：图像灰度直方图反映的是图像中某个灰度值出现的频次，也可以以为是图像灰度概率密度的估计。如果图像所包含的目标区域和背景区域相差比较大，且背景区域和目标区域在灰度上有一定的差异，那么该图像的灰度直方图呈现双峰一谷形状，其中一个峰对应于目标，另一个峰对应于背景的中心灰度。对于复杂的图像，尤其是医学图像，一般是多峰的。通过将直方图的多峰特性看作是多个高斯分布的叠加，可以解决图像的分割问题。在智能监控系统中，对于运动目标的检测是中心内容，而在运动目标检测提取中，背景目标对于目标的识别和跟踪至关重要。而建模正是背景目标提取的一个重要环节。

（2）ViBe算法

ViBe算法是一种基于背景更新的前景检测算法，其原理是通过提取像素点（x，y）周围的像素值及以前的像素值建立像素点的样本集，然后再将另一帧（x，y）处的像素值与样本集中的像素值进行比较，如果其与样本集中的像素值的距离大于某阈值的话，则认为该像素点为前景像素点，否则为背景像素点。

（3）帧差分算法

通过对视频图像序列中相邻两帧作差分运算来获得运动目标轮廓的方法，它可以很好地适用于存在多个运动目标和摄像机移动的情况。当监控场景中出现异常物体运动时，帧与帧之间会出现较为明显的差别，两帧相减，得到两帧图像亮度差的绝对值，判断它是否大于阈值来分析视频或图像序列的运动特性，确定图像序列中有无物体运动。图像序列逐帧的差分，相当于对图像序列进行了时域下的高通滤波。

（4）SACON，样本一致性建模算法

SACON（SAmple CONsensus）算法是基于样本一致性的运动目标检测算法。该算法通过对每个像素进行样本一致性判断来判定像素是否为背景。该算法主要分为四个主要部分，分别是邻域差分、SACON算法核心处理、空洞填充后处理、TOM（Time Out Map），其中TOM（Time Out Map）主要用于背景模型更新，其他部分属于前景目标检测。

（5）PBAS算法

Pixel-Based Adaptive Segmenter（PBAS）检测算法，是基于像素的无参数模型，该算法结合了SACON和ViBe两个算法的优势，并在这两个算法的基础上改进而来。引入控制论的思想，使前景判断阈值和背景模型更新率自适应变化，随背景的复杂程度变化。还引入背景复杂程度的度量方法，根据背景复杂程度调整前景判断阈值和背景模型更新率。

这些背景建模算法的思路是通过前面的帧学习得到一个背景模型，然后用当前帧与背景帧进行比较，得到运动的目标，即图像中变化的区域，如图3-4所示。

2. 背景建模算法实现简单，速度快，但存在下列问题

① 只能检测运动的目标，对于静止的目标无法处理。

② 受光照变化、阴影的影响很大。

③ 如果目标的颜色和背景很接近，会造成漏检和断裂。

④ 容易受到恶劣天气如雨雪，以及树叶晃动等干扰物的影响。

⑤ 如果多个目标粘连，重叠，则无法处理。

究其原因，是因为这些背景建模算法只利用了像素级的信息，没有利用图像中更高层的语义信息。

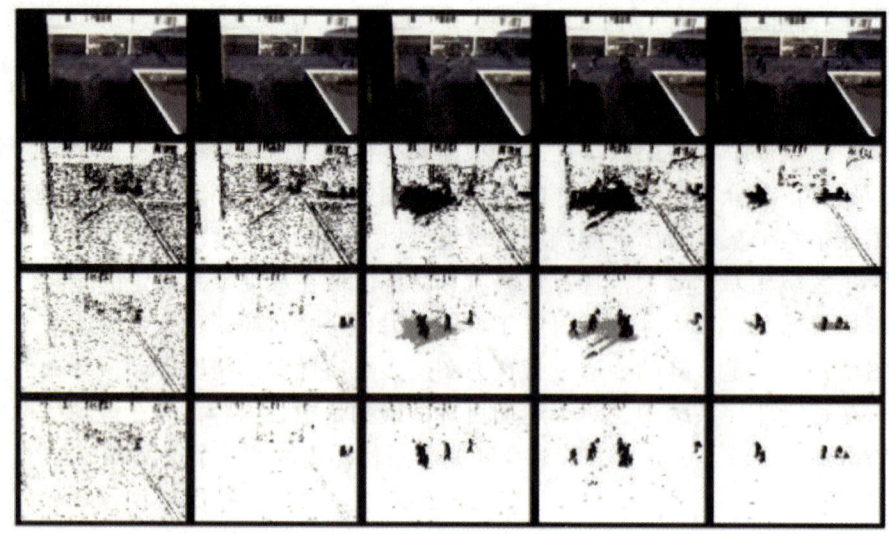

图 3-4 背景建模

(二) 基于机器学习的方法

基于机器学习的方法是现阶段行人检测算法的主流,在这里我们先介绍人工特征 + 分类器的方案。

人体有自身的外观特征,我们可以手工设计出特征,然后用这种特征来训练分类器用于区分行人和背景。这些特征包括颜色、边缘、纹理等机器学习中常用的特征,采用的分类器有神经网络,SVM,AdaBoost,随机森林等计算机视觉领域常用的算法。由于是检测问题,因此一般采用滑动窗口的技术[也就是将子数组(子字符串)理解成一个滑动的窗口,然后将这个窗口在数组上滑动,在窗口滑动的过程中,左边会出一个元素,右边会进一个元素,然后只需要计算当前窗口内的元素值]。

1. HOG+SVM

行人检测第一个有里程碑意义的成果是 Navneet Dalal 在 2005 的 CVPR 中提出的基于 HOG + SVM 的行人检测算法。Navneet Dalal 是行人检测中之前经常使用的 INRIA 数据集的缔造者。

梯度方向直方图(Histogram of Oriented Gradient,HOG)是一种边缘特征,它利用了边缘的朝向和强度信息,后来被广泛应用于车辆检测,车牌检测等视觉目标检测问题。HOG 的做法是固定大小的图像先计算梯度,然后进行网格划分,计算每个点处的梯度朝向和强度,然后形成网格内的所有像素的梯度方向分布直方图,最后汇总起来,形成整个直方图特征。

这一特征很好地描述了行人的形状、外观信息,比 Haar 特征更为强大,另外,该特征对光照变化和小量的空间平移不敏感。图 3-5 为用 HOG 特征进行行人检测的流程。

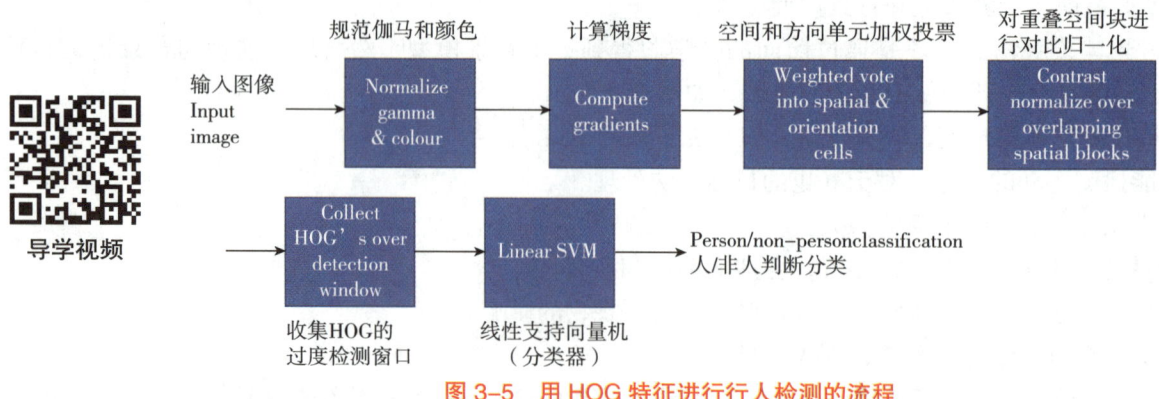

图 3-5 用 HOG 特征进行行人检测的流程

得到候选区域的 HOG 特征后，需要利用分类器对该区域进行分类，确定是行人还是背景区域。在实现时，使用了线性支持向量机，这是因为采用非线性的支持向量机在预测时的计算量太大，与支持向量的个数成正比。

目前 OpenCV 中的行人检测算法支持 HOG+SVM 以及 HOG+Cascade 两种，二者都采用了滑动窗口技术，用固定大小的窗口扫描整个图像，然后对每一个窗口进行前景和背景的二分类。为了检测不同大小的行人，还需要对图像进行缩放。

图 3-6 是提取出的行人的 HOG 特征。

2. HOG+AdaBoost

由于 HOG+SVM 的方案计算量太大，为了提高速度，后面有研究者参考了 VJ 在人脸检测中的分类器设计思路，将 AdaBoost 分类器级联的策略应用到了人体检测中，只是将 Haar 特征替换成 HOG 特征，因为 Haar 特征过于简单，无法描述人体这种复杂形状的目标。图 3-7 为基于级联 Cascade 分类器的检测流程。

图 3-6 提取出的行人的 HOG 特征

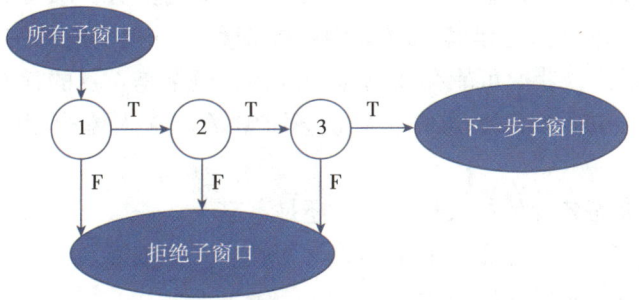

图 3-7 基于级联 Cascade 分类器的检测流程

图 3-7 中每一级中的分类器都是利用 AdaBoost 算法学习到的一个强分类器，处于前面的几个强分类器由于在分类器训练的时候会优先选择弱分类器，可以把最好的几个弱分类器进行集成，所有只需要很少的几个就可以达到预期效果，计算会非常简单，速度很快，大部分背景窗口很快会被排除掉，剩下很少一部分候选区域或通过后续的几级分类器进行判别，最终整体的检测速度有了很大的提升，相同条件下的预测时间只有基于 SVM 方法的十分之一。

3. ICF+ AdaBoost

HOG 特征只关注了物体的边缘和形状信息，对目标的表观信息并没有有效利用，所以很难处理遮挡问题，而且由于梯度的性质，该特征对噪点敏感。针对这些问题后面有人提出了积分通道特征（ICF），积分通道特征包括 10 个通道：6 个方向的梯度直方图，3 个 LUV 颜色通道和 1 梯度幅值，这些通道可以高效计算并且捕获输入图像不同的信息。如图 3-8 所示。

AdaBoost 分类器采用了 soft cascade 的级联方式。为了检测不同大小的行人，作者并没有进行图像缩放然后用固定大小的分类器扫描，而是训练了几个典型尺度大小的分类器，对于其他尺度大小的行人，采用这些典型尺度分类器的预测结果进行插值来逼近，这样就不用对图像进行缩放。因为近处的行人和远处的行人在外观上有很大的差异，因此这样做比直接对图像进行缩放精度更高。

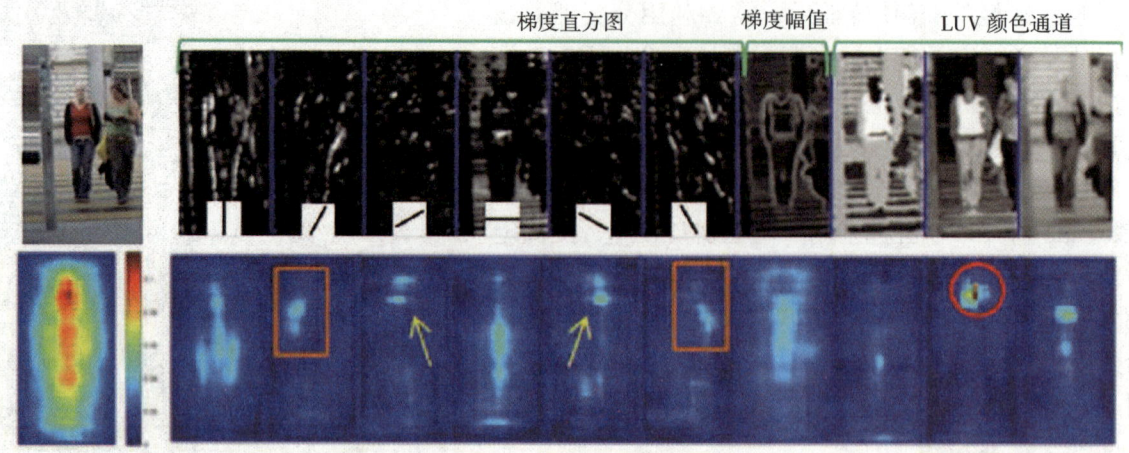

图 3-8　积分通道特征

4. DPM+latent SVM

行人检测中的一大难题是遮挡问题，为了解决这一问题，提出了采用部件检测的方法，把人体分为头肩、躯干、四肢等部分，对这些部分分别进行检测，然后将结果组合起来，使用的典型特征依然是 HOG，采用的分类器有 SVM 和 AdaBoost。

DPM（Deformable Parts Models）算法是一种基于组件的检测算法，DPM 检测中使用的特征是 HOG，针对目标物不同部位的组建进行独立建模。DPM 中根模型和部分模型的作用，根模型（Root-Filter）主要是对物体潜在区域进行定位，获取可能存在物体的位置，但是是否真的存在我们期望的物体，还需要结合组件模型（Part-Filter）进行计算后进一步确认。DPM 算法在人体检测中取得了很好的效果，主要得益于以下几个原因。

① 对于外观，视角，姿态各异的行人检测精度还是不高。
② 提取的特征在特征空间中的分布不够紧凑。
③ 分类器的性能受训练样本的影响较大。
④ 离线训练时的负样本无法涵盖所有真实应用场景的情况。

DPM 算法同时存在明显的局限性，首先，DPM 特征计算复杂，计算速度慢；其次，人工特征对于旋转、拉伸、视角变化的物体检测效果差。这些弊端很大程度上限制了算法的应用场景，这一点也是基于人工特征 + 分类器的通病。

采用经典机器学习的算法虽然取得了不错的成绩，但依然存在下面的问题。

① 对于外观，视角，姿态各异的行人检测精度还是不高。
② 提取的特征在特征空间中的分布不够紧凑。
③ 分类器的性能受训练样本的影响较大。
④ 离线训练时的负样本无法涵盖所有真实应用场景的情况。

5. 基于深度学习的算法

基于背景建模和机器学习的方法在特定条件下可能取得较好的行人检测效率或精确度，但还不能满足实际应用中的要求。自从 2012 年深度学习技术被应用到大规模图像分类以来，研究人员发现基于深度学习学到的特征具有很强层次表达能力和很好的鲁棒性，可以更好地解决一些视觉问题。因此，深度卷积神经网络被用于行人检测问题是顺理成章的事情。

基于深度学习的通用目标检测框架，如 Faster-RCNN、SSD、FPN、YOLO 等，这些方法都可以直接应用到行人检测的任务中，相比之前的 SVM 和 AdaBoost 分类器，精度有显著的提升。现根据 Caltech 行人数据集的测评指标，选取了几种专门针对行人问题的深度学习解决方案进行介绍，见表 3-1 所列。

表 3-1 专门针对行人问题的深度学习解决方案

ACF+SDt	Channels	AdaBoost	Caltech
AFS	Multiple	Linear SVM	INRIA
AFS+Geo	Multiple	Linear SVM	INRIA
CCF	Deep	AdaBoost	Caltech
CCF+CF	Deep+ Channels	AdaBoost	Caltech
Checkerboards	Channels	AdaBoost	Caltech
Checkerboards+	Channels	AdaBoost	Caltech
ChnFtrs	Channels	AdaBoost	INRIA
CompACT-Deep	Multiple	boosting	Caltech
ConvNet	Pixels	DeepNet	INRIA
Crosstalk	Channels	AdaBoost	INRIA
DBN-Isol	HOG	DeepNet	INRIA
DBN-Mut	HOG	DeepNet	INRIA/ Caltech
DeepCascade	Pixels	DeepNet	Caltech
DeepCascade+	Pixels	DeepNet	Caltech+
DeepParts	Pixels	DeepNet	Caltech
FastCF	Channels	AdaBoost	INRIA/ Caltech
F-DNN	Pixels	DeepNet	Caltech+
F-DNN+SS	Pixels	DeepNet	Caltech+
FeatSynth	Multiple	Linear SVN	INRIA

6. Cascade CNN

从表 3-1 可以看出，行人检测主要的方法是使用人工特征＋分类器的方案，以及深度学习方案两种类型。使用的分类器有线性支持向量机，AdaBoost，随机森林。接下来我们重点介绍基于卷积网络的方案。

如果直接用卷积网络进行滑动窗口检测，将面临计算量太大的问题，因此必须采用优化策略。由此提出了一种用级联的卷积网络进行行人检测的方案，这借鉴了 AdaBoost 分类器级联的思想。前面的卷积网络简单，可以快速排除掉大部分背景区域，如图 3-9 所示。

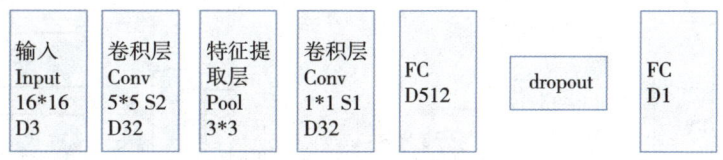

图 3-9 前面的卷积网络

后面的卷积网络更复杂，用于精确的判断一个候选窗口是否为行人，网络结构如图 3-10 所示。

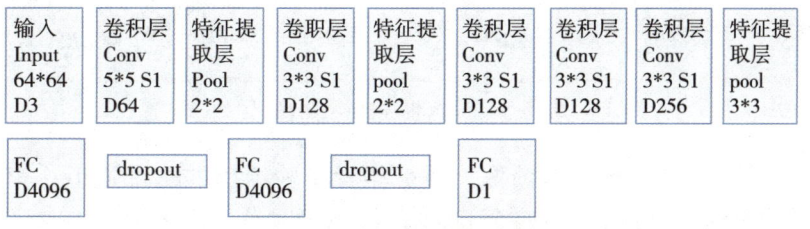

图 3-10 后面的卷积网络

通过这种组合,在保证检测精度的同时极大地提高了检测速度。这种做法和人脸检测中的 Cascade CNN 类似。

7. JoinDeep

除此之外,还有人提出使用一种混合的策略,以 Caltech 行人数据库训练一个卷积神经网络的行人分类器。该分类器是作用在行人检测的最后的一级,即对最终的候选区域做最后一关的筛选,因为这个过程的效率不足以支撑滑动窗口这样的穷举遍历检测。

用 HOG+CSS+SVM 作为第一级检测器,进行预过滤,把它的检测结果再使用卷积神经网络来进一步判断,这是一种由粗到精的策略,图 3-11 将基于 JointDeep 的方法和 DPM 方法做了一一对应比较。

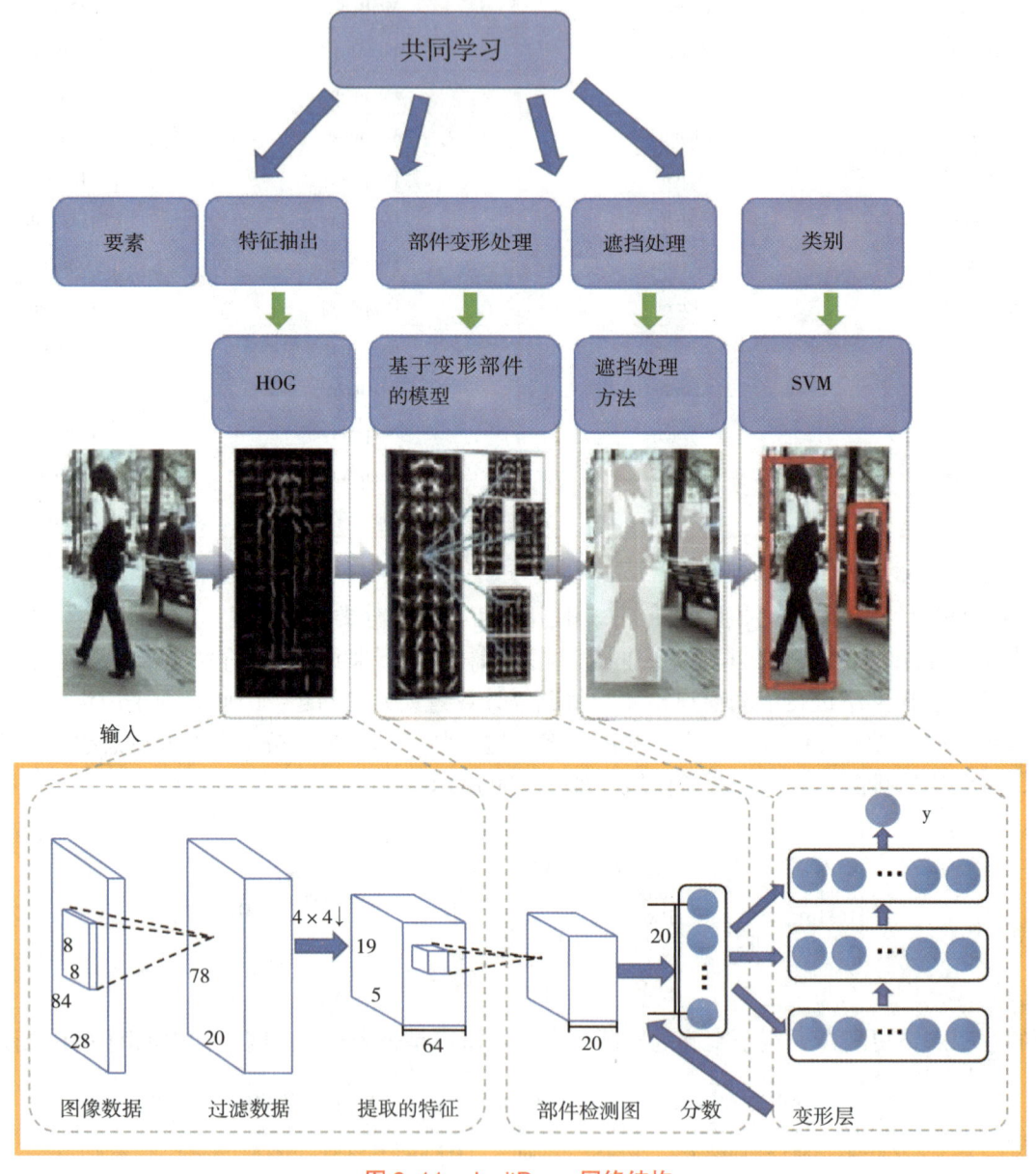

图 3-11　JonitDeep 网络结构

卷积网络的输入并不是 RGB 通道的图像,而是作者实验给出的三个通道,第一个通道是原图的 YUV 中的 Y 通道,第二个通道被均分为四个 block,行优先时分别是 U 通道、V 通道、Y 通道和全 0;第三个通道是利用 Sobel 算子计算的第二个通道的边缘。

另外还采用了部件检测的策略，由于人体的每个部件大小不一，所以针对不同的部件设计了大小不一的卷积核尺寸，如图 3-12 所示，Level 1 针对比较小的部件，Level 2 针对中等大小的部件，Level 3 针对大部件。由于遮挡的存在，同时设计了几种遮挡的模式。在进行图像识别过程中，如图 3-13 所示，根据识别对象的价值进行池化并估分，最终形成识别图像。

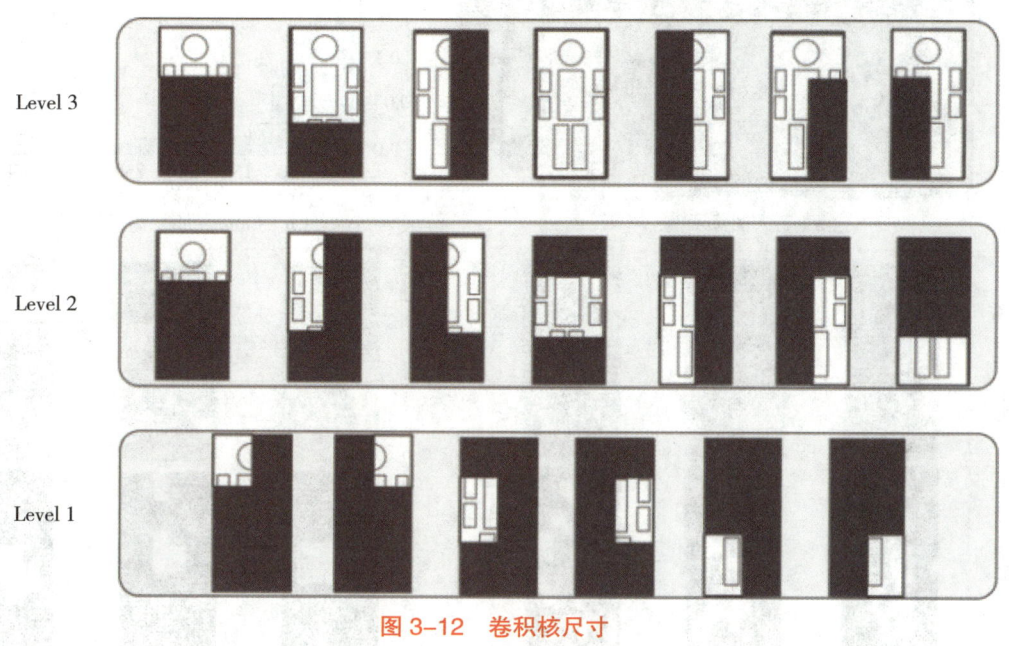

图 3-12　卷积核尺寸

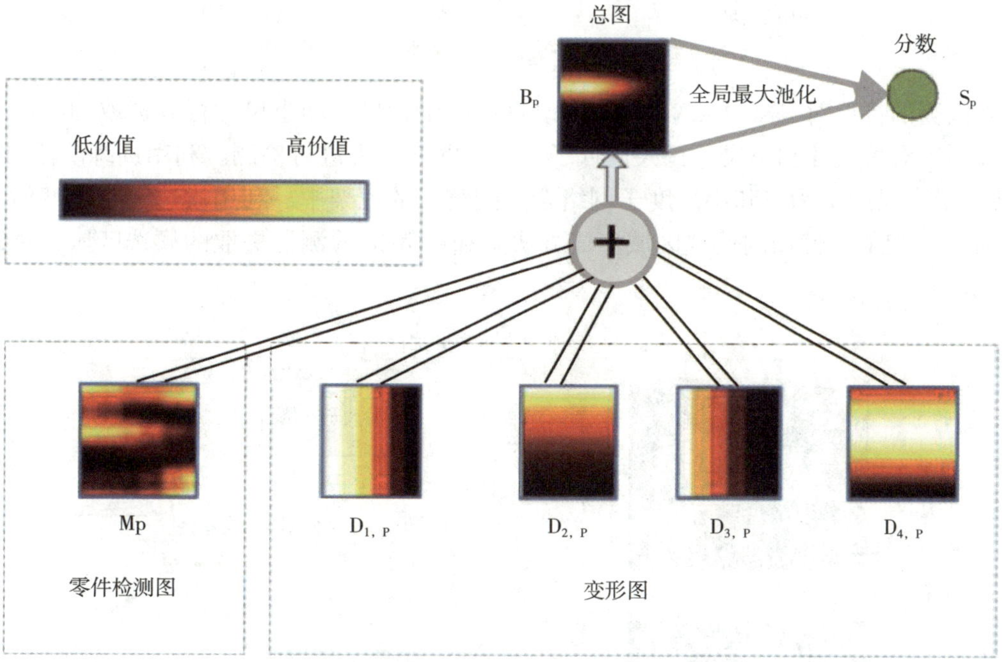

图 3-13　图像识别

8. SA-FastRCNN

SA-FastRCNN 方法，分析了 Caltech 行人检测数据库中的数据分布，提出了以下两个问题。

① 行人尺度问题是待解决的一个问题。

② 行人检测中有许多的小尺度物体，与大尺度物体实例在外观特点上非常不同。如图 3-14 所示。

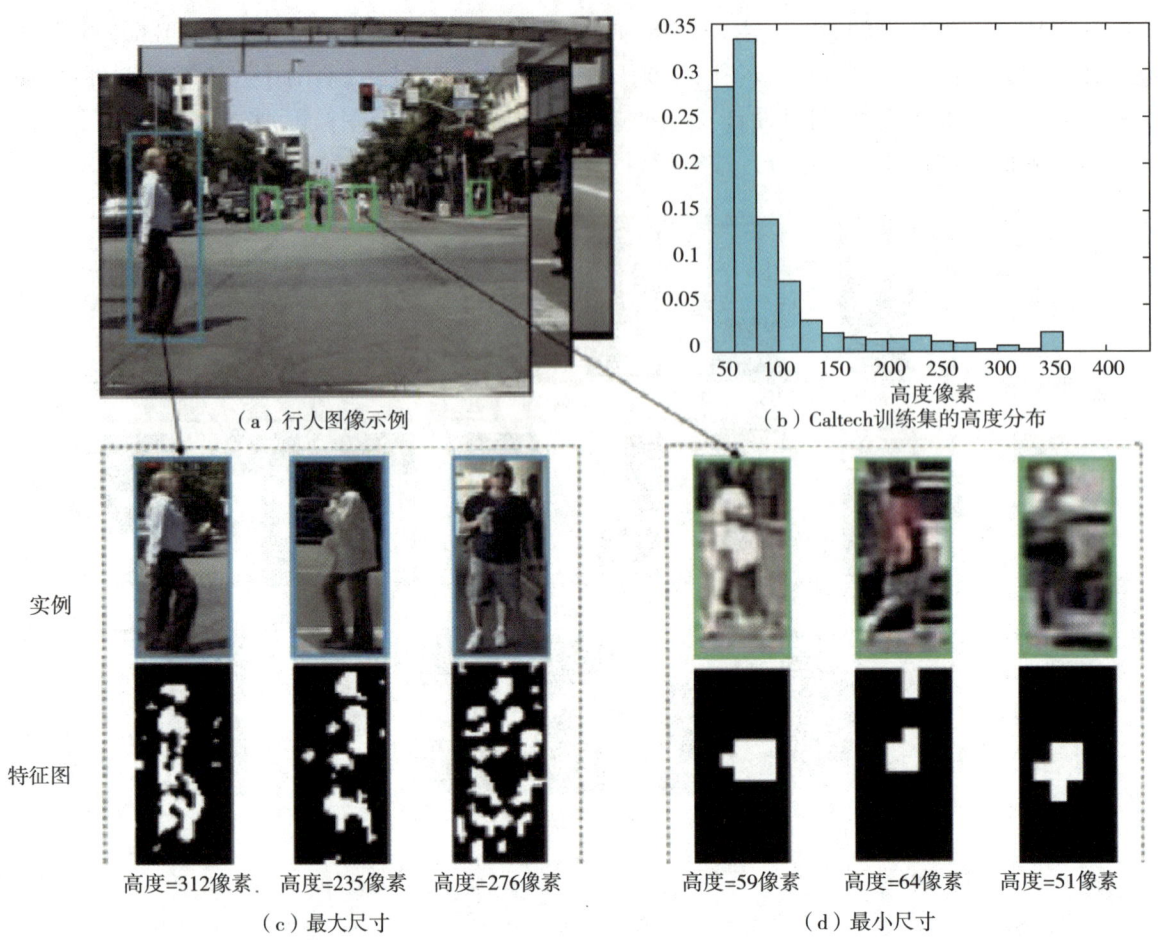

图 3-14 小尺度与大尺度物体外观特点的区别

针对行人检测的特点对 Fast R-CNN 进行了改进，由于大尺寸和小尺寸行人提取的特征显示出显著差异，作者分别针对大尺寸和小尺寸行人设计了 2 个子网络分别进行检测。利用训练阶段得到的 scale-aware 权值将一个大尺度子网络和小尺度子网络合并到统一的框架中，利用候选区域高度估计这两个子网络的 scale-aware 权值，使用的候选区域生成方法是利用 ACF 检测器提取的候选区域，总体设计思路如图 3-15 所示。

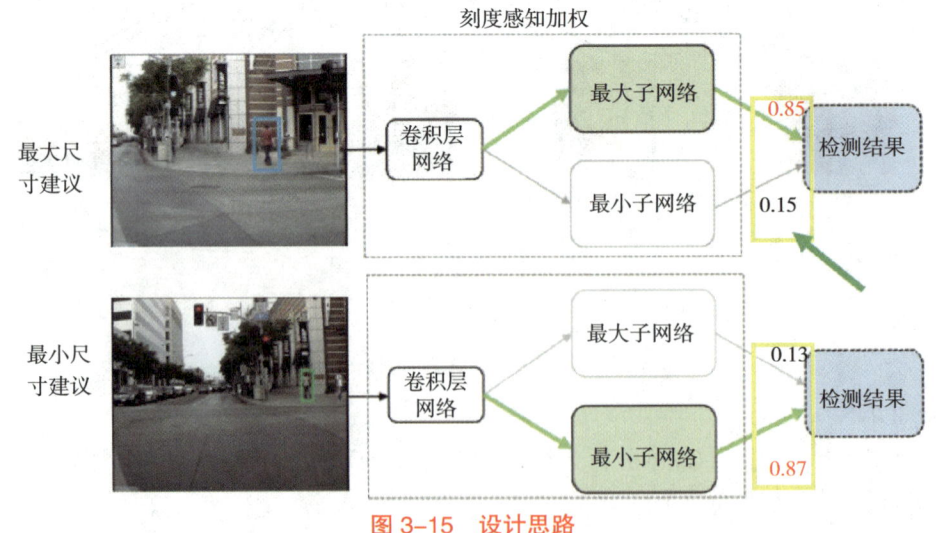

图 3-15 设计思路

SA-FastRCNN 的架构如图 3-16 所示。

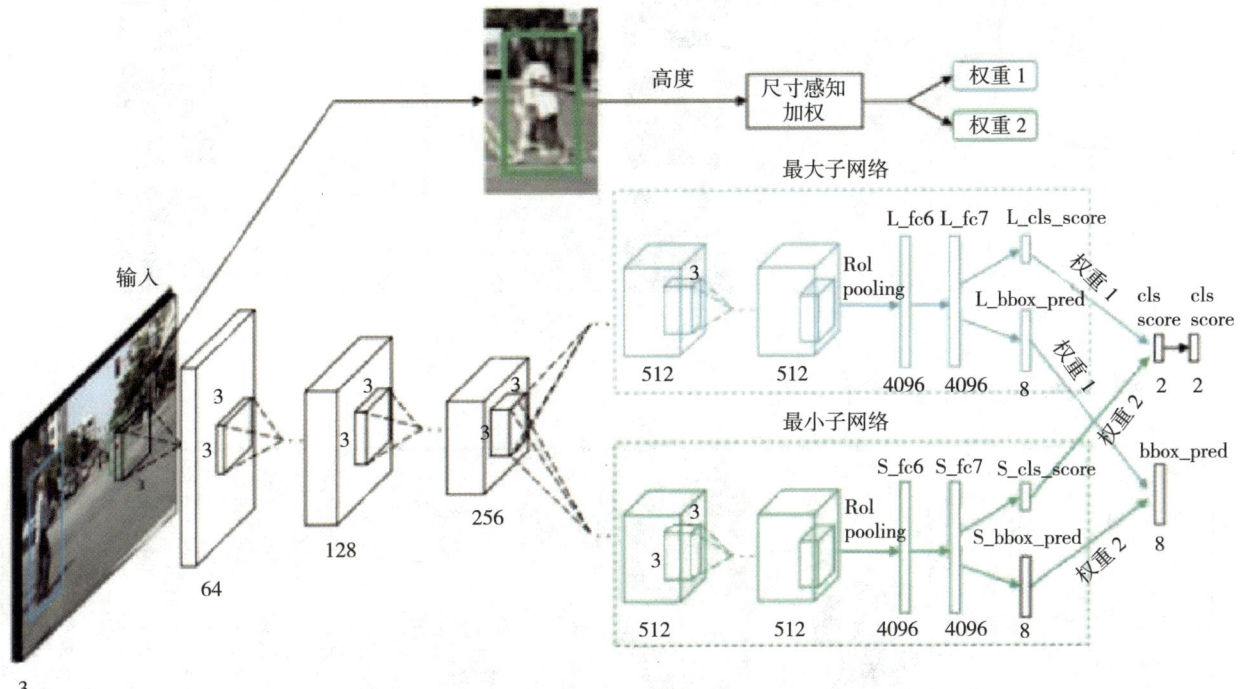

图 3-16 SA-FastRCNN 的架构

这种 scale-aware 加权机制可以被认为是两个子网络的 soft-activation，并且最终结果总是可以通过适合当前输入尺寸的子网络提升。

9. Faster R-CNN

分析 Faster R-CNN 在行人检测问题上的表现，结果表明，直接使用这种算法进行行人检测效果并不满意。Faster R-CNN 中的 RPN 网络对提取行人候选区域是相当有效的，而下游的检测网络表现得不好。其中的两个原因是：对于小目标，卷积层给出的特征图像太小了，无法有效的描述目标；另外，也缺乏难分的负样本挖掘机制。于是提出一种混合的策略，用 RPN 提取出候选区域，然后用随机森林对候选区域进行分类。这一结构如图 3-17 所示。

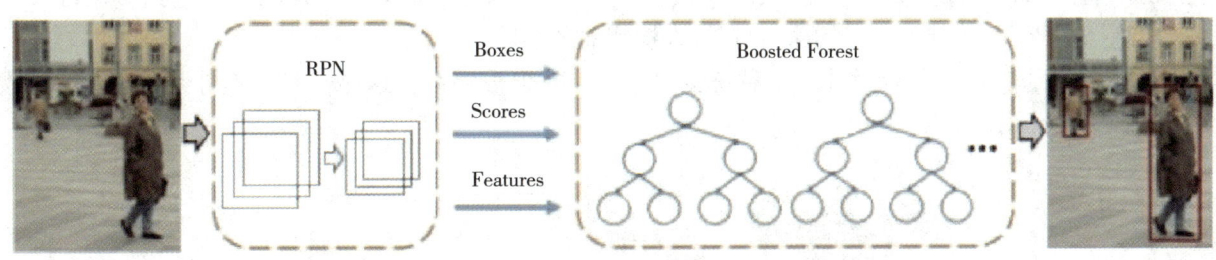

图 3-17 混合策略结构

10. DeepParts

一种基于部件的检测方案 DeepParts，致力于解决遮挡问题。这种方案将人体划分成多个部位，分别进行检测，然后将结果组合起来。部位划分方案如图 3-18 所示。

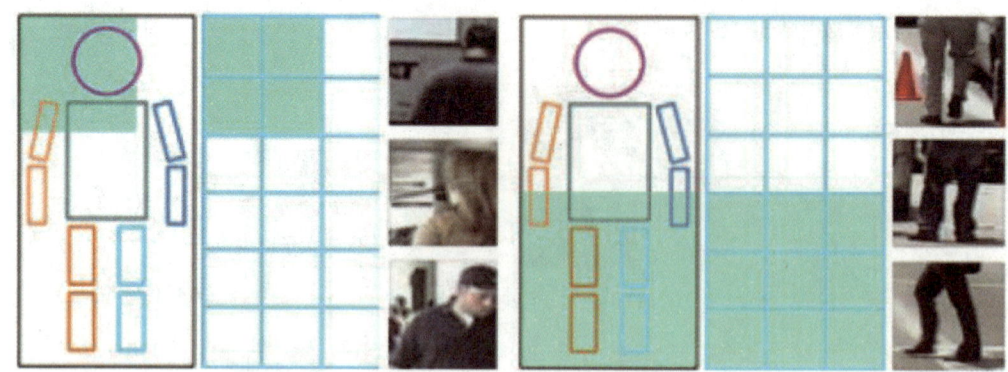

图 3-18 部位划分方案

整个系统的结构如图 3-19 所示。

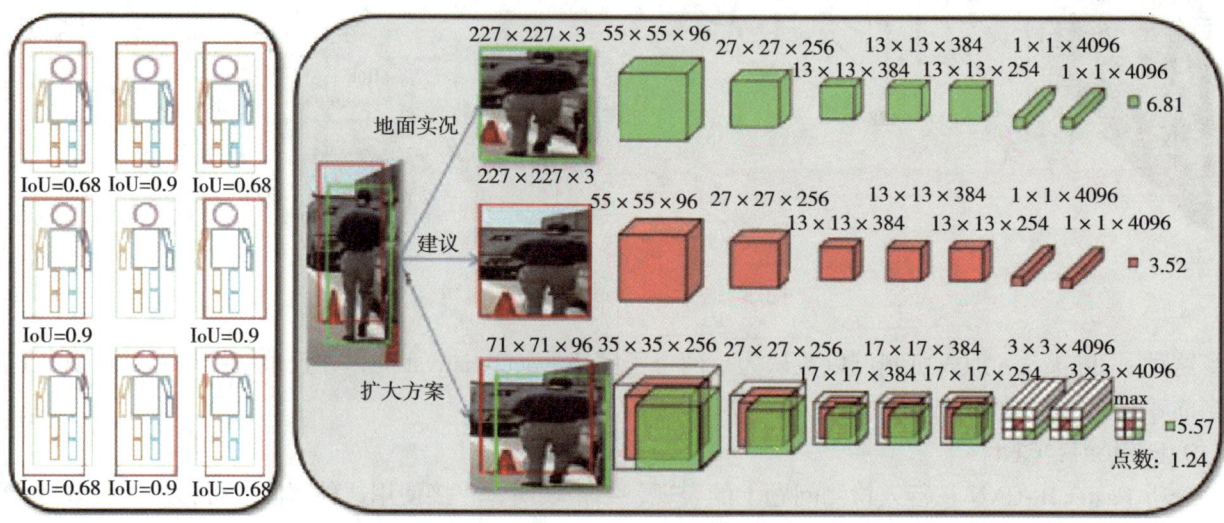

图 3-19 DeepParts 整个系统结构

11.RepLoss

RepLoss 由 face++ 提出,主要目标是解决遮挡问题。行人检测中,密集人群的人体检测一直是一个难题。物体遮挡问题可以分为类内遮挡和类间遮挡两类。类内遮挡指同类物体间相互遮挡,在行人检测中,这种遮挡在所占比例更大,严重影响着行人检测器的性能。

针对这个问题,有研究者设计了一种称为 RepLoss 的损失函数,这是一种具有排斥力的损失函数,图 3-20 为 RepLoss 示意图。

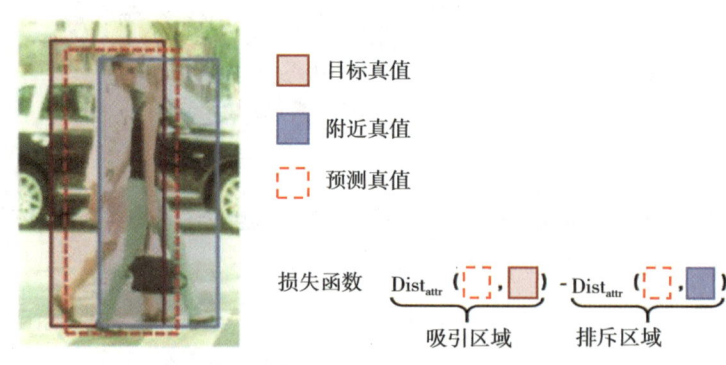

图 3-20 RepLoss 示意图

RepLoss 的组成包括 3 部分,表示为:

$$L=L_{Attr}+\alpha L_{RepGT}+\beta L_{RepBox}$$

其中 L_Attr 是吸引项,需要预测框靠近其指定目标;L_RepGT 和 L_RepBox 是排斥项,分别需要当前预测框远离周围其他的真实物体和该目标其他的预测框。系数充当权重以平衡辅助损失。

12. HyperLearner

HyperLearner 的行人检测算法,改进自 Faster R-CNN。分析了行人检测的困难之处:行人与背景的区分度低,在拥挤的场景中,准确的定义一个行人非常困难。

使用了一些额外的特征来解决这些问题。这些特征包括以下几点。

① apparent-to-semantic channels(表观语义通道)。
② temporal channels(时间通道)。
③ depth channels(深度渠道)。

为了将这些额外的特征也送入卷积网络进行处理,在 VGG 网络的基础上增加了一个分支网络,与主体网络的特征一起送入 RPN 进行处理,如图 3-21 所示。

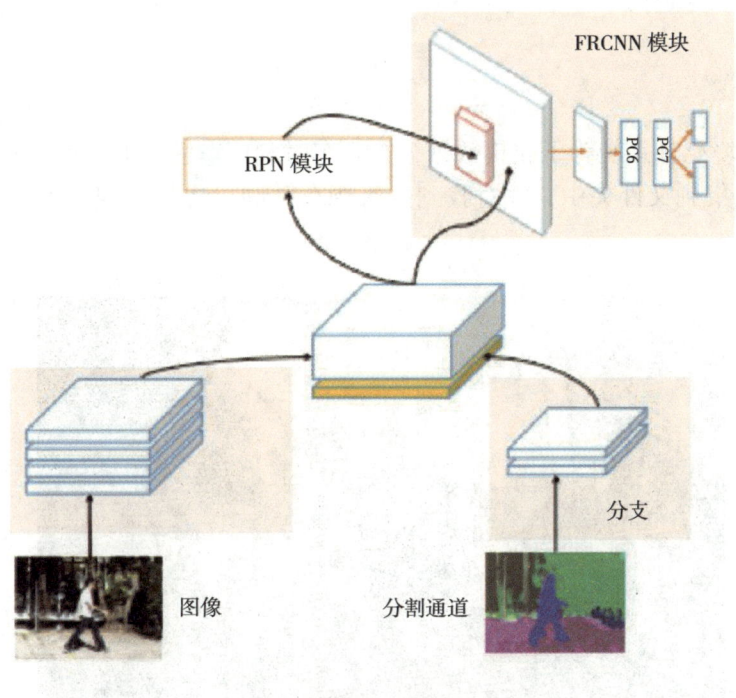

图 3-21 特征处理

其他的基本上遵循了 Faster R-CNN 框架的处理流程,只是将 anchor 参数做了改动。在实验中,这种算法相比 Faster R-CNN 有了精度上的提升。

【练 习】

1. 简述行人检测所面临的难题有哪些?
2. 行人检测的算法有哪些?
3. 网上查找最新的行人检测技术相关资料。

学习点三　车辆识别

【情景描述】

自动驾驶是目前非常有前景的行业,而视觉感知作为自动驾驶中的"眼睛",有着非常重要的地位和作用,其中一重要任务就是准确识别车辆,并能判断出车辆的位置、速度,并对其接下来的行为进行预判。

【学习目标】

知识目标:1. 了解基于 YOLO 的车辆识别方案。
2. 了解基于 HOG 和 SVM 的车辆识别方案。

【知识链接】

一、车辆识别概述

车辆识别是汽车环境感知系统为了收集数据,在开车时利用车前方的摄像头每隔几秒钟就对行驶的路况拍照,所有图片收集到文件夹中,并对找到的每辆车并画出边框实现检测。常用的算法有 YOLO、SSD 和 RCNN(图 3-22)。

图 3-22　车辆识别

二、基于 YOLO 的车辆识别

YOLO(You Only Look Once)是将车辆检测作为回归问题求解的一种一阶段检测算法。它基于一个单独的端到端网络,完成总原始图像的输入到车辆位置和类别的输出。该算法的速度快,但精度有限。

1. 网络定义

YOLO 检测网络包括 24 个卷积层和 2 个全连接层,其中,卷积层用来提取图像特征,全连接层用来预测图像位置和类别概率值,YOLO 网络借鉴了 GoogleNet 分类网络结构。不同的是,YOLO 未使用 Inception 模块,而是使用 1×1 卷积层(此处 1×1 卷积层的存在是为了跨通道信息整合)和 3×3 卷积层简单替代。

2. 输出表达（representation）定义

YOLO 将输入图像分成 S×S 个格子，每个格子负责检测"落入"该格子的物体。若某个物体的中心位置的坐标落入到某个格子，那么这个格子就负责检测出这个物体。如图 3-23 所示，将图像分为 19×19 的网格单元。

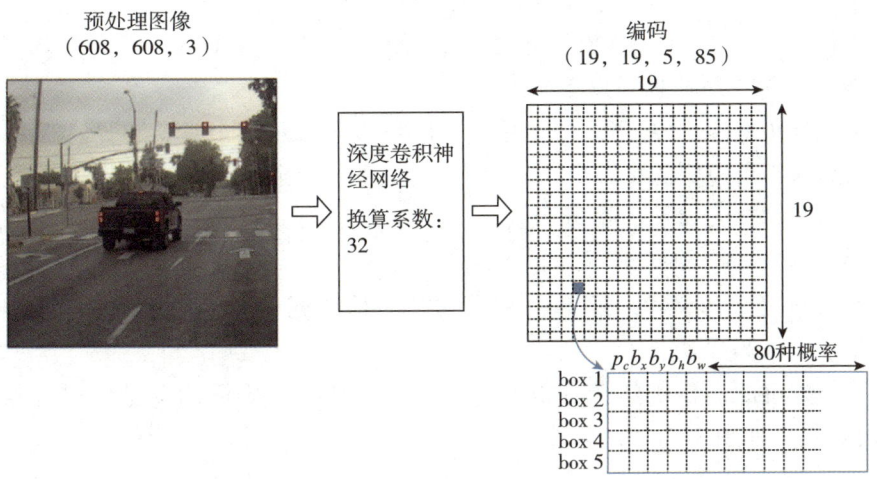

图 3-23 图像网格分布

每个格子输出 B 个标注框（包含物体的矩形区域）信息，以及 C 个物体属于某种类别的概率信息。标注框信息包含 5 个数据值，分别是 x、y、w、h 和 confidence。其中 x、y 是指当前格子预测得到的物体的标注框的中心位置的坐标。w、h 是标注框的宽度和高度。

19×19 网格单元中的每一个都编码了 5 组边框信息。边框信息仅通过宽度和高度定义。为了简化，这里将形状（19, 19, 5, 85）的最后两个维度压平，得到深度卷机网络输出为（19, 19, 425）。

注意，实际训练过程中，w 和 h 的值使用图像的宽度和高度进行归一化到 [0, 1] 区间内；x, y 是标注框中心位置相当于当前格子位置的偏移值，并且被归一化到 [0, 1]。Confidence 反映当前标注框是否包含物体以及物体位置的准确性，计算方式如下：

Confidence=P（object）

其中，若标注框包含物体，则 P（object）=1，否则 P（object）=0。

对于每个单元格，都需进行一定的计算并提取该单元格包含某个类的概率。

对于每个 19×19 单元格，找出概率得分最大值（在 5 组边框信息和不同类中取一个最大值），再根据网格单元最可能的对象，对网格进行着色，如图 3-24 所示。

另一种可视化 YOLO 输出的方法是绘制它的输出边框，可视化结果如图 3-25 所示。

图 3-24 网格着色

图 3-25 绘制边框

在图 3-25 中我们绘制了模型所分配的高分辨率的边框，但是边框依然太多。我们希望算法过滤输出更少的监测对象，为此采用非最大抑制。具体步骤如下：

删除概率较低的边框（即，该边框不确定某一类的检测）。

当多个边框相互重叠并检测相同的对象时，只选择一个边框。

在第一个过滤器中应用"阈值"，这将会删除那些分类概率小于所选阈值的边框。

该模型总共提供了"19×19×5×85"个数字，每个框都有 85 个数字。将（19，19，5，85）（或（19，19，425））维度张量重新排列为以下变量：

box_confidence：维度（19×19，5，1）的张量包含 p_c（表示某个对象的置信概率），对于每一个在 19×19 单元格中预测的 5 个边框的每一个。

boxes：维度（19×19，5，4）的张量包含（b_x，b_y，b_h，b_w），对于每个单元格中的 5 个边框信息的每一个。

box_class_probs：维度（19×19，5，80）的张量包含检测概率（c_1，c_2，…，c_80），对于每个单元格的 5 个框中的每一个 80 个类。

即使在对分类分数过滤后，仍然会有很多重叠的框。选择正确框的第二个过滤器称为非最大抑制（NMS），其过滤后的效果如图 3-26 所示。

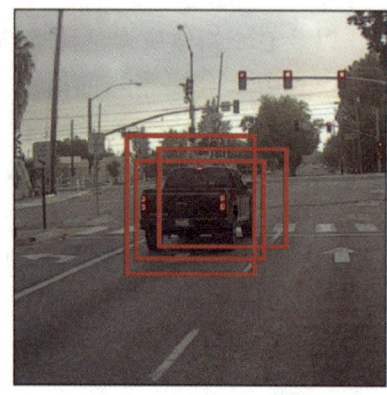

图 3-26 非最大抑制后的图像

非最大抑制使用了非常重要的函数，称为"Intersection over Union" or IoU。其原理如图 3-27 所示。

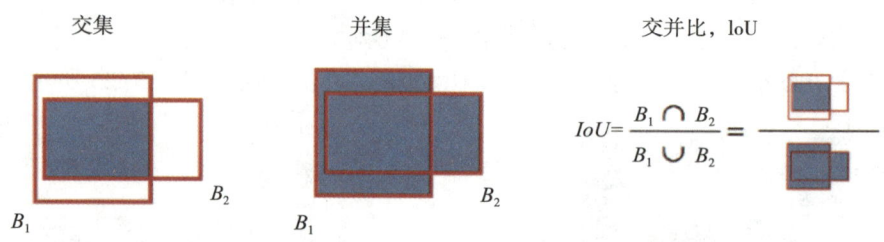

图 3-27 非最大抑制原理

三、基于 HOG 和 SVM 的车辆识别

（一）基本概述

一种基于方向梯度直方图（HOG）和支持向量机（Support Vector Machines，SVM）的车辆检测和跟

踪算法。该算法在 OpenCV 和 Sklearn 环境下开发，经不断优化后在实际路况下得到了成功的应用。

为实现该算法，需要完成以下几步。

① 在标注的训练集中提取 HOG 特征。

② 在图像数据集（图片中有车辆或无车辆）中训练分类器。

③ 在每一帧视频图像下进行窗口滑移（sliding window），以获得图像的子区域。

④ 在各个子区域（subregion）中应用训练好的分类器。

⑤ 创建热点图（heat map），并逐帧的进行车辆检测和跟踪。如图 3-28 所示。

图 3-28　车辆检测与跟踪

（二）方向梯度直方图（HOG）

不同车辆的颜色千变万化，而它们的形状则基本一致，因此用车辆的形状参数来代表车辆具有更高的鲁棒性。通常，通过分析不同方向的梯度值可以获得物体的形状特征，为了弱化车辆在形状上的细微差异，采用方向梯度直方图进行形状检测具有更好的效果。如图 3-29 所示。

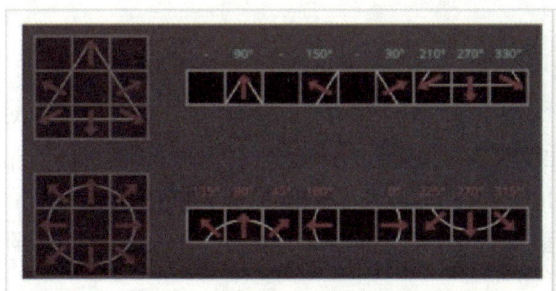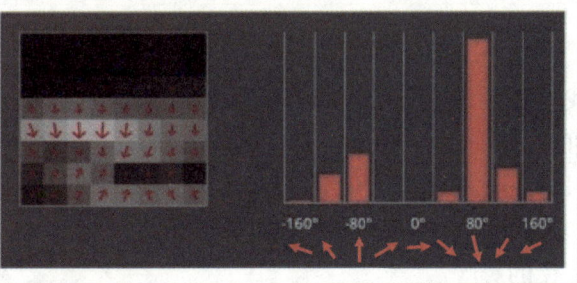

图 3-29　方向梯度直方图

HOG 是一种在计算机视觉和图像处理中用来进行物体检测的特征描述子，通过计算和统计图像局部区域的梯度方向直方图来构成特征。首先，把样本图像分割为若干个像素的单元，把梯度方向平均划分为多个区间，在每个单元里面对所有像素的梯度方向在各个方向区间进行直方图统计，得到一个多维的特征向量。每相邻的单元构成一个区间，把一个区间内的特征向量联起来得到多维的特征向量，用区间对样本图像进行扫描，扫描步长为一个单元。最后，将所有块的特征串联起来，就得到了车辆的特征。如图 3-30 所示。

提取图片特征的层次，可以分为：图片 /Block/cell 这三个层次，每个层次有下属层次的多个单位构成，例如图片被分为 N 个 block，具体是采用滑动窗口，每个 block 又被分为多个 cell，其中 cell 作为最底层是提取梯度信息的最基本单位。统计 cell 内所有像素的梯度方向信息并将其划分到预设的梯度方向范围内,便形成了基本的梯度直方图信息。接下来就是一个逆向的组合过程,即底层 cell 的梯度信息不断地组合在一起(还有归一化)形成 block 的特征,block 的特征在组合在一起就成了图像的特诊,这里说的组合指的是拼接的意思。

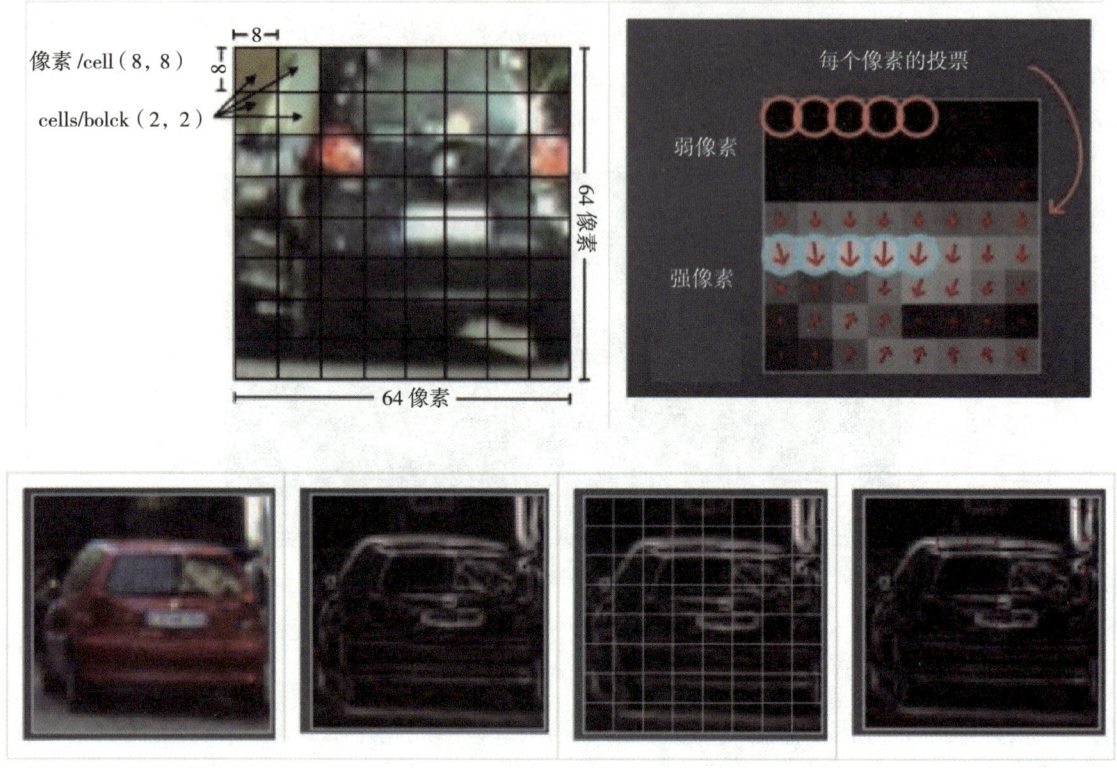

图 3-30　车辆特征

（三）特征提取

我们需要设置 number_of_rientations,pixels_per_cell 和 cells_per_block 等参数来计算图像各个通道的 HOG 值。其中 number_of_rientations 参数决定每个单元的像素梯度在直方图中用几个线段表示;pixels_per_cell 代表每个单元(cell)中包含的像素的行数和列数;cells_per_block 指定直方图进行归一化的局部区域。通过设置这些参数,可以提取出更可靠的特征集。此外,还可以应用 transfor_sqrt 来消除阴影和光照变化的影响。

下面,我们来看看不同参数下提取的车辆特征情况。如图 3-31~图 3-35 所示。

```
1   feature_params = {
2       'color_model': 'yuv',           #hls, hsv, yuv, ycrcb
3       'bounding_box_size': 64,        # 64 pixels x 64 pixel image
4       'number_of_orientations': 11,   # 6 - 12
5       'pixels_per_cell': 8,           #8, 16
6       'cells_per_block': 2,           #1, 2
7       'do_transform_sqrt': True
8   }
9   # [3 x 3 block positions] x [2 x 2 cells per block] x [11 orientations] x [3 channels] = 1,188 features
10  source = FeatureSourcer(feature_params, vehicle_image)
11  vehicle_features = source.features(vehicle_image)
12  rgb_img, y_img, u_img, v_img = source.visualize()
```

图 3-31　参数一

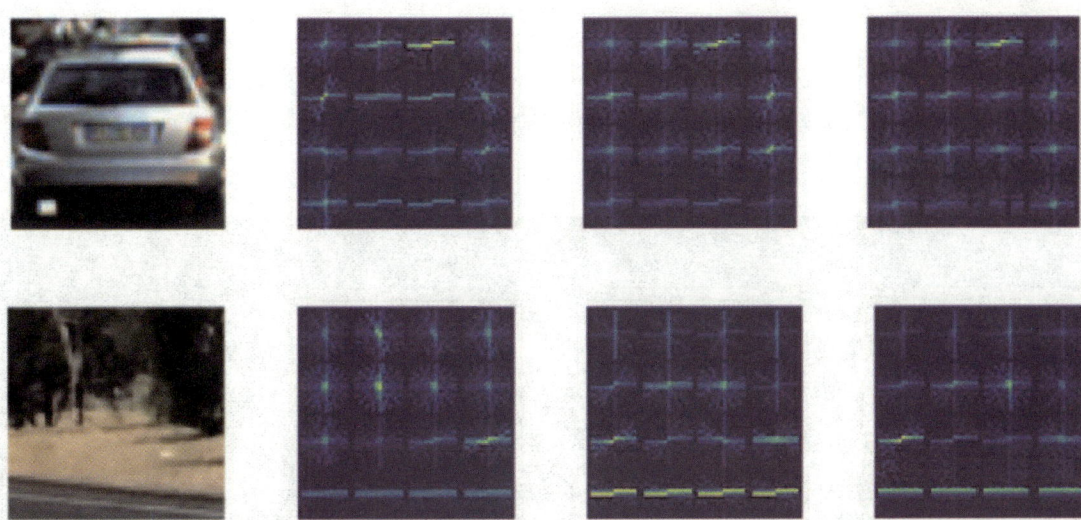

图 3-32 参数一的车辆特征情况

```
1  feature_params = {
2      'color_model': 'hls',           #hls, hsv, yuv, ycrcb
3      'bounding_box_size': 64,        # 64 pixels x 64 pixel image
4      'number_of_orientations': 12,   # 6 - 12
5      'pixels_per_cell': 16,          #8, 16
6      'cells_per_block': 2,           #1, 2
7      'do_transform_sqrt': True
8  }
9  # [7 x 7 block positions] x [2 x 2 cells per block] x [12 orientations] x [3 channels] = 7,056 features
```

图 3-33 参数二

Vehicle:visualization of the HOG features for Hue,Saturation,and Lightness respectively

 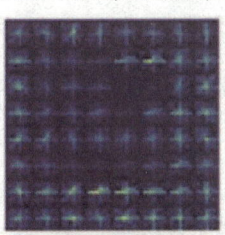 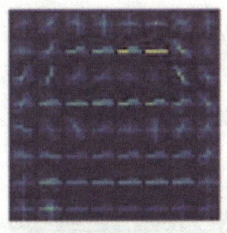 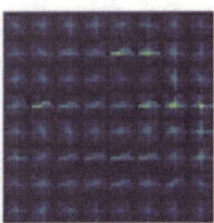

Non-Vehicle:visualization of the HOG features for Hue,Lightness,and Saturation respectively

 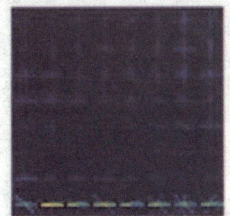 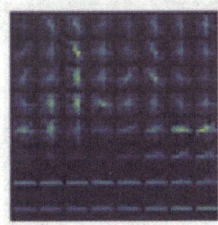 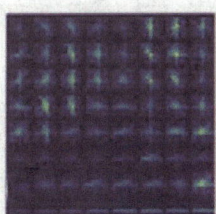

图 3-34 参数二的车辆特征情况

YUV Feature Extraction Time Taken: 471.28

图 3-35 不同参数对比

（四）分类器训练

分类器训练采用支持向量机（SVM）作为分类器策略，图像数据集共包括 8792 个含车辆的图片和 8968 个不含车辆的图片。为了减小训练误差，在将原始特征输入分类器前，用 scaler 函数对其进行转换处理，如图 3-36 所示。

```
1   # Feature Extraction...
2   for img in vehicle_imgs:
3     vehicles_features.append(source.features(img))
4   for img in nonvehicle_imgs:
5     nonvehicles_features.append(source.features(img))
6   # Scaling Features...
7   unscaled_x = np.vstack((vehicles_features, nonvehicles_features)).astype(np.float64)
8   scaler = StandardScaler().fit(unscaled_x)
9   x = scaler.transform(unscaled_x)
10  y = np.hstack((np.ones(total_vehicles), np.zeros(total_nonvehicles)))
11  # Training Features...
12  x_train, x_test, y_train, y_test = train_test_split(x, y, test_size = 0.2, random_state = rand.randint(1, 100))
13  svc = LinearSVC()
14  svc.fit(x_train, y_train)
15  accuracy = svc.score(x_test, y_test)

HLS Features Classifier Accuracy: 0.9878
YUV Features Classifier Accuracy: 0.9834

1   class BinaryClassifier:
2     def __init__(self, svc, scaler):
3       self.svc, self.scaler = svc, scaler
4     def predict(self, f):
5       f = self.scaler.transform([f])
6       r = self.svc.predict(f)
7       return np.int(r[0])
```

图 3-36　scaler 函数处理结果

（五）滑动窗口

我们通过滑动窗口来获得视频图像的不同子区域（subregion），然后在其上应用分类器来判断该区域是否包含车辆。考虑到计算 HOG 特征非常耗时，因此仅在开始时计算整个图片的 HOG 特征值，然后再在需要时才计算子区域的 HOG 特征，这样可以有效地提高计算效率，其计算过程如图 3-37 所示。

```
1   cls = BinaryClassifier(svc, scaler)
2   src = FeatureSourcer(feature_params, temp_frame)
3   slider = Slider(sourcer = src, classifier = cls, increment = 8)
4   window_sizes = 80, 120, 150, 180
5   strip_positions = 410, 390, 380, 380
6   boxed_images, strips = [], []
7   for ws, wp in zip(window_sizes, strip_positions):
8     bounding_boxes = slider.locate(frame = this_frame, window_size = ws, window_position = wp)
9     boxed_image = put_boxes(this_frame, bounding_boxes)
10    boxed_images.append(boxed_image)
11    strips.append(slider.strip())
12  show_images(strips)
13  show_images(boxed_images)
```

图 3-37　滑动窗口指令

通常我们仅对地平线以下的区域进行搜索，如图 3-38 所示。

图 3-38 区域搜索

(六) 热点图

在连续的视频中,可能会出现交叉识别(overlapping detection)或者假阳性识别(false positive detection)问题。我们可以采用热点图(hot map)方法来解决该问题。

首先,先设置一个空白的"白板",当分类器检测到车辆时,就在增加相应区域的"热度值",并随着视频的变化循环往复的进行检测。最终,有车辆存在的区域就会变得越来越"热",从而识别出车辆的准确位置。应用时,通常会设置一个阈值来剔除假阳性出现的区域,有车辆存在的区域一直会保持"热态",而偶尔出现的假阳性检测结果随着时间的变化迅速变为"冷态",如图 3-39 所示,其指令代码如图 3-40 所示。

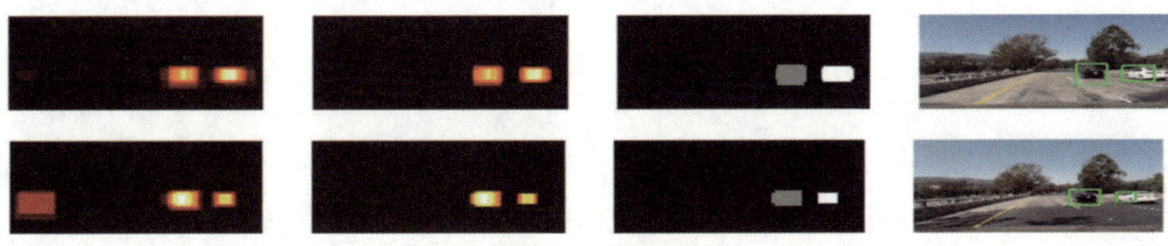

图 3-39 热点图

```
1  this_heatmap = HeatMap(frame = temp_frame, thresh = 20, memory = 30)
2  this_heatmap.reset()
3  for sz, pos in zip(ws, wp):
4    bounding_boxes = slider.locate(frame = this_frame, window_size = sz, window_position = pos)
5    this_heatmap.update(bounding_boxes)
6  heatmap, thresholded_map, labeled_map = this_heatmap.get()
7  labeled_frame = this_heatmap.draw(this_frame)
```

图 3-40 指令

(七) 小结

本算法首先通过 HOG 提取图像的特征,然后将其输入到 SVM 分类器中进行车辆识别。通过滑动窗口技术来检测图像的不同区域,获得车辆的准确位置。此外为了解决交叉识别和假阳性检测问题,应用了热点图技术。

实际应用时发现,HLS 和 YUV 色彩编码模式下的图像更适用于 HOG 特征提取,并且 YUV 模式的运算效率较 HLS 高,因此建议采用 YUV 色彩编码进行车辆检测。

【练习】

1. 简述基于 YOLO 的车辆识别过程。
2. 简述基于 HOG 和 SVM 的车辆识别过程。

学习点四　车道线识别

【情景描述】

车道线检测是自动驾驶中的一个基础模块,其实也是一个由来已久的任务,早期已有很多基于传统图像处理实现的车道线检测算法。但随着大家研究的深入,车道线检测任务所应对的场景越来越多样化,逐步已经脱离了对于"白、黄色线条"这种低阶理解。目前更多的方式是寻求对于语义上车道线存在位置的检测,即使它是模糊的、被光照影响的、甚至是完全被遮挡的。

【学习目标】

知识目标：1. 了解车道线识别的背景。
　　　　　2. 了解车道线识别的方案。
能力目标：了解深度学习方案的实际应用。

【知识链接】

一、车道线识别概述

车道线识别算法是一类历史相当悠久,使用相当广泛的算法。

早在十年前,部分高端车辆上便出现了车道偏离预警系统（LDW）,及车道保持辅助系统（LKA）,这些系统的核心就是车道线识别算法。由于系统定位在辅助驾驶员驾驶上,传统的图像处理方法就能够满足车道线识别算法的基本的需求。

随着自动驾驶时代的到来,需要车道线识别（图3-41）的应用场景也越来越广泛,相应车道线识别技术也越来越重要,具体原因如下：第一,覆盖场景广,车道线识别存在于自动驾驶大多数的应用场景,是自动驾驶不可或缺的基础算法；第二,重要安全保障,车道线识别能精准的识别道路并最终帮助机器决策,也是行车安全的重要保障。此外,在高精地图领域,车道是所有高精地图要素的道路关联的主键,所以车道线要素在高精地图中是重中之重,车道线识别算法也至关重要。

图3-41　车道线识别

自动驾驶对于车道线识别结果精度的超高要求，使得传统的图像处理方法或已无法满足车道线识别超高精度的需求，相比传统方法，深度学习方法在计算机视觉的各个领域更具优势，从趋势上看，未来车道线识别算法将进入深度学习时代。

二、车道线识别方案

（一）传统视觉方案

早期我们的车道线识别是从传统视觉方案做起的，如图 3-42 所示，主要有以下几个流程。

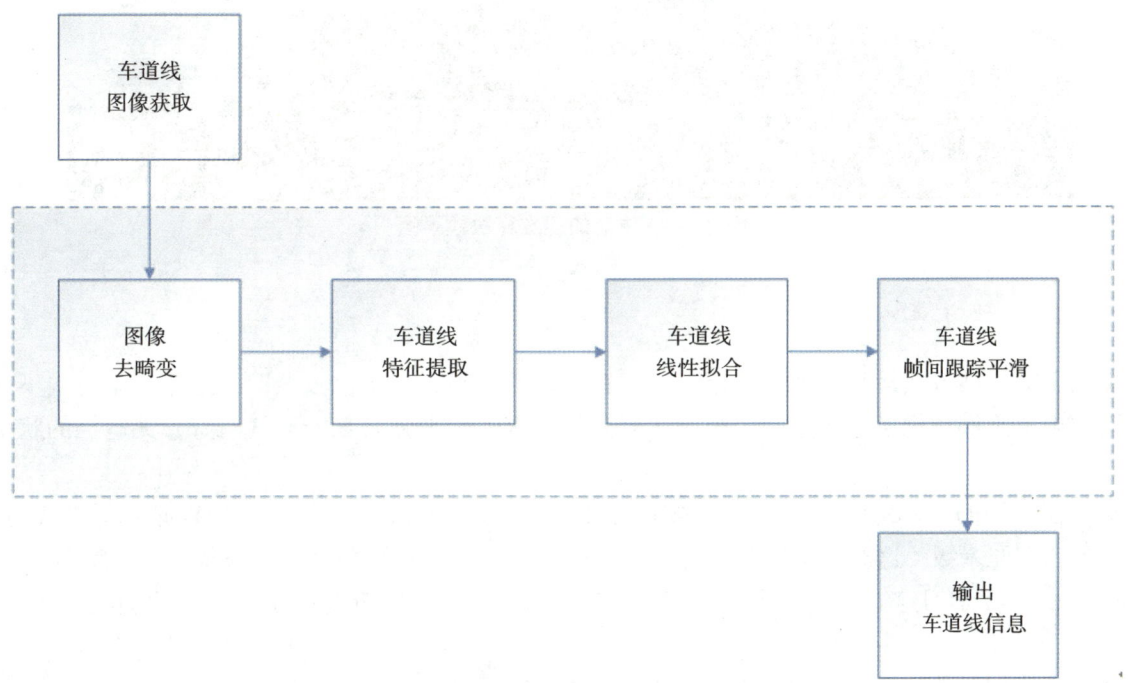

图 3-42　传统视觉方案

图像去畸变：普通的相机拍摄的照片一般都会存在畸变，包含径向畸变和切向畸变，使得车道线发生扭曲和失真，所以我们一般先对图片进行去畸变处理。

车道线特征提取：这一步是传统车道线识别算法的难点，我们根据车道线的特征（比如形状、纹理等）设计特殊的滤波器和去噪策略，从而提取出车道线的信息。

车道线线性拟合：最后识别的目标是"线"，故而需要进行直线或曲线拟合的处理，通常采用的是 hough 变换（用于检测图像中直线、圆、抛物线、椭圆等形状能够用一定函数关系描述的曲线），为了提升鲁棒性，我们还会引入 RANSAC（根据一组包含异常数据的样本数据集，计算出数据的数学模型参数，得到有效样本数据的算法）的方法。

车道线帧间跟踪平滑：为了提升稳定性，在帧间还会进行跟踪平滑的处理，比如采用 Kalman（一种利用线性系统状态方程，通过系统输入输出观测数据，对系统状态进行最优估计的算法）滤波器对车道线识别结果进行滤波，减少跳变。

除了上面比较通用的流程，在实际项目中，我们还会根据项目需求，引入其他步骤（比如逆透视变换转鸟瞰图等）来进一步提升我们算法的能力。

传统的视觉算法运行效率相当快，它通常应用在了算力孱弱的设备上，在 ADAS（高级辅助驾驶）项目上运行的就是这版算法，效果如图 3-43 所示。

图 3-43 传统的视觉算法效果图

（二）深度学习方案

传统视觉的方案虽然运行效率高，但是也存在一定的局限，对于比较老旧的道路，车道线不明显的情况识别效果就不够理想了，同时，传统方案对光线的依赖性太强，只能天气晴好，无遮挡的状况下表现良好。

然而，在我们的自动驾驶场景下和高精地图自动成图时，通常要求车道线识别必须保持实时精准，且精度要求达到厘米级，这时传统视觉方案就有点有心无力了，我们祭出了大杀器——深度学习。

近年来，深度学习这几年在计算机视觉的各个领域，无论从精度还是鲁棒性上都优于传统视觉方案。

在这里，我们科普一下深度学习方案与传统视觉方案的主要区别，既然是深度学习，那我们就用老师教课来举例。

传统视觉方案就好像学生只死记硬背答题公式而并没有理解其中的原理，以后遇到很多题目可能仍然不知道如何解答。因为传统视觉方案，是要预先人工设计特征工程，然后通过特征去识别。

而深度学习方案，则更像是一套系统的学习方法。

第一步，老师会先通过大量的例题和知识点整理教案，以便之后学生更加全面的理解。对比深度学习，也会通过预先的大量视觉采集，以及人工标注，对同一元素在不同场景下如光线不好、阴雨天、路面老旧等的表现形式进行总结，预先形成数据库。

第二步，也是最重要的一步。老师会根据之前整理的教案，对学生进行教学训练，使学生不仅仅理解某一道题的解题方法，而是掌握知识的原理。对比深度学习，也会从训练样本中学习总结目标的特征，对车道线识别的算法进行训练，使得它可以预先了解不同场景下车道线的不同形态。因为这种方式是数据驱动的，所以如果训练样本足够丰富，深度学习能从样本中学习到更加通用的特征，使得算法的鲁棒性和精度都大大好过传统的方法。

第三步，也就是应用。通过系统学习的学生可以根据掌握的知识点对不同的习题进行举一反三。而深度学习也是一样，在应用时可以实时使用训练后的算法，对识别目标输出精准高效的感知结果。

三、深度学习方案实际应用

基于对深度学习算法的技术深耕以及强大的数据资源,深度学习研究院为自动驾驶研发了精准高效的车道线识别模型,其精度可以达到厘米级,在实际自驾车的车载设备上能跑到40FPS(每秒传输帧数(Frames Per Second))以上,其识别效果如图3-44所示。

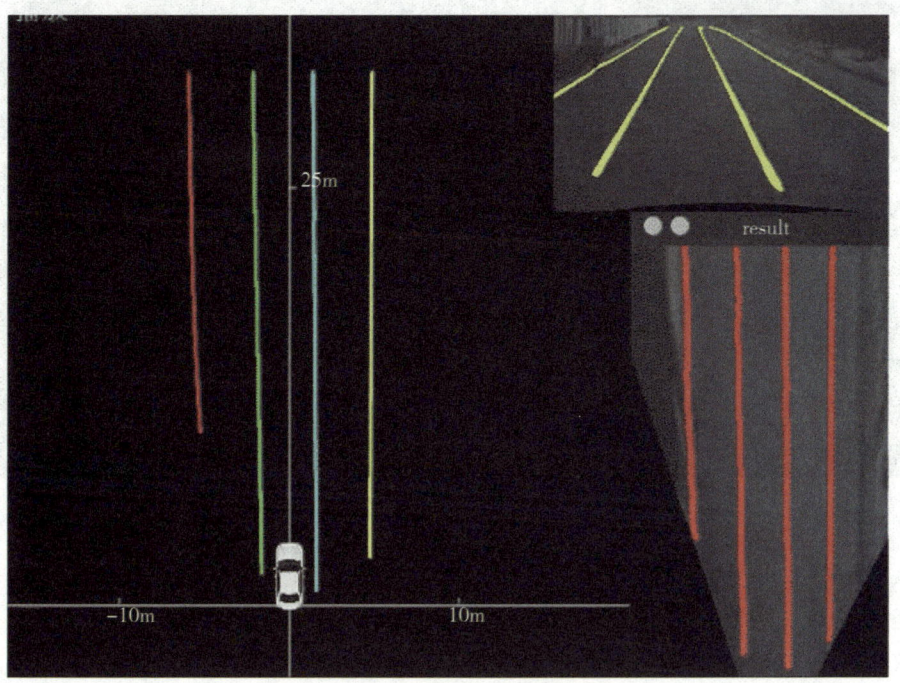

图3-44 深度学习算法识别效果

该自动驾驶汽车(图3-45)采用深度学习的方法完成车道线识别算法,保证车辆在开到80km/h的速度时依然驾驶稳定、安全。

图3-45 自动驾驶车

这版车道线识别算法,不仅在自动驾驶中发挥基础"眼睛"的作用,在高精地图自动成图项目中同样起到不小的作用。

高精地图项目用上车道线识别算法,单遍采集自动成图的精度误差便可以缩小到15cm以内。如图3-46所示。

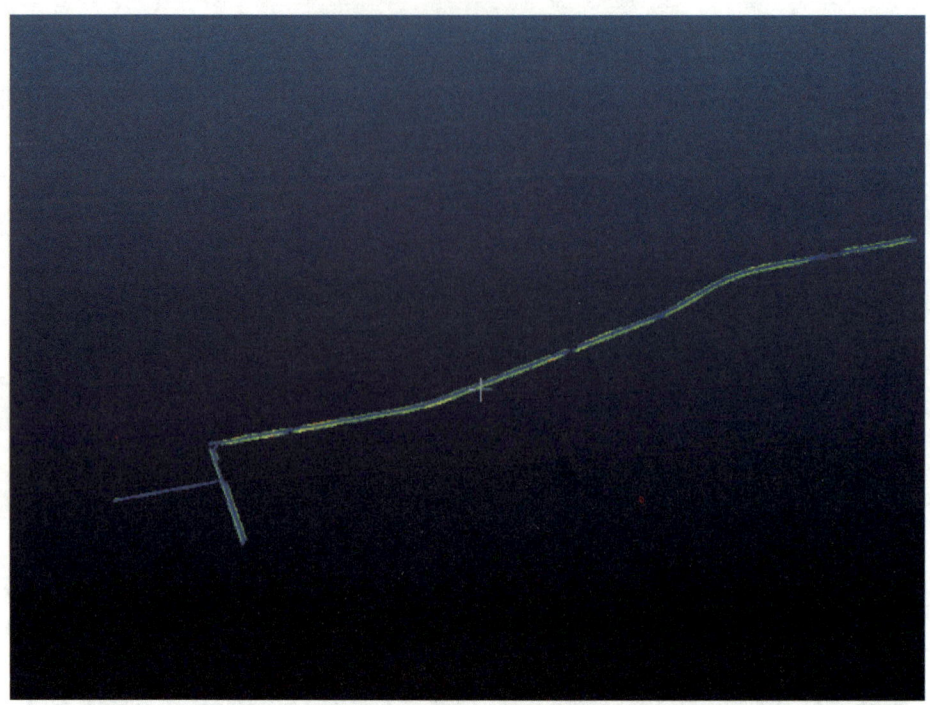

图 3-46 高精地图上车道线识别的运用

制图的后续流程中会利用多遍采集和融合,把因为遮挡、视野问题造成的跳变补上,就变成了一份高质量的高精路网数据。

在"智能汽车大脑"战略下,各大企业重点聚焦在视觉以及感知等算法,并且已经为自动驾驶及高精地图等核心业务做了深厚的技术积淀,旨在打通智能汽车的完整生态。在算法端,深度学习研发部在视觉及感知层面持续深耕,研发出不少算法成果,并持续输出在各个项目的产品应用中,深度学习将会成为未来智能化的主要途径之一。

【练 习】

1. 简述车道线识别的方案有哪些?
2. 深度学习对车道线识别技术的影响有哪些?

学习点五 信号灯识别

【情景描述】

信号灯识别,作为实现城市自动驾驶的技术难点之一,近年一直是国内外从业人员的研究对象。过去对于信号灯的检测,大多是利用颜色形状等低级特征去做,准确率远远达不到要求,非常容易误判。

【学习目标】

知识目标:了解信号灯检测的难点及常见的识别方案。
能力目标:了解信号灯识别算法的主要步骤。

【知识链接】

一、信号灯识别概述

1. 信号灯识别概述

信号灯检测是无人驾驶中的一个关键问题，信号灯检测就是获取红绿灯在行驶途中的坐标以及它的类别，如图 3-47 所示，并根据检测的结果采取不同的措施：如检测到红灯，则在路口等待；检测到绿灯，则通过路口。因此，能否准确检测到信号灯的状态，决定着无人驾驶汽车的安全。

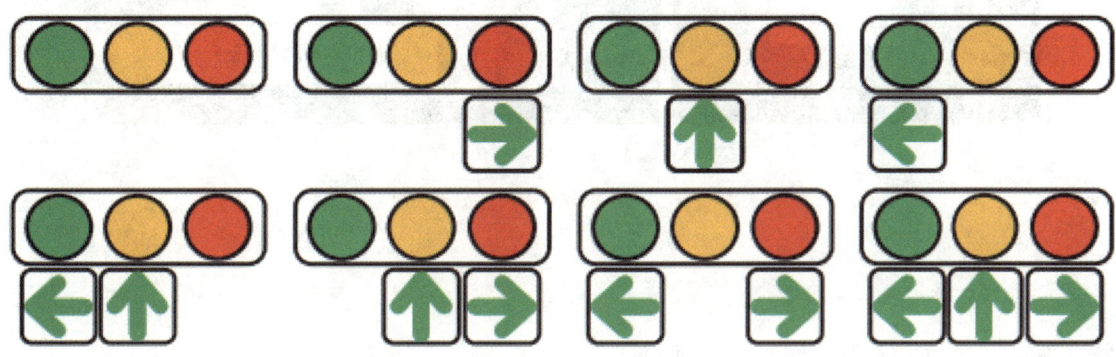

图 3-47　信号灯

2. 信号灯识别的难点

① 在实际的城市自动驾驶场景中采集的交通信号灯图像具有复杂的背景，如四面八方的信号灯以及其他各类发光源。

② 容易发生遮挡，例如前面行驶的大货车或是交通指示牌等。

③ 距离要求较高，由于后段还需根据识别结果进行减速或停车等驾驶决策，一般认为至少需要在 100m 以上距离时做出准确识别。

④ 对于不同天气环境、光照变化下容易对检测效果产生影响。

⑤ 信号灯不统一，包括圆形和箭头形等。不同国家的信号灯也不一样，针对不同国家地区要研发不同的模型。

二、信号灯识别解决方案

（一）信号灯识别解决方案

信号灯识别主流有三种解决方案：车联网 V2X 方案、借助高清地图的方案和不使用高清地图的方案，难度也依次增大。本文介绍的 2020 年日本金泽大学的最新研究，属于最常用的借助高清地图的解决方案，用于远距离识别圆形和箭头形交通信号灯，如图 3-48 所示。

如果想要实现 100m 以上的识别需求，其实使用高分辨率的相机就很容易实现。但增加图像的分辨率则会增加处理时间，而对于后段的决策规划，实时性是非常重要的。因此该研究并未采用深度学习的方案，而基于用 CPU 即可进行实时处理的传统图像识别方案。为何使用高清地图？结合自车定位，可以确定信号灯大致位置，减少检测难度。因此，该方案使用高清地图，利用提取 ROI（Region of Interest，感兴趣区域）来降低计算负荷和误检测率。即使是 150m 远距离，识别准确率可达 91.8%（箭头形信号灯为 56.7%）。其中，可以检测像素小于 10pixel 的箭头形信号灯。

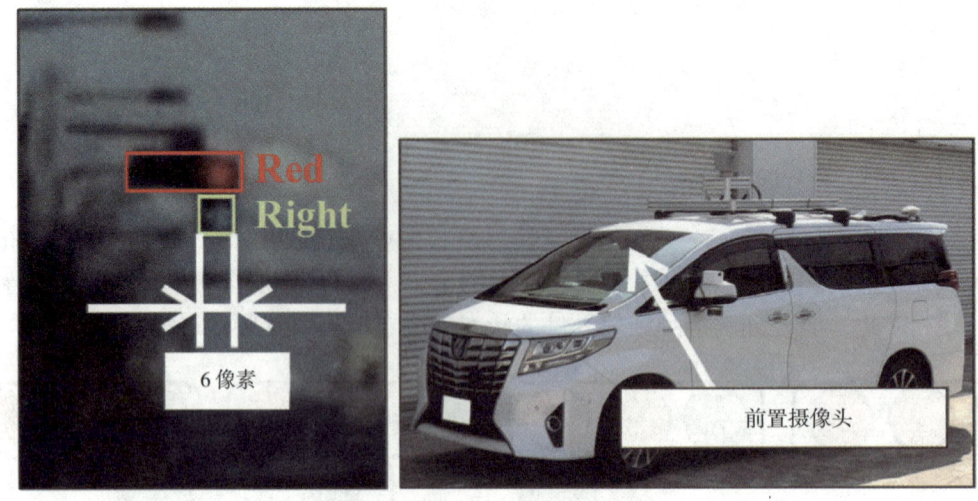

检测小交通灯和箭头灯,用于自动驾驶

图 3-48　远距离识别交通信号灯

(二)信号灯识别算法的主要步骤

信号灯识别算法的主要步骤如图 3-49 所示。

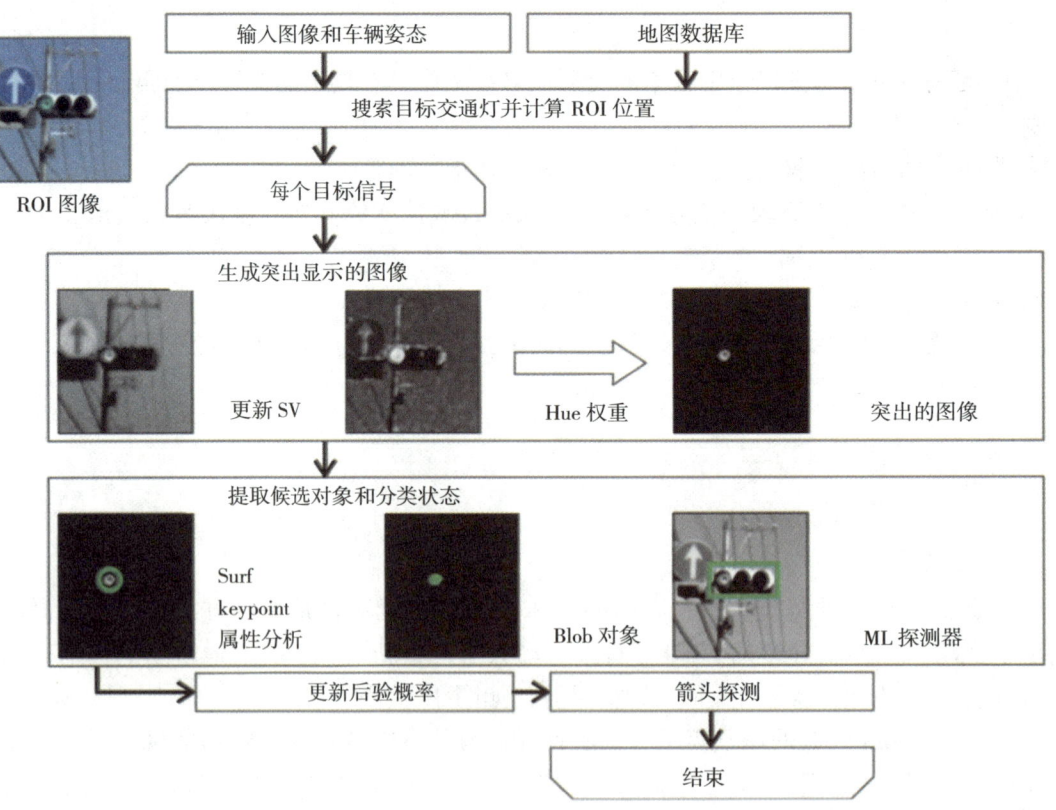

图 3-49　信号灯识别算法的主要步骤

1. 探索目标信号灯并计算 ROI

通过坐标转化,选取特定范围内的目标信号灯,然后为每个目标信号灯截取 ROI（Region of Interest,感兴趣区域）,如图 3-50 所示。

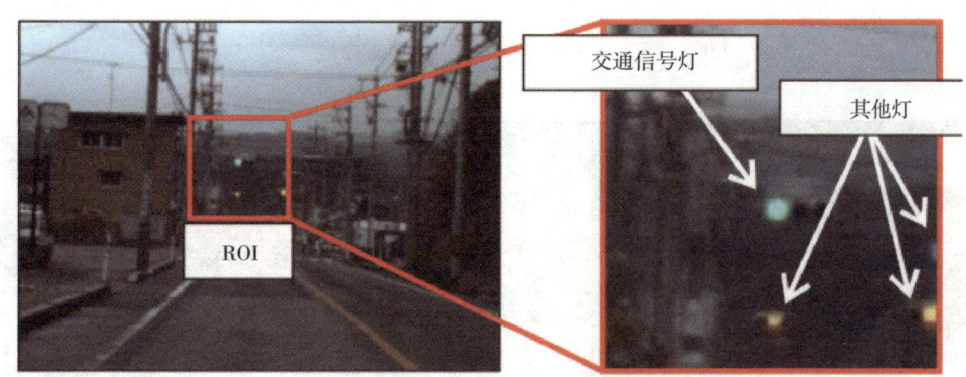

图 3-50　ROI 感兴趣区域

2. 生成高亮图像用作特征图像

由于相比的其他部分，亮灯的图像部分拥有更高的亮度和饱和度。所以通过将 RGB 图像进行 HSV 空间上的转化，得到高亮图像，如图 3-51 所示。

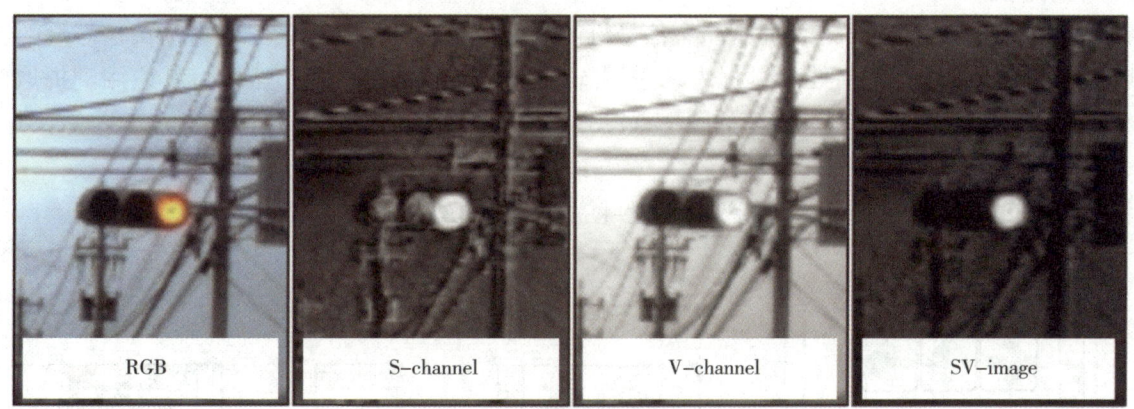

图 3-51　高亮图像生成

3. 使用三种方法在高亮图像中提取候选信号灯

如图 3-52 所示，该研究采用了圆形度检测、blob 检测和 ML 检测（机器学习检测）三种方法进行候选信号灯的提取。其中为了减少处理时间，当圆形度检测和 blob 检测均未检测到目标的时候才进行 ML 检测（机器学习检测）。虽然很多研究会采用 SDD 或 YOLOv3 等 DNN 模型，但 DNN 模型需要 GPU 才能处理，因为希望能平衡计算量与识别性能，选择了 ML 检测。

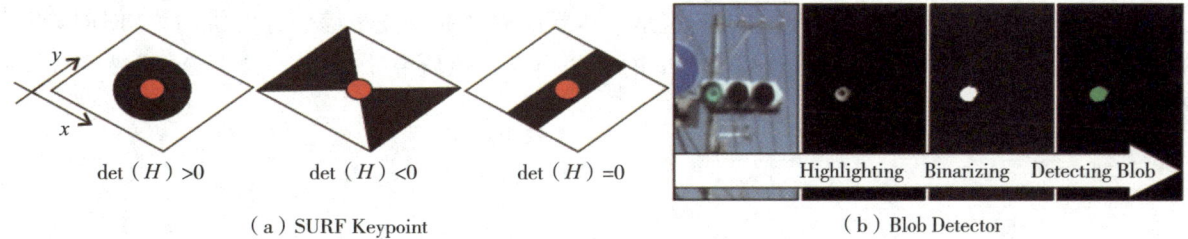

图 3-52　圆形度检测与 blob 检测

4. 计算信号灯的存在概率

采用 BBF（Binary Bayes Filter，二值贝叶斯滤波器）来计算候选信号灯的存在概率。概率更新示意如图 3-53 所示。

$$p_i(u, v|z_{1:t}, x_{1:t}) = \frac{1}{1+\exp(-l_{t,i}(u, v))}$$

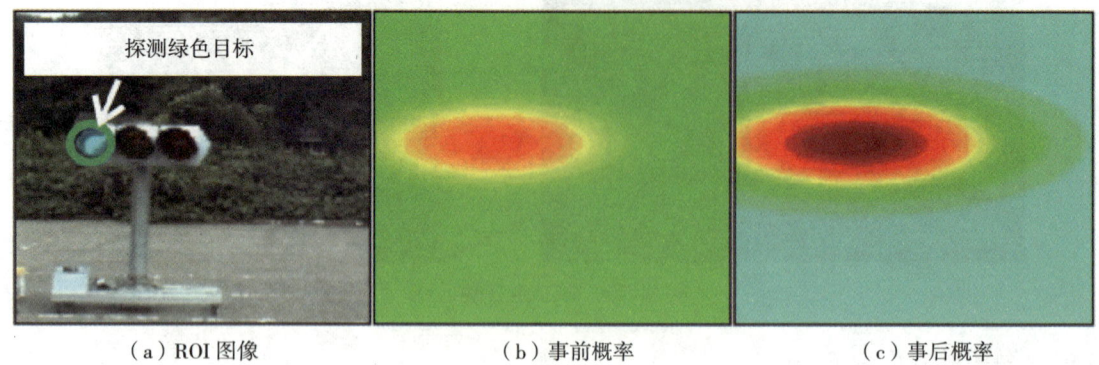

(a) ROI 图像　　　　　　(b) 事前概率　　　　　　(c) 事后概率

图 3-53　概率更新示意

5. 识别箭头形信号灯

高清地图中的信号灯包含是否拥有箭头信号灯的属性信息。如果目标信号灯有箭头信号灯的属性信息，则识别箭头形信号灯。在处理过程中，采用 AdaBoost 进行提前训练，然后将其应用到提取的 ROI（Region of Interest，感兴趣区域）中。如图 3-54 所示。

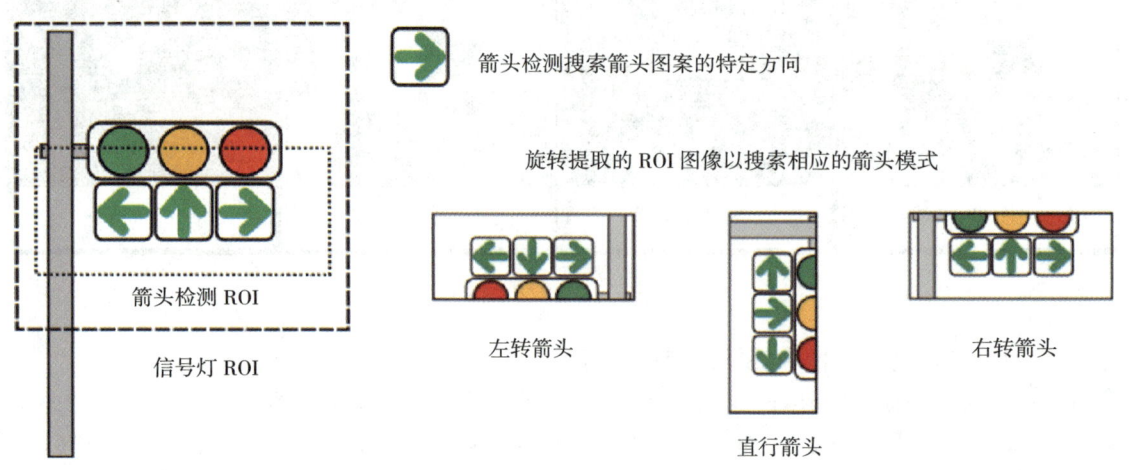

图 3-54　箭头形信号灯的检测

该研究具有两个突出成果：能够识别使用 CPU 实时识别 150m 远距离出的信号灯，且几乎没有误检测；能够识别低于 10 像素的箭头形信号灯。这是日本新能源产业的技术综合开发机构（NEDO）主导实施的 "L3/L4 自动驾驶技术必需的感知技术" 下的相关研究。该研究于 2020 年 2 月 21 日被登载国际学术期刊《Sensors》上。

【练　习】

1. 信号灯识别的难点有哪些？
2. 简述信号灯识别方案的流程。

学习任务四 智能网联汽车环境感知技术技能进阶

学习点一　自适应巡航故障诊断与排除

【情景描述】

自适应巡航也可称为主动巡航，是一种智能化的自动控制系统，系统包括雷达传感器、数字信号处理器和控制模块，现在基本已成为智能汽车的标配，若是雷达出现问题又该如何进行检修呢？

【学习目标】

知识目标：1. 了解自适应巡航故障诊断与排除的方法。
　　　　　2. 掌握一定的故障分析能力。
能力目标：掌握雷达的更换、标定等技能。

【知识链接】

一、自适应巡航故障典型案例

（一）故障现象

仪表会间歇性提示"前雷达被遮挡"（图4-1）或"自适应巡航暂时不可用"，车辆自适应巡航功能失效，无法读取DTC（图4-2），通信状态正常。

（二）故障诊断与排除

① 检查前格栅，前车标的状态，是否有裂纹缺角等情况。
② 检查牌照安装情况，是否有牌照框，牌照安装是否存在不够贴合的情况（图4-3）。
③ 对远距离雷达模块做学习，看学习是否可以完成，如果显示"远距雷达模块读入状态错误"，则重点检查远距离雷达模块的安装状态。

图4-1　仪表提示

图 4-2 无故障码记录

图 4-3 检查拍照

④ 最后可以考虑远距离雷达模块本身零件故障，可以通过两车互换模块，做学习。如果互换后，可以学习成功，说明模块本身损坏（图 4-4）。

（三）故障分析

远距离雷达模块读入失败的常见原因如下。

① 模块安装状态问题，安装支架变形、水箱框架变形都会导致模块位置不对齐，需要用 GDS 查看远程雷达的安装状态。

② 对于事故更换零件的，特别是更换了气囊模块后，发现学习不成功的（图 4-5），需要对 SDM 做偏航角度学习。

图 4-4 更换雷达模块

参数名称	数值	单位	
定位状态	确定		远程雷达传感器模块
远程雷达传感器模块被阻挡	否		远程雷达传感器模块
远程雷达传感器模块读入状态	读入		远程雷达传感器模块
远程雷达传感器模块未对齐-偏向下	否		远程雷达传感器模块
远程雷达传感器模块未对齐-偏向左	否		远程雷达传感器模块
远程雷达传感器模块未对齐-偏向右	否		远程雷达传感器模块
远程雷达传感器模块未对齐-偏向上	是		远程雷达传感器模块
系统电流模式	运行		远程雷达传感器模块
系统电压	12.8	伏	远程雷达传感器模块

图 4-5 远距雷达模块偏航角数据异常

③ 远程雷达模块、前视摄像机模块无法做读入学习。查看模块识别信息中的制造商启用计数器（MEC）是否为 0，如果不为 0，学习不能成功。如图 4-6 所示。

控制模块	参数名称	数值
主动安全控制模块	制造商的可追溯性号码	211604600000036D
主动安全控制模块	最终模型零件号	84092992
主动安全控制模块	基础型号零件号码	84092992
主动安全控制模块	制造商启用计数器	0
主动安全控制模块	模块诊断地址	6C
主动安全控制模块	引导软件零件号	22784107
主动安全控制模块	软件模块1标识符	84092995
主动安全控制模块	软件模块2标识符	84092996
主动安全控制模块	软件模块3标识符	26688457
主动安全控制模块	软件模块4标识符	26688461
主动安全控制模块	软件模块5标识符	26688464

图 4-6 计数器（MEC）

二、比亚迪唐自适应巡航系统故障案例

（一）故障现象

该车自适应巡航系统无法使用，仪表报请检查自适应巡航系统故障，自适应巡航系统故障状态指示灯点亮（图 4-7），使用 VDS 读取自适应巡航系统故障码：C2F9078：MRR 角度偏差过大（当前），代表是前置中距雷达角度偏差过大，如图 4-8 所示。

图 4-7 仪表显示

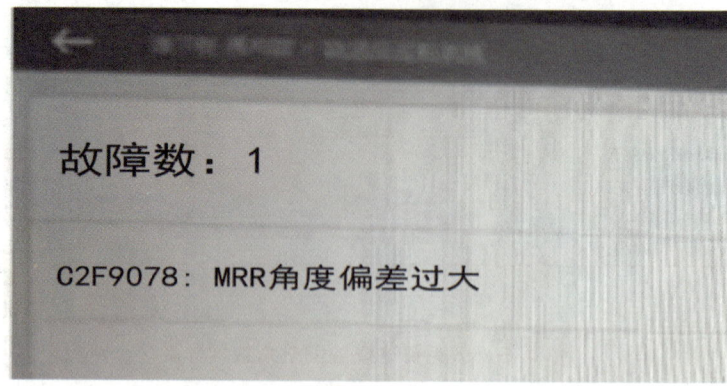

图 4-8　故障码

(二) 原因分析

① 前置中距雷达故障。
② 前置中距雷达安装水平故障。
③ 前置中距雷达固定螺栓松脱故障。

(三) 维修过程

检查车辆前部有轻微剐蹭，检查前置中距雷达模块发现有一个固定调节螺栓卡扣已脱落，导致前置中距雷达模块角度偏差过大，重新安装固定后，将车辆停放在水平路面，将水平仪安装到雷达模块上，调节垂直方向校准螺栓（右下角螺栓），使水平仪显示数值接近地面倾斜度数值，误差保证在 ±3° 范围内，调节完成后取下水平仪（图 4-9、图 4-10）。

图 4-9　雷达固定部位

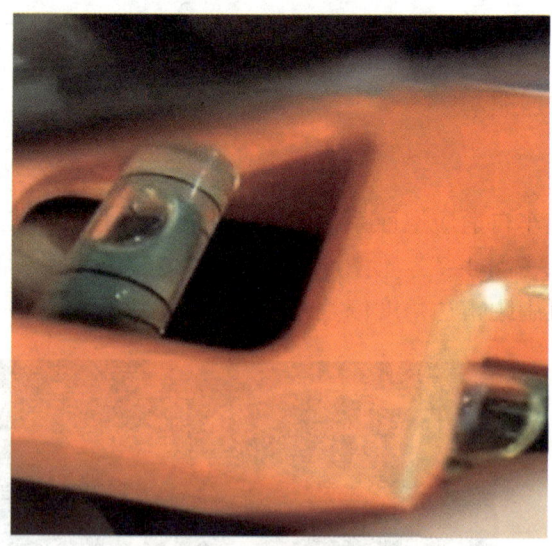

图 4-10　水平仪

因拆装雷达或者更换雷达调节水平后，需要进行雷达校准，按照 ACC 自适应巡航系统标定指导书，使用 VDS 进入自适应巡航系统进入"标定"选项卡，进入驾驶校准服务标定，SDA 标定开始后，需将车速保持在 45km/h 至 60km/h 之间，校准过程中车辆需保证直线、匀速行驶，道路两侧或一侧需有金属护栏；VDS 标定界面会持续显示校准进度，直至校准结束输出最终的调节圈数，（调整圈数小于 0.25，不需调整）。

该车辆行驶 10min 后校准进度显示 100% 后，读取故障码消失，自适应巡航系统功能使用正常，显示螺栓调整圈数为 0.75，需逆时针方向调节 1 号螺栓 0.75 圈后才能达到雷达最佳水平状态，调整后客户使用一周后，确认故障排除。如图 4–11 所示。

（四）维修小结

驾驶校准服务标定一般可在 20min 内完成，如若超过 20min 仍未完成，请检查驾驶条件、道路环境等是否符合 SDA 标定的要求。

驾驶校准失败的原因为以下几点。

① 驾驶条件始终不满足要求：周边参照物，道路条件。

② 校准过程中诊断仪与车身通讯中断。

③ 雷达安装偏差过大。ACC 雷达有两个调节螺栓，①号调节螺栓可调整雷达横向偏角，②号调节螺栓可调整雷达的俯仰角。如图 4–12 所示。

驾驶校准服务标定(SDA) ?

校准进度：99%

查询SDA校准状态2：

校准进度：99%

查询SDA校准状态2：

校准进度：100%

查询SDA校准状态3：

SDA校准运行状态：标定完成

SDA校准运行状态1：未取消

SDA校准运行状态2：无异常

校准进度：100%

耗时：10Min 18Sec

螺栓调整方向：向左转（逆时针）

螺栓调整圈数：0.75

图 4–11　驾驶校准服务标定

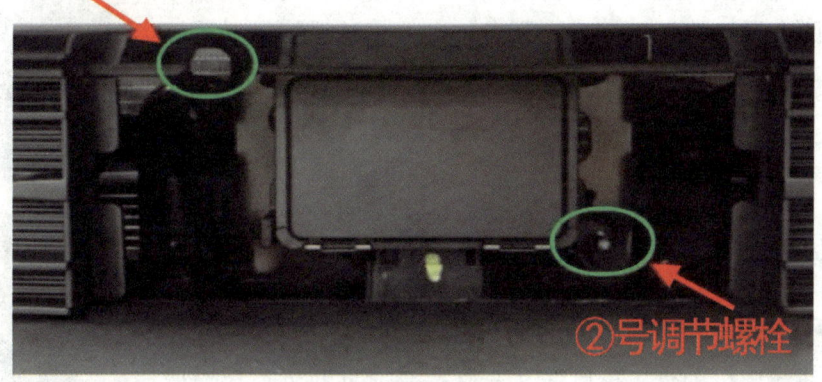

图 4–12　调节螺栓

【练　习】

1. ACC 雷达有两个调节螺栓，①号调节螺栓可调整雷达________；②号调节螺栓可调整雷达的________。

2. 驾驶校准失败的原因有哪些?

学习点二　碰撞预警系统故障诊断与排除

【情景描述】

碰撞预警系统是一款能预测到行车危险并在碰撞危险发生前 2.7s 向驾驶员发出警报，预防交通事故发生的产品,被称为"永不疲倦的第三只眼"。它的存在能够有效帮助驾驶员避免事故的发生,但是如果它出现问题,又该怎么办呢?

【学习目标】

知识目标:1. 了解碰撞预警系统故障诊断与排除的方法。
         2. 掌握一定的故障分析能力。
能力目标:掌握雷达的更换、校准等技能。

【知识链接】

一、雷克萨斯 ES350 碰撞预警系统故障

(一)故障现象

一辆09款雷克萨斯es350来时仪表显示pcs故障,设备X-431检测碰撞预警系统报前雷达传感器轴向间隙故障(历史、当前)故障码无法清除,根据故障码进行了雷达测试,挂倒挡,打开驻车辅助系统,导航显示正常,前面两个雷达均可正常感应距离,进入声呐系统显示系统正常。

(二)故障分析

本车此前杠完成喷漆,而喷漆需拆机盖锁,本车型的碰撞预警前来雷达与机盖锁是一体的(图4-13),故该雷达的插头应进行过插接。

(三)故障处理

进行了一下手动初始化恢复(将启动开关换至 IG ON 状态,接通巡航开关,3s内将巡航控制主开关推至 +RES 位 3 次,检查并确认此时蜂鸣器,等待 5s 或更长时间初始化完成),并未起作用。

图 4-13 碰撞预警前束雷达

继续研究碰撞预警系统维修资料,找到初始化操作步骤,将启动开关换至 IG ON 状态,踩下制动踏板,接通巡航开关,3s内将巡航控制主开关推至 +RES 位 3 次,检查并确认此时蜂鸣器,等待 5s 或更长时间初始化完成,接着使用解码器 X-431 进入系统读取故障码,还是前雷达传感器轴向间隙故障,尝试着清除故障码,显示成功,再一次读取显示无故障码,仪表也不显示 PCS 故障了,多次将点火开关关闭、打开均无异常。

(四)雷克萨斯 ES350 碰撞预警系统解析

碰撞预警系统(pre-crash safety system,PCS)其作用是根据传感器所接收到的前方路况,障碍物等信息后,反馈给电脑,例如紧急制动,即将发生碰撞等,电脑接收到相关信息后对安全带涨紧等做出一系列指令,最大的降低人身伤害。

二、哈弗 H8 前碰撞预警故障检修

（一）故障现象

一辆行驶里程约 1.8 万 km、配置 2.0T 发动机及 8 速自动变速器的哈弗 H8。用户反映：该车辆行驶中，从前车右侧超车时，仪表发出声音报警，提示"请保持安全距离"，并且在继续超车过程中，车辆突然自动制动一次，仪表上提示"请踩制动踏板"。

（二）故障诊断

① 试车，在三车道道路靠右侧行驶，仪表上前碰撞预警指示灯显示为绿色，在接近前方左侧相邻车道的车辆时，仪表发出声音报警，提示"请保持安全距离"，继续加速准备超车时，车辆突然发生一次紧急制动，伴随 ABS 泵运转声响，仪表上提示"请踩制动踏板"，同样路况测试，从前车左侧进行超车时，一切正常，在前车正后方慢慢接近前车时，也没有上述现象。

② 进入多媒体"行车设置"，关闭前碰撞预警及自动紧急制动功能，再次测试，不再发生上述现象，说明是触发了前碰撞预警及自动紧急制动功能才产生了这个现象。

③ ACC 自适应巡航、前碰撞预警和自动紧急制动是基于 ACC 雷达模块的三种功能，ACC 雷达模块安装在前保险杠内中间位置，对正前方同向行驶的车辆距离进行探测，当距离过近时，仪表首先声音提示报警，如果距离继续缩短，就会进行一次短促的制动，提示驾驶员注意车距，正常情况从前车左侧或右侧超车时，是不会发生预警和紧急制动现象的，所以虽然前碰撞报警指示灯没有显示红色，但从前车的右侧超车时触发此功能是一种故障，不是正常现象。

④ 诊断仪进入 ACC 自适应巡航系统，读取故障码为 PlE2076 雷达堵塞（图 4-14），进一步查询维修手册，故障码解释为"雷达被遮挡"，报码有两种原因，一是雷达前方有遮挡物，二是车辆长时间在十分空旷的场地行驶，无目标致使雷达失明。

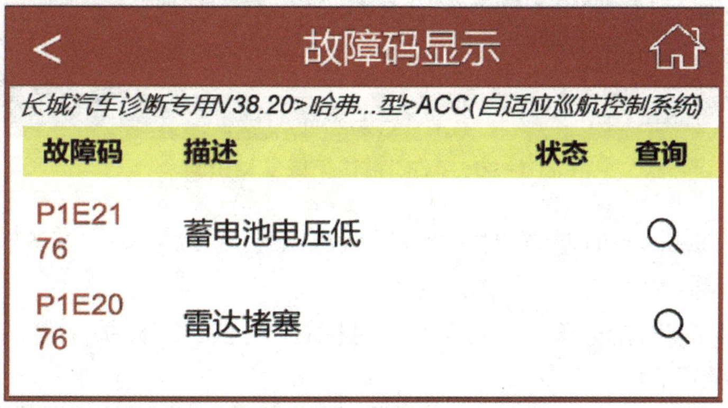

图 4-14 故障码

⑤ ACC 雷达模块安装在车辆正前方保险杠内，仔细观察前保险杠外观，无磕碰痕迹，但在牌照下方有一白色金属饰条是原车没有的，询问车主，前保险杠发生过轻微剐蹭，由于只是出现了轻微的裂痕，为了掩盖此处裂痕，车主自己用一不锈钢板做了一个装饰条，用玻璃胶粘在裂痕位置来遮挡开裂部位，如图 4-15 所示。

⑥ ACC 雷达模块正好在饰条的正后方，为了排除加装不锈钢饰条对雷达模块的影响，决定拆下前保险杠进行试车，一方面可以确定前碰撞预警异常报警是否和加装的饰条有关系，另外还可以查看雷达模块安装情况。

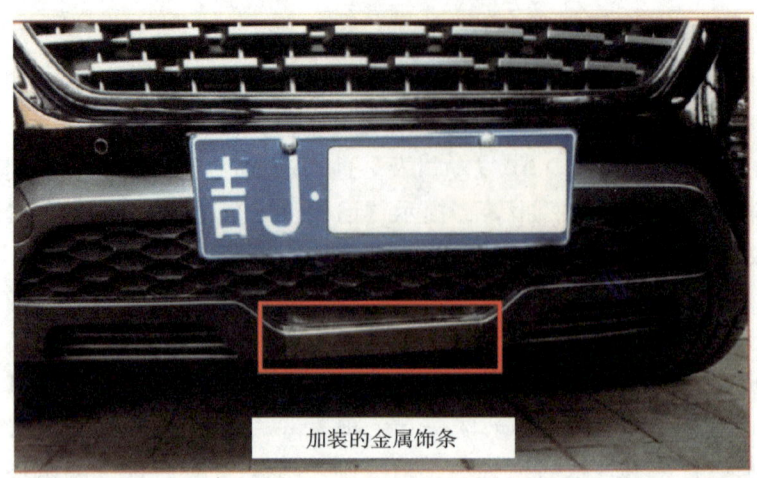

图 4-15 前保险杠加装的金属饰条

⑦ 拆下前保险杠后，发现 ACC 雷达模块支架变形，右侧固定螺栓脱落，雷达正面不是朝向正前方，而是朝向车辆的左前方，如图 4-16 所示。

图 4-16 ACC 雷达模块发生歪斜

⑧ 由于雷达本身没有损坏，所以对雷达支架进行校正，重新调整安装雷达模块，使之正面朝向车辆正前方，进行路试故障不再发生。

⑨ 车辆使用一周后再次进站维修，仪表上 ACC 自适应巡航、前碰撞预警两个报警灯点亮，同时仪表提示"前向电子雷达故障"。

⑩ 用诊断仪进入 ACC 模块，读取故障码为：P1E2176 定位失败，如图 4-17 所示，查询维修手册解释为"ACC 雷达校准失效"，原因是 ACC 雷达模块安装位置的偏差已经超出了可以校准的角度范围，需要重新对 ACC 雷达模块进行标定，由于上次维修 ACC 雷达模块的位置和角度发生了变化，没有重新进行标定，导致使用一段时间后 ACC 雷达报故障码，点亮故障灯。

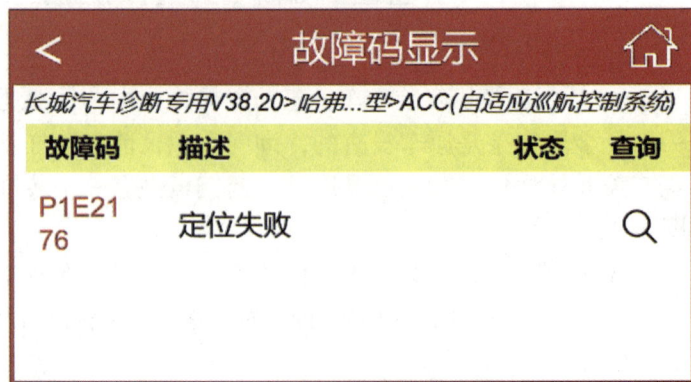

图 4-17 故障码

⑪ 使用专用工具，对 ACC 雷达与地面倾角进行调整，使雷达模块表面与地面角度为 90°，调整完毕后，使用诊断仪在车辆行驶过程中，根据诊断仪提示进行标定，如图 4-18、图 4-19 所示。

图 4-18　电子水平仪调零

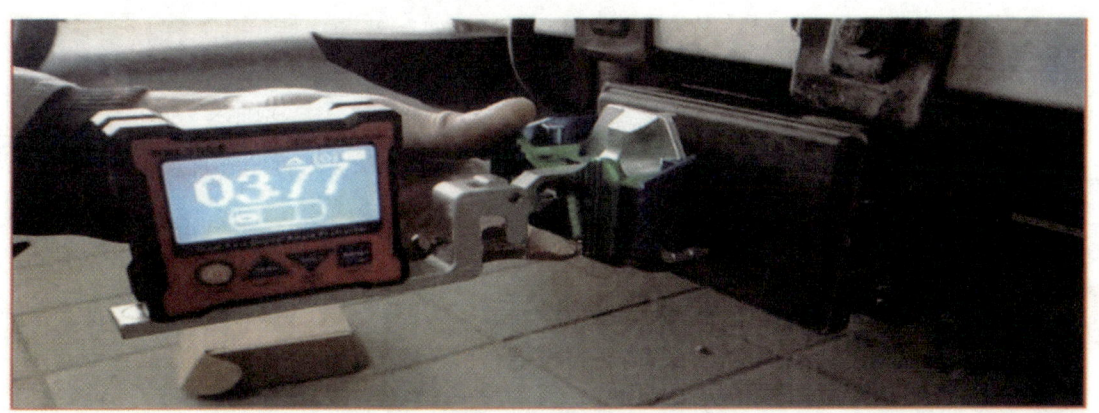

图 4-19　雷达角度调整

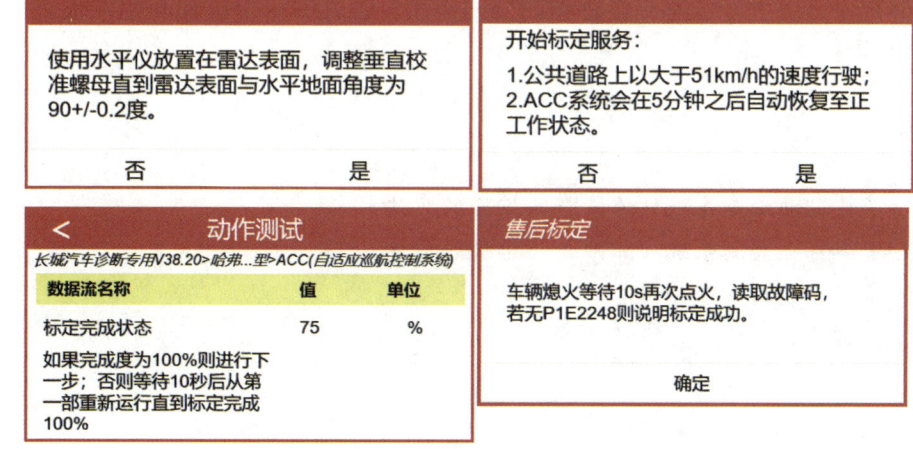

图 4-20　根据诊断仪提示对雷达进行动态标定

⑫ 标定成功后，自适应巡航和前碰撞报警灯不再点亮，测试 ACC 自适应巡航和前碰撞预警、紧急制动功能均恢复正常，从前车右侧超车时，也不再误触发前碰撞预警和紧急制动功能，故障排除（图 4-20）。

（三）故障总结

① 由于车辆前保险杠发生轻微碰撞，虽然外观只是轻微裂痕，但塑料保险杠碰撞瞬间变形，造成保险杠内的 ACC 雷达模块固定点损坏，雷达安装支架发生变形，雷达模块正面朝向车辆左前方，所以雷达侦测的是左前方的车辆，当距离过近时就会发生前碰撞预警和自动紧急制动的误报。

② 当车辆更换 ACC 雷达模块、支架、前防撞梁，或车辆前部发生碰撞，ACC 雷达报 ACC 硬件错误，ACC 校准失效等故障码时，这些情况都需要重新对 ACC 雷达进行标定，正常情况下，雷达模块受到撞击时，如果损坏应该更换新件并进行标定，如果没有损坏，因为雷达安装位置发生变化，也需要重新进行标定，否则会影响雷达探测精度，有可能发生误报警或报警灯点亮的现象。

③ H8 ACC 雷达模块有两个支撑点，一个调整点，标定分为静态标定和动态标定两部分，先进行静态标定，再进行动态标定，静态标定主要是通过水平仪和调节螺栓调整 ACC 模块的安装角度，动态标定是使用诊断仪，在车辆行驶中对 ACC 雷达进行动态校准，道路两侧最好有大量静止金属目标，比如选择在桥上或有路灯的道路上进行标定，一般行驶 2km 左右就可以标定完成。

【练 习】

雷达模块有两个支撑点，一个调整点，标定分为_____和_____两部分，先进行_____，再进行_____，静态标定主要是通过_____和_____调整 ACC 模块的安装角度，动态标定是使用_____，在车辆行驶中对 ACC 雷达进行动态校准。

学习点三 自动泊车系统与盲点辅助系统故障诊断与排除

【情景描述】

自动泊车功能对于有倒车困扰的司机来说，可谓是一大利器，不用再担心倒不进车位，而自动泊车功能的实现，同样离不开各大环境感知传感器的协同作用，若其中一个出现问题，很有可能就无法安全泊车。

【学习目标】

知识目标：1. 了解自动泊车系统故障诊断与排除的方法。
2. 了解盲点监测系统故障诊断与排除的方法。
3. 掌握一定的故障分析能力。
能力目标：掌握雷达的更换、校准等技能。

【知识链接】

一、大众 CC 轿车自动泊车系统故障

（一）故障描述

一台行驶了超过 8 万 km 的通用别克君越轿车，车主反映泊车辅助系统前雷达不起作用。接车后维

修师试车，打开点火开关，将换挡杆挂到 D 挡，将手放在前保险杠两个雷达探头前面，泊车辅助系统没有反应，说明前泊车辅助系统有问题。

（二）故障诊断

维修之前，先分析一下电路图（图 4-21），分析一下故障可能出现的部位和原因。既然只有 2 个前雷达不起作用，控制单元的电源和搭铁就不用考虑了，可能出现故障的部位有：P200 插头、2 个探头、各自的信号线和 D 挡信号，还有就是控制单元本身。

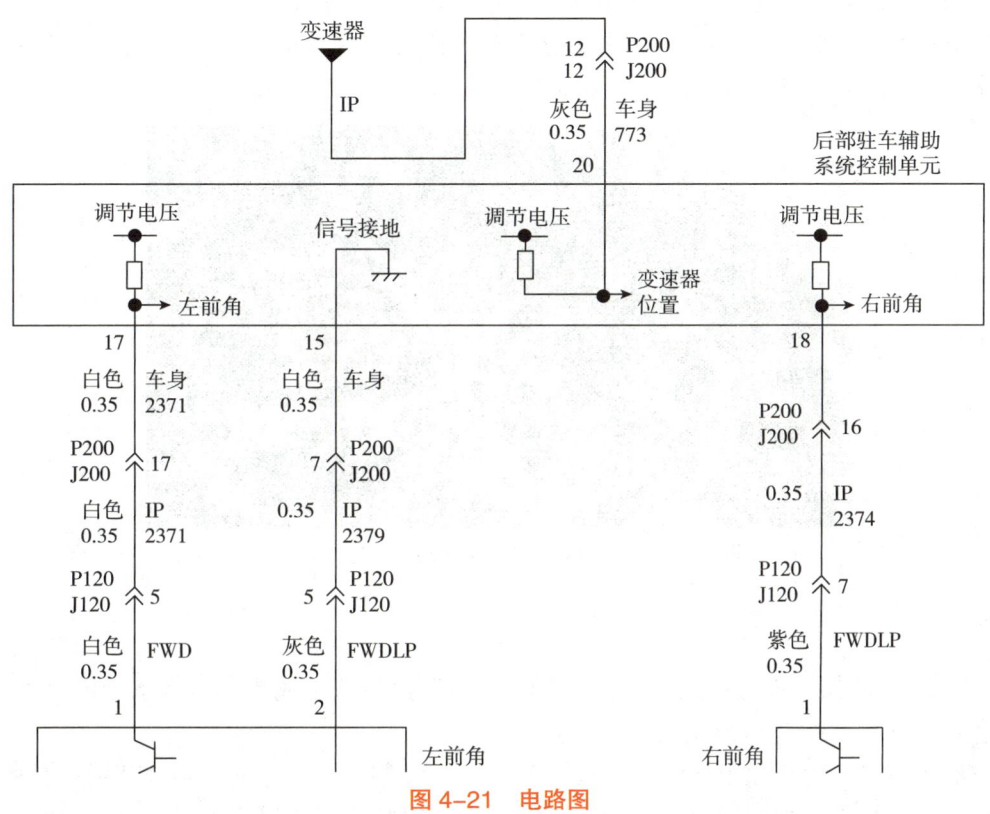

图 4-21　电路图

先看 P200 插头，装配得很牢靠，针脚也没有问题。从后挡风玻璃下拆下泊车辅助系统控制单元，拔下插头，用导线将两前探头线短接，用万用表分别测量 17 与 15 以及 18 与 15 针脚的阻值，都是 3Ω，同时测量 17 和 18 号针脚与搭铁的阻值为无穷大，说明两前探头的线路没有问题。接着测量 20 号针脚的电压，打开点火开关，当选挡杆在 D 挡以外时，电压为 10V；当挂到 D 挡时电压为 0，挡位信号也没有问题。观察插头的针脚也没有问题，剩下最有可能的控制单元故障，但在更换控制单元后故障依旧。

（三）故障排除

① 根据客户反映，车辆曾更换过后车身线和控制单元，更换之后才出现的问题。考虑是否是备件出现问题。

② 从备件库知道控制单元只有一种，而线束好几种。在观察线束插头时发现实物与电路图不符，实物在 14 号针脚上多了一根黑线（图 4-22），此线的作用维修手册上没有说明，测量此线的状态，发现这是一根搭铁线。

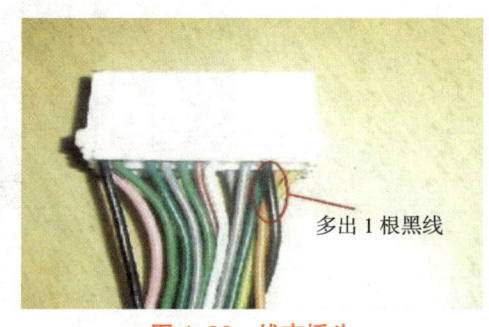

图 4-22　线束插头

③ 在将此线剪断,将所有系统恢复正常,试车时前雷达也正常工作了,问题得以解决。

带泊车辅助系统的君越车有两种,一种是只有后雷达探头,一种是前后雷达探头都有。而控制单元只有一种,通过控制单元的14号脚(前雷达禁用线)实现前后雷达的控制,14号针脚得到搭铁信号后便使前雷达不工作,同时还不报故障。

二、奔驰 E300 盲点辅助系统

(一)故障描述

一辆行驶里程约2万 km、配置274.920发动机的2015年奔驰E300轿车。该车仪表提示"盲点辅助系统停止运作",如图4-23所示。

图 4-23 仪表提示"盲点辅助系统停止运作"

(二)故障诊断

连接XENTRY诊断仪,进行快速测试,B92/11左侧后保险杠集成式雷达传感器设置了1个故障码:C110100雷达传感器1存在功能故障,A+S。

查看此车的车籍卡,确认此车装配盲点辅助系统(代码234)、自点辅助系统利用近距离雷达监测车辆后部及侧面区域,并在必要时通过视觉和听觉警告告知驾驶员不建议在该时间段主动变道(转向信号启用)。从广义上讲,盲点辅助系统起着扩展后视镜的作用。视觉警告通过两侧外后视镜上的盲点辅助系统警告指示灯发出,听觉警告通过仪表扬声器输出,如图4-24所示。

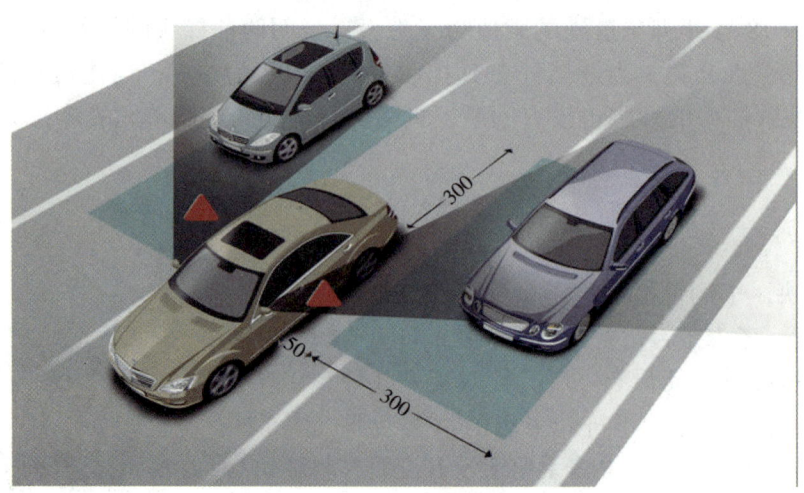

图 4-24 视知警告

盲点辅助系统的原理图如图 4-25 所示，A 车道，超车期间存在处于盲点中的车辆 B 车道，装配盲点辅助系统的车辆 t_1，超车车辆进入装配盲点辅助系统的盲点的车辆 t_2，识别到处于盲点系统的车辆 t_3，发出声讯和视觉警告 t_4，装配盲点辅助系统的车辆驾驶员的反应。

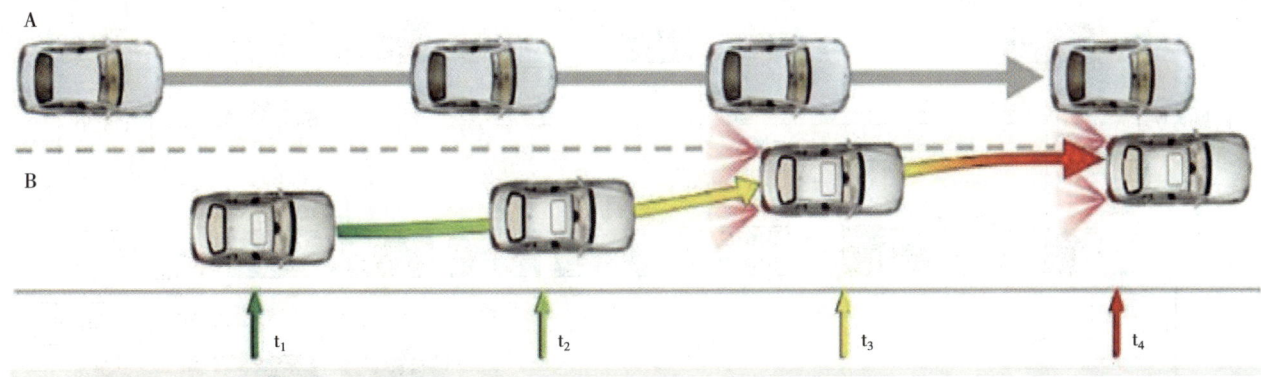

图 4-25　盲点辅助系统的原理图

系统的工作条件是：车辆向前行驶；无低电压或过电压情况；车速大于等于 10km/h；发动机运转或传动系统正常工作信号。

无法通过外部后视镜和内部后视镜观察到的区域通过外部右后保险杠集成式雷达传感器和外部左后保险杠集成式雷达传感器监测，所有相关数据由后保险杠集成式雷达传感器进行评估，右后保险杠雷达传感器据此请求警告输出。

具体的功能顺序如下。

① 当电路 15 接通时，外后视镜上的盲点辅助系统警告指示灯呈红色亮起，直至发动机运转。

② 如果在车速大于等于 12km 时，某车辆位于雷达传感器系统的探测范围中，则外部后视镜中的盲点辅助系统警告指示灯呈红色亮起向驾驶员发出警告，指示车辆处于该侧的盲点中，超车预先警告在车辆进入盲点前发出，是系统限制的一部分。

③ 如果尽管盲点辅助系统警告指示灯亮起，驾驶员仍尝试变道，并通过操作组合开关（转向信号启用）指示这一情况，当目标车辆即将靠近系统车辆时，会通过仪表扬声器额外地发出一声双警告音，盲点辅助系统警告指示灯闪烁。

④ 如果车辆离开雷达传感器系统的探测范围，则正在呈红色闪烁的盲点辅助系统警告指示灯熄灭。

后保险杠集成式雷达传感器根据"主从"原理工作，主功能或从功能可通过连接器编码确定。右后保险杠集成式雷达传感器 B92/6 执行主功能，这意味着左后保险杠集成式雷达传感器 B92/11 将其信息通过外围设备控制器区域网络（CAN）传送至右后保险杠集成式雷达传感器，后者对来自两个后保险杠集成式雷达传感器的相应信息进行评估，并将相应的请求或数据通过外围设备控制器区域网络（CAN）传送至相应的控制单元，如图 4-26 所示。

利用雷达测量程序检测物体（盲点内的车辆），集成在后保险杠的雷达传感器发射成束的所谓"初级信号"的电磁波，如果这些电磁波遇到物体，则会被其反射并作为次级信号被相应的集成在后保险杠中的雷达传感器再次接收，可以利用这些信号计算检测到的物体距车辆的距离和运动速度及其相对于车辆的角度，后保险杠集成式雷达传感器的探测范围由雷达波的角度确定。后保险杠集成式雷达传感器 B29/11 和 B29/6 的电路图如图 4-27 所示。

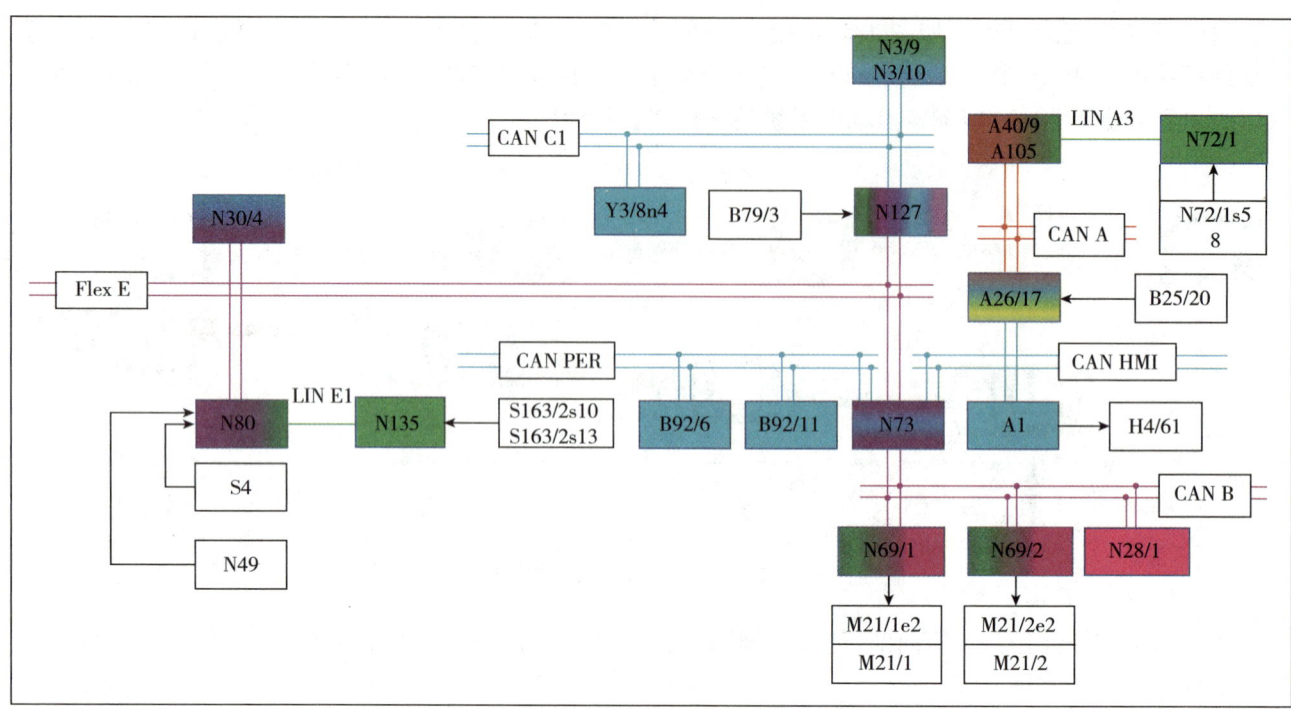

图 4-26 网络框图

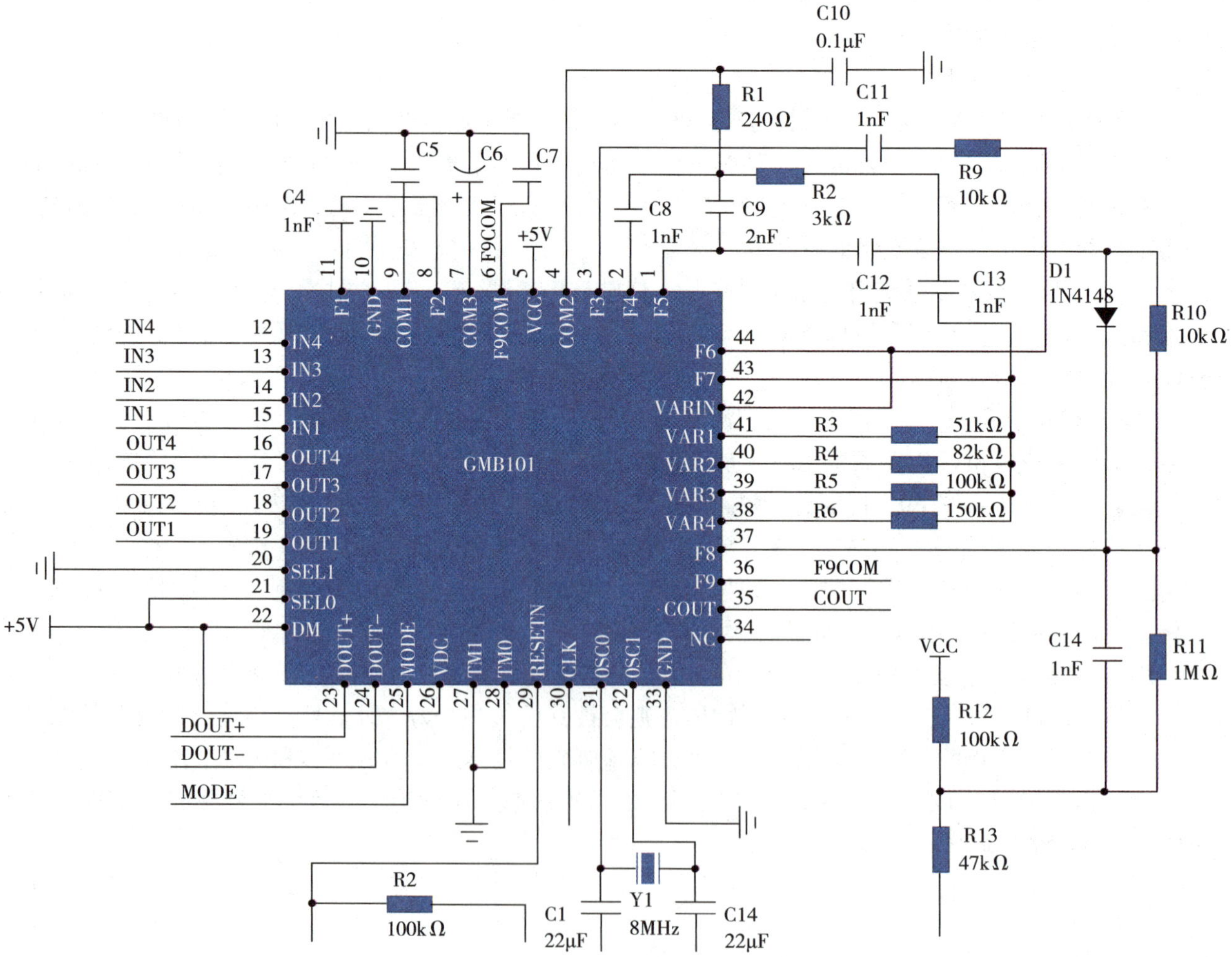

图 4-27 雷达传感器电路

根据系统的工作原理和电路图及故障码分析，可能的故障原因有以下几点。
- B92/11 左侧后保险杠集成式雷达传感器安装不牢固。
- B92/11 左侧后保险杠集成式雷达传感器安装托架在保险杠上不牢固。
- B92/11 左侧后保险杠集成式雷达传感器与保险 tE 之间脏污或存在异物。
- B92/11 左侧后保险杠集成式雷达传感器安装位置不正确或没有正确安装。
- B92/11 左侧后保险杠集成式雷达传感器相应的保险杠表面损坏。
- B92/11 左侧后保险杠集成式雷达传感器相应的保险杠表面进行过喷漆和刮泥子处理。
- B92/11 左侧后保险杠集成式雷达传感器线路故障，比如插头锈蚀或松动。
- B92/11 左侧后保险杠集成式雷达传感器软件故障。
- B92/11 左侧后保险杠集成式雷达传感器电气故障。

检查的步骤如下。
- 检查 B92/11 左侧后保险杠集成式雷达传感器安装牢固，OK。
- 检查 B92/11 左侧后保险杠集成式雷达传感器安装托架在保险杠上牢固，OK。
- 检查 B92/11 左侧后保险杠集成式雷达传感器与保险杠之间无脏污或存在异物，OK。
- 检查 B92/11 左侧后保险杠集成式雷达传感器安装位置正确，并且正确安装，OK。
- 检查 B92/11 左侧后保险杠集成式雷达传感器相应的保险杠表面无损坏痕迹，OK。
- 检查 B92/11 左侧后保险杠集成式雷达传感器相应的保险杠表面未进行过喷漆和刮泥子处理，OK。
- 检查 B92/11 左侧后保险杠集成式雷达传感器实际值供电电压 11.5V（11.0~15.5V），OK。
- 检查 B92/11 左侧后保险杠集成式雷达传感器线路未见异常，没有插头锈蚀或松动等现象，OK。
- 尝试升级 B92/11 左侧后保险杠集成式雷达传感器软件和 SCN 设码，故障依旧。
- 检查 B92/11 左侧后保险杠集成式雷达传感器外观无明显的变形等碰撞受外力的痕迹，OK。
- 尝试将 B92/11 左侧后保险杠集成式雷达传感器与 B92/6 右侧后保险杠集成式雷达传感器互换，结果故障转移，B92/6 右侧后保险杠集成式雷达传感器设置了故障码 C110178 雷达传感器 1 存在功能故障，查看相关的 TIPS、SI 或其他相关厂家技术指导文档。

（三）故障排除

原因为 B92/11 左侧后保险杠集成式雷达传感器内部电气故障，更换左侧雷达传感器后，试车故障排除。

故障总结：B92/11 左侧后保险杠集成式雷达传感器与 B92/6 右侧后保险杠集成式雷达传感器零件号相同，可以互换；两个后保险杠集成式雷达传感器根据"主从"原理工作，系统通过第 5 脚和第 6 脚是否搭铁来区别左右两个雷达传感器。

【练 习】

1. 请简述奔驰 E300 盲点辅助系统故障诊断排除的流程。
2. 思考：自动泊车时，需要盲点辅助系统的协助吗？

学习任务五　智能网联汽车技术相关考级链接

学习点一　智能网联汽车测试装调职业技能等级证书

【情景描述】

为贯彻《国家职业教育改革实施方案》，落实教育部牵头的1+X证书制度试点工作有关政策、文件要求、结合自身实际做好有关职业技能等级证书的信息发布、解读，促进有关院校和企业对1+X证书的了解。由国汽（北京）智能网联汽车研究院有限公司主办，中国汽车工程学会、中国智能网联汽车产业创新联盟支持的《智能网联汽车测试装调职业技能等级证书》试点工作线上说明会于2020年4月2日上午10：00举行。

【学习目标】

知识目标：1. 了解智能网联汽车测试装调职业初级实训设备配置要求。
2. 了解智能网联汽车测试装调职业中级实训设备配置要求。
3. 了解智能网联汽车测试装调职业高级实训设备配置要求。

【知识链接】

一、智能网联汽车测试装调职业技能实训设备

（一）初级实训设备配置要求（表5-1）

表5-1　初级实训设备配置要求

序号	分类	设备名称	单位	数量	执行标准
1	装配调试台架	智能传感器（视觉传感器、各种雷达、组合导航等，下同）装配调试台架、计算平台装配调试台架、智能座舱系统装配调试台架、底盘线控系统装配调试台架等	套	1	GB21746 GB21748
2	实验实训教学台架	智能传感器实验实训台、计算平台实验实训台、智能座舱系统实验实训台、底盘线控系统实验实训台等	套	1	GB21746 GB21748

续表

序号	分类	设备名称	单位	数量	执行标准
3	其他设备仪器	笔记本电脑、电路生产设备、数字万用表、数字示波器、网线测试仪、信号检测仪、总线分析仪、信号发生器、电阻箱、可编程电源、独立直流电源等	套	1	GB21746 GB21748
4	工具	电钻、角磨机、热风焊台、专用焊接工具、压线钳、USB3.0外置网口转换器、USB转RS232串口线、通用工具、通用量具等	套	1	GB21746 GB21748
5	软件	控制软件、调试软件、测试软件、传感器驱动软件、虚拟仿真软件等	套	1	GB21746 GB21748
6	部件	智能传感器、计算平台、智能座舱系统、底盘线控系统及相关部件、元器件等	套	1	GB21746 GB21748

（二）中级实训设备配置要求（表5-2）

表5-2 中级实训设备配置要求

序号	分类	设备名称	单位	数量	执行标准
1	车辆	智能网联教学车	辆	1	GB21746 GB21748
2	装配调试台架	智能传感器装配调试台架、计算平台装配调试台架、智能座舱系统装配调试台架、底盘线控系统装配调试台架等	套	1	GB21746 GB21748
3	实验实训教学台架	智能传感器实验实训台、计算平台实验实训台、智能座舱系统实验实训台、底盘线控系统实验实训台、转毂试验台等	套	1	GB21746 GB21748
4	其他设备仪器	笔记本电脑、数字万用表、数字示波器、信号检测仪、总线分析仪、总线测试盒、以太网测试盒、信号发生器、信号放大器、信号处理器或解码器、功率放大器、电阻箱、可编程电源、独立直流电源、视频输出设备、语音发生器、通信信号接收器、测试传感器、数据采集箱或分析仪、程序下载器等	套	1	GB21746 GB21748
5	工具	专用工具、专用数据线、通用工具、通用量具等	套	1	GB21746 GB21748
6	软件	控制软件、调试软件、测试软件、数据采集软件、程序刷写软件、电路图绘制软件、编辑软件、分析软件、虚拟仿真软件等	套	1	GB21746 GB21748
7	部件	智能传感器、计算平台、智能座舱系统、底盘线控系统及相关部件；车辆测试和网联测试用场景设施（交通标志、标示、标线、信号灯、锥形交通路标、隔离栏、路测RSU单元）等	套	1	GB21746 GB21748 GB5768

（三）高级实训设备配置要求（表5-3）

表5-3 高级实训设备配置要求

序号	分类	设备名称	单位	数量	执行标准
1	车辆	智能网联教学车	辆	1	GB21746 GB21748
2	装配调试台架	智能传感器装配调试台架、计算平台装配调试台架、智能座舱系统装配调试台架、底盘线控系统装配调试台架等	套	1	GB21746 GB21748
3	实验实训教学台架	智能传感器实验实训台、计算平台实验实训台、智能座舱系统实验实训台、底盘线控系统实验实训台、转毂试验台等	套	1	GB21746 GB21748
4	其他设备仪器	笔记本电脑、数字万用表、数字示波器、总线分析仪、总线测试盒、以太网测试盒、信号发生器、电阻箱、可编程电源、视频输出设备、语音发生器、数据采集箱或分析仪、信号处理器或解码器、程序下载器等	套	1	GB21746 GB21748
5	工具	专用工具、专用数据线、通用工具、通用量具等	套	1	GB21746 GB21748
6	软件	控制软件、调试软件、测试软件、数据采集软件、程序刷写软件、电路图绘制软件、编辑软件、参数调整软件、分析软件、虚拟仿真软件等	套	1	GB21746 GB21748

【练习】

比较初级、中级、高级实训室设备配置的异同，试分析职业等级的异同。

学习点二 新能源竞赛理论考试

一、理论题库

1. 下列事项中属于办事公道的是（　　）。
   A. 顾全大局，一切听从上级　　　　B. 大公无私，拒绝亲戚求助
   C. 知人善任，努力培养知己　　　　D. 原则至上，不计个人得失

2. 企业生产经营活动中，促进员工之间平等尊重的措施是（　　）。
   A. 互利互惠，加强协作　　　　　　B. 加强交流，平等对话
   C. 只要合作，不要竞争　　　　　　D. 人心叵测，谨言慎行

3. 职业道德活动中，对客人做到（　　）是符合语言规范的具体要求的。
   A. 言语细致，反复介绍　　　　　　B. 语速要快，不浪费客人时间
   C. 用尊称，不用忌语　　　　　　　D. 语气严肃，维护自尊

4. 在火场的浓烟区被围困时，正确的做法是（　　）。
   A. 低姿势行走
   B. 短呼吸
   C. 用湿毛巾捂住嘴
   D. 以上三项都正确

5. 对社会保障制度理解不恰当的是（　　）。
A. 是一种物质帮助制度　　　　　　　　B. 是一种精神帮助制度
C. 是一种物质补偿制度　　　　　　　　D. 是一种在较特殊情况下的物质帮助制度

6. （　　）是国家对消费者进行保护的前提和基础。
A. 消费者的义务　　B. 消费者的权力　　C. 消费者的生产资料　　D. 消费者的生活资料

7. 全面质量管理的基本方法就是（　　）。
A. PACD　　　　　B. PADC　　　　　C. PDCA　　　　　D. PCDA

8. 全面质量管理这一概念最初由（　　）质量管理专家提出。
A. 中国　　　　　B. 日本　　　　　C. 美国　　　　　D. 英国

9. 企业生产经营活动中，要求员工遵纪守法是（　　）。
A. 约束人的体现　　　　　　　　B. 由经济活动决定的
C. 人为的规定　　　　　　　　　D. 追求利益的体现

10. 企业创新要求员工努力做到（　　）。
A. 不能墨守成规，但也不能标新立异　　B. 大胆地破除现有的结论，自创理论体系
C. 大胆地试大胆地闯，敢于提出新问题　　D. 激发人的灵感，遏制冲动和情感

11. 全面质量管理的核心体现在（　　）上。
A. 质量　　　　　B. 管理　　　　　C. "全"　　　　　D. 质量管理

12. 职业道德是人的事业成功的（　　）。
A. 重要保证　　　B. 最终结果　　　C. 决定条件　　　D. 显著标志

13. 企业员工在生产经营活动中，不符合平等尊重要求的是（　　）。
A. 真诚相待，一视同仁　　　　　　B. 互相借鉴，取长补短
C. 长幼有序，尊卑有别　　　　　　D. 男女平等，友爱亲善

14. 坚持办事公道，要努力做到（　　）。
A. 公私分开　　　B. 有求必应　　　C. 公正公平　　　D. 公开办事

15. 下列关于勤劳节俭的论述中，正确的选项是（　　）。
A. 勤劳是人生致富的充分条件　　　　B. 节俭是企业持续发展的必要条件
C. 勤劳不如巧干　　　　　　　　　　D. 节俭不如创造

16. 全面的质量管理是把（　　）和效益统一起来的质量管理。
A. 产品质量　　　B. 工作质量　　　C. 质量成本　　　D. 使用成本

17. 职业道德与人的事业的关系是（　　）。
A. 职业道德是人成功的充分条件
B. 没有职业道德的人不会获得成功
C. 事业成功的人往往具有较高的职业道德
D. 缺乏职业道德的人往往也有可能获得成功

18. 职业道德是一种（　　）。
A. 处事方法　　　B. 行为规范　　　C. 思维习惯　　　D. 办事态度

19. 关于创新的论述，正确的是（　　）。
A. 创新就是出新花样　　　　　　　B. 创新就是独立自主
C. 创新是企业进步的灵魂　　　　　D. 创新不需要引进外国的新技术

20. 市场经济条件下，不符合爱岗敬业要求的是（　　）的观念。
A. 树立职业理想　　B. 强化职业责任　　C. 干一行爱一行　　D. 多转行多受锻炼

21. 市场经济条件下，（　　）。不违反职业道德规范中关于诚实守信的要求。
   A. 通过诚实合法劳动，实现利益最大化　　B. 打进对手内部，增强竞争优势
   C. 根据服务对象来决定是否遵守承诺　　　D. 凡有利于增大企业利益的行为就做

22. 下列选项不属于可撤销合同的是（　　）。
   A. 依法订立的合同　　　　　　　　　　　B. 显失公平的合同
   C. 乘人之危订立的合同　　　　　　　　　D. 因重大误解订立的合同

23. 为了促进企业的规范化发展需要发挥企业文化的（　　）功能。
   A. 娱乐　　　　　B. 主导　　　　　C. 决策　　　　　D. 自律

24. （　　）负责全国产品监督管理工作。
   A. 地方政府　　　　　　　　　　　　　　B. 各省产品质量监督管理部门
   C. 地方技术监督局　　　　　　　　　　　D. 国务院产品质量监督管理部门

25. 合同员工违犯职业纪律，在给其处分时应把握的原则是（　　）。
   A. 企业不能做罚款处罚　　　　　　　　　B. 严重不遵守企业纪律，即可解除劳动
   C. 视情节轻重，可以做出撤职处分　　　　D. 警告往往效果不大

26. 《劳动法》中劳动者可享有的权利是（　　）。
   A. 平等就业的权力
   B. 选择职业的权力
   C. 提请劳动争议处理的权力
   D. 以上三项都对

27. 我国对违反《产品质量法》的行为规定（　　）。
   A. 只要违法就予以惩罚
   B. 未对消费者造成损失的违法行为也要予以惩罚
   C. 采取追究民事责任、行政责任和刑事责任相结合的制裁方式
   D. 以上三项都对

28. 下列选项属于职业道德范畴的是（　　）。
   A. 人们的内心信念　　B. 人们的文化水平　　C. 人们的思维习惯　　D. 员工的技术水平

29. （　　）是企业诚实守信的内在要求。
   A. 注重环境效益　　　B. 增加职工福利　　　C. 注重经济效益　　　D. 开展员工培训

30. 职业道德的特征是（　　）
   A. 多样性和具体性
   B. 专业性和实用性
   C. 稳定性和连续性
   D. 以上三项都正确

31. 职业纪律是从事这一职业的员工应该共同遵守的行为准则，它包括的内容有（　　）。
   A. 交往规则　　　　　B. 操作程序　　　　　C. 群众观念　　　　　D. 外事纪律

32. 下列关于诚实守信的认识和判断中，正确选项是（　　）。
   A. 诚实守信与经济发展相矛盾　　　　　　B. 诚实守信是市场经济应有的法则
   C. 是否诚实守信要视具体对象而定　　　　D. 诚实守信以追求利益最大化为准则

33. 职业道德通过（　　）起着增强企业凝聚力的作用。
   A. 协调员工之间的关系　　　　　　　　　B. 增加职工福利
   C. 员创造发展空间　　　　　　　　　　　D. 调节企业与社会的关系

34. 各种职业道德往往采取简洁明快的形式，对本职业人员提出具体的道德要求，以保证职业活动的顺利开展，这体现了职业道德的（　　）。

A. 稳定性　　　　　　B. 专业性　　　　　　C. 具体性　　　　　　D. 适用性

35. 合同是一种（　　）行为。

A. 民事法律　　　　　B. 刑事法律　　　　　C. 个人　　　　　　　D. 社会

36. 我国电动汽车发展战略中的"三横三纵"中的三纵指（　　）。

A. 多功能动力总成控制系统、电机及其控制系统和电池及其管理系统

B. SHEV、PHEV 及 PSHEV

C. BEV、HEV 及 FCEV

D. 内燃机混合动力系统、蓄电池动力系统、燃料电池动力系统

37. 我国电动汽车发展策略中两头挤是指（　　）。

A. 通过私家车、出租车的率先电动化带动电动汽车行业发展

B. 通过私家车、公交车的率先电动化带动电动汽车行业发展

C. 通过出租车、公交车的率先电动化带动私家电动车发展

D. 通过公交车和财政补贴，带动私家电动车的发展

38. 关于轻量化，下列描述正确的是（　　）。

A. 电动汽车轻量化后，由于部分结构采用轻量化材质，故车辆的安全性能会有所下降

B. 轻量化能使车辆更加环保节能

C. 轻量化后，由于质量下降，车辆稳定性也有所下降

D. 轻量化对车辆的操作性能和反应能力有所影响

39. 研制开发（　　）的电池是电动汽车发展的关键。

A. 高效、高成本　　　B. 低效、低成本　　　C. 高效、低成本　　　D. 低效、高成本

40. 现代汽车的定义是（　　）。

A. 不依靠架线和轨道，带有动力装置，能够在道路上行驶的车辆

B. 智能机器人

C. 智能交通机器人

D. 智能电器

41. 汽车的新四化中，能有效降低事故的是（　　）。

A. 智能化　　　　　　B. 轻量化　　　　　　C. 车联网　　　　　　D. 电动化

42. 下列不属于轻量化的是（　　）。

A. 铝合金车身　　　　B. 碳纤维部件　　　　C. 合理布局电池　　　D. 采用轮边电机

43. 汽车智能驾驶分为（　　）个阶段。

A. 1　　　　　　　　B. 2　　　　　　　　C. 3　　　　　　　　D. 4

44. 下列不是鼓励发展电动汽车措施的是（　　）。

A. 给予财政补贴　　　　　　　　　　　　B. 免摇号上牌

C. 限制外地车辆进入市区　　　　　　　　D. 电动汽车无须单双号限行

45. 下列是汽车智能化优点的是（　　）。

A. 提高安全性及可靠性　　　　　　　　　B. 节能减排

C. 降低交通事故率　　　　　　　　　　　D. 以上都是

46. 比亚迪唐 DM 属于（　　）。

A. HEV　　　　　　　B. EV　　　　　　　C. BEV　　　　　　　D. PHEV

47. 太阳能电动汽车属于（　　）。
A. HEV B. EV C. BEV D. 以上都不对

48. 特斯拉 MODEL S 属于（　　）。
A. HEV B. EV C. BEV D. PHEV

49. 铅酸电池的外壳一般采用（　　）。
A. 铝合金 B. 聚氯乙烯 C. 硬橡胶 D. 钢板

50. 电动汽车控制能量供给的是（　　）。
A. 电机驱动系统 B. 电池管理系统 C. 能量管理系统 D. 动力电池

51. 电动汽车完成能量转换（电能 – 机械能）系统的是（　　）。
A. 电池管理系统 B. 电机驱动系统 C. 能量管理系统 D. 充电系统

52. 下列不是纯电动汽车优点的是（　　）。
A. 技术简单成熟 B. 能源供应方便
C. 相对传统汽车节能环保 D. 电池价格低廉，使用寿命长

53. 特斯拉电动汽车电池组位于（　　）。
A. 后排座椅下方 B. 后备厢 C. 车辆底部 D. 传统发动机舱

54. 下列不属于纯电动汽车四大系统的是（　　）。
A. 电机系统 B. 电驱动系统 C. 充电系统 D. 电池系统

55. 下列不属于燃料电池汽车优点的是（　　）。
A. 接近零排放 B. 提高了能源的利用率
C. 不需要预热 D. 运行平稳、无噪声

56. 电动汽车仪表中功率表显示的是（　　）。
A. 发动机的输出功率
B. 电动机的输出功率（部分车型包含空调等负载的使用功率）
C. 发动机和电动机的输出功率
D. 车载用电设备的使用功率

57. HUD 是指什么（　　）。
A. 仪表显示液晶化 B. 车内投影影音系统
C. 环境影像投射系统 D. 抬头显示系统

58. 一台纯电动汽车，挂入档位后，仪表挡位显示异常，无法行进，下列故障可能原因错误的是（　　）。
A. 电机或电机控制器故障 B. 动力电池故障
C. 加速踏板故障 D. 档位传感器故障

59. 下列不属于电动汽车自诊断系统功能的是（　　）。
A. 实时对车辆进行监控，发现异常时能及时报警
B. 车辆启动时，对所有系统进行自检功能
C. 当发现异常时，在可控范围内模拟部分型号，使车辆能够继续行驶
D. 发现异常时，能通过数据计算，自动消除故障

60. 车辆 VIN 码的第一位是指（　　）。
A. 汽车厂商代码 B. 生产国家 C. 车辆类型 D. 车辆用途

61. 车辆 VIN 码的第十位是指（　　）。
A. 车辆的年款 B. 车辆的款式 C. 车辆的型号 D. 车辆的类型

62. 电动汽车铭牌上的标称电压是指（　　）。

A. 电机的工作电压　　　　　　　　B. 电池组每个单体电池的电压

C. 电池组的额定电压　　　　　　　D. 电池组放电的最低电压

63. 仪表上的ECO指示灯代表（　　）。

A. 纯电动模式　　　B. 经济模式　　　C. 纯电动经济模式　　　D. 混合动力经济模式

64. 电动汽车铭牌上电机额定功率是指（　　）。

A. 电机所能发出的最大功率

B. 电机正常额定电流工作状态下所发出的最大功率

C. 电机正常额定电流工作状态下所发出的稳定功率

D. 电机正常额定电流工作状态下所发出的最小功率

65. 车辆在完好装备的情况下，如备胎、灭火器、润滑油、燃料等装备齐全，此时汽车质量称为（　　）。

A. 最大设计质量　　B. 整车整备质量　　C. 最大总质量　　D. 设计标准质量

66. 以下车辆中不符合节能减排精神的是（　　）。

A. 电动自行车　　B. 电动汽车　　C. 电动叉车　　D. 摩托车

67. 新车在投入正常营业之前，在走合期开始的2500km之内，电机转速需控制在最高转速（　　）以下。

A. 2500r/min　　　B. 3000r/min　　　C. 5000r/min

68. 启动车辆时，确认"智能钥匙"在车内，踩住（　　）。

A. 制动踏板　　　B. 油门　　　C. A和B都不是

69. 新能源纯电动汽车刹车采用（　　）控制系统。

A. 单管路　　　B. 双管路　　　C. 单、双管路串联

70. 充电枪连接后，充电柜上"连接"指示灯变（　　），组合仪表上动力电池充电线连接指示灯点亮。

A. 红　　　B. 黄　　　C. 绿

71. 启动车辆前应确保充电器已经（　　），充电口盒和充电口舱门已经关闭。

A. 闭合　　　B. 断开　　　C. 连接

72. 冷却液温度表的指针移到红色标记区H（Hot），则表示（　　）过热，需立刻停车冷却。

A. 发动机　　　B. 起动机　　　C. 电机

73. 行驶记录仪系统中的串口通信是通过9针串口线与电脑连接，在电脑上通过数据解析软件（　　）记录仪器数据或进行参数设置。

A. 读取　　　B. 打印　　　C. 扫描

74. 混合动力或纯电动汽车，动力电池电压在300V左右，任何维保操作都必须（　　），触电事故一旦发生，瞬间丧命。

A. 先上电　　　B. 先下电　　　C. 先开关

75. 高压配电箱相当于一个大型的电闸，通过（　　）来控制电流的通断。

A. 电容器　　　B. 发生器　　　C. 继电器

76. 用（　　）清洁后舱，主要诊断扇热器、电子风扇、电机和控制器表面，清洁后舱配电盒灰尘。

A. 水枪　　　B. 气枪　　　C. 毛刷

77. 准备启动车辆前，首先打开（　　）控制开关。

A. 低压　　　B. 高压　　　C. 副压

78. 检查车辆后舱（　　）等液面高度是否处标准状况，管道接头是否松动或渗漏现象。

　　A. 润滑油脂、油膏液

　　B. 转向油液、冷却液

　　C. 机油、燃油

79. 起动时车辆需踏下制动踏板、按启动开关，车辆启动后注意观察各仪表的工作状况是否处手正常状态，特别注意电量是否充足，正常气压（　　）。

　　A. 0.6~1Mpa　　　　　B. 0.4~0.5Mpa　　　　　C. 0.3~0.5Mpa

80. 电量表：在电量 soc（指荷电状态）低手 20% 的情况下，避免爬坡行驶；在 soc 低于（　　）的情况下，需要寻找就近的充电站进行充电。

　　A. 30%　　　　　　　B. 20%　　　　　　　　C. 10%

81. 冷却水温表水温送到 55℃时，冷却风扇开启，温度过高到（　　）时，水温开始报警。

　　A. 75℃　　　　　　　B. 90℃　　　　　　　　C. 100℃

82. 在行驶路面路面积水≥（　　）时，即水深至车辆车身裙部时，避免进入（停留）在水中，停止行驶。

　　A. 50cm（厘米）　　　B. 40cm（厘米）　　　　C. 30cm（厘米）

83. 在≤10cm（厘米）深的涉水路面行驶时，要考虑行驶中随着车辆运行的速度，会产生水波、飞溅等导致动力电池舱及电动机进水漏电的可能，车辆应以不超过（　　）km/h 的速度行驶。

　　A. 20　　　　　　　　B. 30　　　　　　　　　C. 40

84. 当行驶道路积水≥10cm（厘米）时，应以不超过（　　）km/h 的速度。

　　A. 15　　　　　　　　B. 20　　　　　　　　　C. 30

85. 车辆停稳后，将 D 挡按至（　　）位置，将驻车制动器拉至停车位置，然后才能打开车门。

　　A. N 挡　　　　　　　B. R 挡　　　　　　　　C. S 挡

86. 电动汽车日常保养内容不包括（　　）。

　　A. 制动液储液罐　　B. 蓄电池　　C. 冷却液储液罐　　D. 动力电池功能检查

87. 以下关于电动汽车维护描述正确的是（　　）。

　　A. 干燥的风窗玻璃上可以使用雨刮

　　B. 免维护蓄电池检测指示窗内的颜色若未变化，最好更换电池

　　C. DC/DC 输出电压检测时车钥匙应置于 ON 挡位置

　　D. 可以自行对动力电池和高压部件等进行清洁

88. 驱动电机日常维护保养不包括（　　）。

　　A. 驱动电机表面清洁　　　　　　　B. 高低压线束插件

　　C. 风扇、水泵工作性能　　　　　　D. 驱动电机与减速器轴花键连接

89. 下列（　　）属于电动汽车区别传统汽车的维护项目。

　　A. 变速器油检查　　　　　　　　　B. 电气系统绝缘性检查

　　C. 冷却系统检查　　　　　　　　　D. 制动液检查

90. （　　）以清洁、紧固为主。

　　A. 日常维护　　　B. A 级维护　　　C. B 级维护　　　D. C 级维护

91. 以下不属于 B 级维护的是（　　）。

　　A. 动力电池加热功能检查　　　　　B. 电机及控制器冷却检查

　　C. 充电口和高压线　　　　　　　　D. 空调滤芯

92. 电动汽车累计行驶（　　）里程时需要做 B 级维护。

A. 10000 B. 20000 C. 30000 D. 50000

93. 下列（　　）在电动汽车维护中不需要戴绝缘手套。
A. 空调压缩机　　B. PTC加热器　　C. 压缩机控制器　　D. 真空泵

94. 电动汽车冷却液根据整车维护里程建议完全更换频次为（　　）一次。
A. 1年　　B. 2年　　C. 6个月　　D. 3个月

95. 免维护蓄电池若监测指示窗内的颜色为（　　），表明蓄电池需充电。
A. 绿色　　B. 黑色　　C. 无色　　D. 黄色

96. 电子水泵提供冷却循环动力，其冷却的原件不包括（　　）。
A. 电机　　B. DCDC　　C. 电机控制器　　D. EHPS

97. 以下不属于EV车辆的特点的是（　　）。
A. 起步快　　B. 噪音小　　C. 使用成本低　　D. 可使用发动机驱动

98. 无轨电车属于（　　）。
A. 轿车　　B. 货车　　C. 商用车　　D. 乘用车

99. 300V高压电缆应该是（　　）颜色。
A. 黑色　　B. 橘红色　　C. 蓝色　　D. 棕色

100. 火灾分为（　　）个等级。
A. 1　　B. 2　　C. 3　　D. 4

101. 下列不是灭火的主要措施的是（　　）。
A. 控制可燃物　　B. 隔离人群　　C. 隔绝助燃物　　D. 消除着火源

102. 下列不是导致电池着火原因的是（　　）。
A. 短路　　B. 热失控　　C. 设计原因　　D. 并联电池

103. 下列是电动车行驶过程导致电池着火原因的是（　　）。
A. 开车听歌　　B. 开车吸烟　　C. 开车遭撞击　　D. 开车带安全带

104. 直流电的安全电压是（　　）。
A. 24V以内　　B. 12V以内　　C. 36V以内　　D. 72V以内

105. 触电人员（　　）情况下才做人工呼吸。
A. 有心跳　　B. 体温过低　　C. 无心跳　　D. 瞳孔放大

106. 当发现有人触电时，使其摆脱触电的是（　　）。
A. 使用任意材质的长棒使触电人员摆脱触电
B. 用衣服包裹手臂后对触电人员进行救援
C. 关闭电闸，使用绝缘棒或干燥木棍进行救援
D. 由于鞋底为胶质，可用脚掌推开触电人员使其摆脱

107. 当有人被电伤后，施救措施是（　　）。
A. 立刻拨打120
B. 对其进行人工呼吸
C. 对其进行心肺复苏
D. 以上都对

108. 心肺复苏按压的频率是一分钟（　　）。
A. 50次　　B. 70次　　C. 90次　　D. 100次以上

109. 以电压来衡量电路的危险情况，应以（　　）来衡量。
A. 平均电压值　　B. 最低电压值　　C. 峰值电压　　D. 工作电压值

110. 以下描述是单相触电的是（　　）。
A. 当人站在地面上或其他接地体上，人体的某一部位触及一相带电体

B. 人体两处同时触及同一电源的两相带电体
C. 当带电体接地时有电流向大地流散，在以接地点为圆心，半径20m的圆面积内形成分布电位
D. 人触及带有感应电压的设备

111. 以下关于绝缘手套描述正确的是（　　）。
　　A. 防电、防水　　　B. 防化、防油　　　C. 耐酸碱　　　D. 以上都对

112. 下列关于绝缘鞋描述正确的是（　　）。
　　A. 绝缘鞋就是普通的橡胶鞋　　　　　　B. 普通的车间用劳保鞋也可当绝缘鞋使用
　　C. 不同型号的绝缘鞋绝缘等级不同　　　D. 绝缘鞋的大小规格都是统一的

113. 下列不属于绝缘工具的是（　　）。
　　A. 万用表　　　B. 绝缘套筒　　　C. 绝缘钳　　　D. 绝缘电笔

114. 绝缘手套的耐压等级有（　　）种。
　　A. 1　　　B. 2　　　C. 3　　　D. 4

115. 护目镜的作用是（　　）。
　　A. 防风　　　B. 遮光　　　C. 美观　　　D. 免遭电短路伤害

116. 绝缘手套在不使用时，每隔（　　）进行一次定期检查。
　　A. 3个月　　　B. 6个月　　　C. 9个月　　　D. 12个月

117. 在维修车辆高压部件时，除了对维修区域进行隔离，还应放置（　　）。
　　A. 雪糕筒　　　B. 警告标识或警告牌　　　C. 防滑警示　　　D. 禁止进入警示

118. 电动汽车发生侧翻，应该先（　　）。
　　A. 检测车是否能启动　　　　　B. 看车内情况
　　C. 固定　　　　　　　　　　　D. 扶正

119. 单手作业原则是指（　　）。
A. 无论执行任何操作都只用一只手
B. 接触低压器件时使用单手操作，避免损坏
C. 接触高压部件时，尽量使用单手进行操作，可有效防止回路形成，造成伤害
D. 在为佩带任何防护工具，对高压部分进行操作时，未避免危险，应尽量使用单手操作

120. 电动汽车生产操作中为什么要求双人作业，正确的是（　　）。
　　A. 方便　　　B. 有利操作　　　C. 力量大　　　D. 便于救援

121. 正确的电动汽车拖车方法是（　　）。
　　A. 四轮着地　　　B. 前轮着地　　　C. 后轮着地　　　D. 四轮托起

122. 拖运受损电动汽车时应该（　　）。
　　A. 把窗降一半　　　B. 释放胎压　　　C. 专人看着车　　　D. 数据监控

123. 电动汽车洗车时不能用（　　）。
　　A. 布擦洗　　　B. 泡沫水洗　　　C. 高压水枪冲洗　　　D. 水枪清洗

124. 电动汽车在钣金喷漆时应该（　　）。
　　A. 拆下方向盘　　　B. 拆下电池　　　C. 拆下轮胎　　　D. 拆下控制器

125. 电动汽车举升时最不能顶到（　　）。
　　A. 电池　　　B. 纵梁　　　C. 底板　　　D. 机脚

126. 维修元器件前应该做（　　）。
　　A. 绝缘电阻检测　　　B. 接地电阻检测　　　C. 静默电压检测　　　D. 残余电压检测

127. 当不知道拔哪个保险丝下电时可以（　　）。

A. 随便拔掉一个　　　　B. 拔掉一半保险丝　　　　C. 拔掉所有保险丝　　　　D. 换上电阻大的保险丝

128. 以下不是下电方法的是（　　）。
A. 拔出车钥匙（或关闭点火开关）　　　　B. 断开低压控制线路主继电器或保险丝
C. 断开高压维修开关　　　　D. 关掉电动汽车电器

129. 若发现车辆存在漏电情况，应进行（　　）。
A. 接地电阻检测　　　B. 绝缘电阻检测　　　C. 静默电流检测　　　D. 静默电压检测

130. 若要对元器件进行检测，并且不确定器件是否仍带有电荷，应进行（　　）。
A. 绝缘电阻检测　　　　　　　　　　B. 残余电压检测
C. 用铁棒接触器件正负极　　　　　　D. 静默电流检测

131. 若怀疑电动汽车绝缘存在异常，应进行以下检查的是（　　）。
A. 残余电压检测　　　B. 绝缘电阻检测　　　C. 接地电阻检测　　　D. 静默电流检测

132. 用于车身漏电的检测装置是（　　）。
A. 温度计　　　　　B. 万用表　　　　　C. 噪声仪　　　　　D. 摇表

133. 电动汽车发生严重火势时，应第一时间（　　）。
A. 用灭火器控制火势
B. 联系火警
C. 第一时间逃离车辆前往下风处远离车辆
D. 第一时间逃离车辆前往上风处远离车辆

134. 动力电池漏电检测判定不漏电的标准是：等于或高于（　　）被认为是不漏电。
A. 100Ω/V　　　　B. 500Ω/V　　　　C. 1000Ω/V　　　　D. 2000Ω/V

135. 某电池充满电后放电电量为60Ah，已知其额定容量为100Ah，则此刻该电池的SOC是（　　）。
A. 40%　　　　　B. 80%　　　　　C. 60%　　　　　D. 25%

136. 在高速路上，驾驶员应该在来车方向（　　）m以外设置警示牌。
A. 20　　　　　　B. 50　　　　　　C. 80　　　　　　D. 150

137. 一般的道路上，驾驶员应该在来车方向（　　）m以外设置警示牌。
A. 20　　　　　　B. 50　　　　　　C. 80　　　　　　D. 100

138. 在制定安全防范措施时，（　　）是优先的。
A. 安全防护　　　B. 设备安全　　　C. 电磁辐射　　　D. 人身安全

139. （　　）不属于常见的触电形式。
A. 地线触电　　　B. 两相触电　　　C. 跨步电压触电　　　D. 感应电压触电

140. 从人体（　　）是最危险的电流路径。
A. 手到手　　　　B. 手到脚　　　　C. 脚到脚　　　　D. 左手到胸部

141. 电流通过头部可使人昏迷，通过（　　）可能导致瘫痪。
A. 脊髓　　　　　B. 心脏　　　　　C. 呼吸系统　　　　D. 手

142. 一般认为频率（　　）Hz的交流电对人最危险。
A. 20~40　　　　B. 40~60　　　　C. 60~80　　　　D. 80~100

143. 为保证电气检修工作的安全，判断设备有无带电应（　　）。
A. 以设备已断开的信号为设备有无带电的依据
B. 以设备电压表有无指示为依据
C. 以设备指示灯为依据，绿灯表示设备未带电

D. 通过验电来确定设备有无带电

144. 以下绝缘安全用具中属于辅助安全用具的是（　　）。
A. 绝缘手套　　　　B. 验电器　　　　C. 绝缘夹钳　　　　D. 绝缘棒

145. 带电灭火时，不能选用（　　）来灭火。
A. 1211灭火器　　B. 二氧化碳灭火器　　C. 水　　　　D. 干粉灭火器

146. 下列不属于电击电气事故后果的是（　　）。
A. 化学效应　　　　B. 热效应　　　　C. 电击效应　　　　D. 辐射效应

147. 电击电气事故发生后，如果事故受害者没有反应，不应采取的急救措施的是（　　）。
A. 搬动事故受害者　　　　　　　　　B. 确定受害者是否有生命迹象
C. 呼叫急救医生　　　　　　　　　　D. 进行人工呼吸

148. 下列不属于蓄电池事故的急救措施是（　　）。
A. 如果发生皮肤接触用纸巾擦拭
B. 如果吸入了气体，必须马上呼吸大量新鲜空气
C. 如果接触到眼睛，用大量清水冲洗
D. 寻求医疗救助

149. 安全技术防范系统独立接地时对地电阻值应不大于（　　）。
A. 1Ω　　　　B. 2Ω　　　　C. 3Ω　　　　D. 4Ω

150. 安全技术防范最高防别是（　　）。
A. 一级　　　　B. 二级　　　　C. 三级　　　　D. 四级

151. （　　）指直接危及设备安全运行，随时可能导致事故发生或危及人身安全的缺陷。
A. 一般缺陷　　　　B. 严重缺陷　　　　C. 危急缺陷　　　　D. 超级缺陷

152. 具备纯电动、混合动力对应车型维修资质的作业人员，一般不操作以下内容的是（　　）。
A. 常规保养作业　　　　　　　　　　B. 非高压部分检测、维修
C. 高压回路检测、维修　　　　　　　D. 高压电池单体检测、维修

153. 高压元件不包括的元件是（　　）。
A. 霍尔元件　　　　B. 动力电池　　　　C. 高压配电箱　　　　D. 驱动电机控制器总成

154. 以下不属于个人安全防护用品的是（　　）。
A. 绝缘鞋　　　　B. 绝缘手套　　　　C. 防护眼镜　　　　D. 护腿板

155. 从防护角度来看，以下不属于充电桩必须要具备的保护是（　　）。
A. 过欠压保护　　　　B. 电磁辐射保护　　　　C. 防雷保护　　　　D. 漏电保护

156. 安全带是（　　）。
A. 主动安全　　　　B. 被动安全　　　　C. 综合安全　　　　D. 法规安全

157. （　　）是中国的技术安全法规体系。
A. FMVSS　　　　B. ECE/EEC　　　　C. JIS/JASO　　　　D. GB

158. （　　）是美国的技术安全法规体系。
A. FMVSS　　　　B. ECE/EEC　　　　C. JIS/JASO　　　　D. GB

159. 发现有人触电时，首先应立即切断电源，使触电者脱离电源并进行急救，如触电者处于高处，还要有（　　）措施，以免造成二次伤害。
A. 防滑　　　　B. 防坠落　　　　C. 防碰伤　　　　D. 防窒息

160. 三相对称交流电相互之间相差（　　）。
A. 60°　　　　B. 90°　　　　C. 120°　　　　D. 150°

161. 电力电子器件主要工作在（　　）状态。
A. 放大　　　　　B. 饱和　　　　　C. 开关　　　　　D. 截止

162. 双向晶闸管有（　　）种触发方式。
A. 1　　　　　　B. 2　　　　　　C. 3　　　　　　D. 4

163. 双向晶闸管额定电流以通过电流的（　　）来定义。
A. 平均值　　　　B. 有效值　　　　C. 最大值　　　　D. 瞬时值

164. 高频电路中常用（　　）晶闸管。
A. 光控型　　　　B. 快速型　　　　C. 逆导型　　　　D. 普通型

165. 主要作短路保护的器件是（　　）。
A. 过电流继电器　B. 电子保护电路　C. 快速熔断器　　D. 直流快速开关

166. 全控型器件一般采用（　　）作过电流保护。
A. 过电流继电器　B. 电子保护电路　C. 快速熔断器　　D. 直流快速开关

167. 经直流斩波电路变换后的输出电压会（　　）。
A. 升高　　　　　B. 降低　　　　　C. 不变　　　　　D. 不一定

168. 电压源采用（　　）滤波。
A. 大电感　　　　B. 大电容　　　　C. RL 型　　　　D. π 型

169. 电流源采用（　　）滤波。
A. 大电感　　　　B. 大电容　　　　C. RL 型　　　　D. π 型

170. 三相桥式逆变电路输出电压或电流波形是（　　）。
A. 方波　　　　　B. 正弦波　　　　C. 锯齿波　　　　D. 阶梯波

171. 无换向器电动机即（　　）。
A. 交流异步电动机　B. 交流同步电动机　C. 直流异步电动机　D. 直流同步电动机

172. 无换向器电动机一般采用（　　）。
A. 晶闸管　　　　B. 电力晶体管　　C. 二极管　　　　D. 场效应管

173. 直接变频器常用在（　　）场合。
A. 低电压大电流　B. 高电压大电流　C. 低电压小电流　D. 高电压小电流

174. 三相桥结构的三相交-交变频器需要（　　）个晶闸管。
A. 6　　　　　　B. 18　　　　　　C. 24　　　　　　D. 36

175. 软开关的实现一般都使用（　　）原理。
A. 电磁感应　　　B. 互感　　　　　C. 谐振　　　　　D. 移相

176. 整流变压器副边同名端相反的两组Y接绕组输出电压在相位上误差（　　）。
A. 60°　　　　　B. 90°　　　　　C. 120°　　　　　D. 180°

177. 三相半波双反星形连接整流器电路就是（　　）半波整流器。
A. 单相　　　　　B. 两相　　　　　C. 三相　　　　　D. 六相

178. 根据变压器移相原理，有三组、四组整流器并联可以得到（　　）的整流效果。
A. 6 相 8 相　　　B. 9 相 12 相　　C. 12 相 16 相　　D. 18 相 24 相

179. 整流电路的串联可用较（　　）电压等级的整流器得到较（　　）电压的输出。
A. 低　低　　　　B. 高　低　　　　C. 高　高　　　　D. 低　高

180. 如果同时使用整流器的（　　），则可以用相对较低电压和电流的整流器组合得到大功率高电压大电流的整流装置。
A. 串联　　　　　B. 并联　　　　　C. 混联　　　　　D. 关联

181. 现代开关电源使用（　　）技术。
A. 电磁变换　　　　　B. 高频变换　　　　　C. 低频变换　　　　　D. 阻抗变换

182. 一般工业负载大多是（　　）负载。
A. 电阻性　　　　　　B. 电容性　　　　　　C. 电感性　　　　　　D. 阻容性

183. 以下是逆变器的是（　　）。
A. DC/DC　　　　　　B. DC/AC　　　　　　C. AC/AC　　　　　　D. AC/DC

184. 以下是整流器的是（　　）。
A. DC/DC　　　　　　B. DC/AC　　　　　　C. AC/AC　　　　　　D. AC/DC

185. 开关电源是一种新型的（　　）。
A. 直流电源　　　　　B. 交流电源　　　　　C. 交直流电源　　　　D. 不间断电源

186. 现使用和研究最多的逆变器是（　　）逆变器。
A. PWM 控制　　　　 B. 相位控制　　　　　C. 120°导通型　　　　D. 180°导通型

187. 晶闸管（　　）个 PN 结。
A. 1　　　　　　　　B. 2　　　　　　　　 C. 3　　　　　　　　 D. 4

188. 以下常用做过电压保护的是（　　）。
A. 熔断器　　　　　　B. 阻容吸收装置　　　C. 电子保护电路　　　D. 直流快速开关

189. 英文小写字母表示电流、电压的（　　）。
A. 有效值　　　　　　B. 平均值　　　　　　C. 瞬时值　　　　　　D. 最大值

190. 晶闸管两端并联一个 RC 电路的作用是（　　）。
A. 分流　　　　　　　B. 降压　　　　　　　C. 过电压保护　　　　D. 过电流保护

191. 晶闸管变流器接直流电动机的拖动系统中，当电动机在轻载状况下，电枢电流较小时，变流器输出电流是（　　）的。
A. 连续　　　　　　　B. 断续　　　　　　　C. 不变

192. 脉冲变压器传递的是（　　）电压。
A. 直流　　　　　　　B. 正弦波　　　　　　C. 脉冲波

193. 普通晶闸管的通态电流（额定电流）是用电流的（　　）来表示的。
A. 有效值　　　　　　B. 最大赛值　　　　　C. 平均值

194. 普通的单相半控桥可整流装置中一共用了（　　）晶闸管。
A. 一只　　　　　　　B. 二只　　　　　　　C. 三只　　　　　　　D. 四只

195. 三相全控桥整流装置中一共用了（　　）晶闸管。
A. 三只　　　　　　　B. 六只　　　　　　　C. 九只

196. 双向晶闸管是用于交流电路中的，其外部有（　　）电极。
A. 一个　　　　　　　B. 两个　　　　　　　C. 三个　　　　　　　D. 四个

197. 若可控整流电路的功率大于 4kW，宜采用（　　）整流电路。
A. 单相半波可控　　　B. 单相全波可控　　　C. 三相可控

198. 三相可控整流与单相可控整流相比较，输出直流电压的波纹系数（　　）。
A. 三相的大　　　　　B. 单相的大　　　　　C. 一样大

199. 下列不可以实现逆变的电路是（　　）式晶闸管电路。
A. 单相全波　　　　　B. 三相半控桥　　　　C. 三相全控桥

200. 变流器必须工作在 a（　　）区域，才能进行逆变。
A. >90°　　　　　　　B. >0°　　　　　　　 C. <90°　　　　　　　D. =0°

201. 为了保证逆变能正常工作,变流器的逆变角不得小于( )。
A. 5° B. 15° C. 20° D. 30°

202. 下面功能不属于变流的功能的是( )
A. 有源逆变 B. 交流调压 C. 变压器降压 D. 直流斩波

203. ( )将负载与交流电源接通几个整周波,再断开几个整周波,通过改变接通周波数与断开周波数的比值来调节负载所消耗的平均功率。
A. 交流电力电子开关 B. 交流调功电路
C. 单相交流调压电路 D. 三相交流调压电路

204. 硅材料电力二极管正向压降为( )
A. 0.3V B. 0.7V C. 1V D. 1.5V

205. 锗材料电力二极管正向压降为( )
A. 0.3V B. 0.7V C. 1V D. 1.5V

206. 研究电力电子电路的重要方法是( )。
A. 电阻法 B. 电流法 C. 电压法 D. 波形分析法

207. 三相逆变电路中相邻序号开关导通间隔为( )。
A. 30° B. 60° C. 90° D. 120

208. 以下( )属于不控型器件。
A. 晶闸管 B. 三极管 C. 二极管 D. 场效应管

209. 工频交流电是指频率为( )的交流电源。
A. 50Hz B. 60Hz C. 90Hz D. 120Hz

210. 半导体器件的最高结温一般限制在( )。
A. 30°~50° B. 50°~100° C. 100°~150° D. 150°~200°

211. 晶闸管额定电压是其在电路中可能承受最高电压的( )倍。
A. 1~2 B. 2~3 C. 3~4 D. 4~5

212. 晶闸管额定电流是在通态电流平均值的基础上增加( )倍
A. 1~1.5 B. 1.5~2 C. 2~2.5 D. 2.5~3

213. 发展最快最有前景的电力电子器件是( )器件。
A. 不控型 B. 半控型 C. 可控性 D. 全控型

214. 电力场效应晶体管中主要类型是( )。
A. P沟道增强型 B. N沟道增强型 C. P沟道耗尽型 D. N沟道耗尽型

215. 以下属于电阻性负载的是( )。
A. 白炽灯 B. 蓄电池 C. 电动机励磁绕组 D. 电磁铁

216. 电力电子器件的通态损耗与器件的通态( )有关。
A. 电压 B. 电流 C. 电阻 D. 电感

217. 功率因数λ为( )时电力系统发送功率的利用率最高。
A. 0>λ>-1 B. 1 C. 0<λ<1 D. 0.9

218. 在放大电路中,场效应晶体管应工作在漏极特性的( )。
A. 可变电阻区 B. 截止区 C. 饱和区 D. 击穿区

219. 场效应管三个电极中,用D表示的电极称为( )。
A. 栅极 B. 源极 C. 基极 D. 漏极

220. 单相半波全控整流纯电阻负载电路中,导通角为( )时整流电压最高。

A. 0°　　　　　　　　B. 60°　　　　　　　　C. 120°　　　　　　　　D. 180°

221. 单相半波全控整流纯电阻负载电路中，导通角为（　　）时负载电阻电流为零。

A. 0°　　　　　　　　B. 60°　　　　　　　　C. 120°　　　　　　　　D. 180°

222. 单相桥式整流电路两次脉冲间隔为（　　）。

A. 120°　　　　　　　B. 150°　　　　　　　C. 180°　　　　　　　D. 270

223. 单相桥式全控整流纯电阻负载电路中，晶闸管承受的最高正向电压为（　　）。

A. 1/2U2　　　　　　B. 2/2U2　　　　　　C. 22U2　　　　　　　D. 2U2

224. 单相桥式全控整流电路输出的直流平均电压是单相半波整流的（　　）倍。

A. 1　　　　　　　　B. 2　　　　　　　　C. 3　　　　　　　　D. 4

225. 三相可控整流电路常使用（　　）型连接的三相变压器。

A. △/Y　　　　　　　B. Y/△　　　　　　　C. △/△　　　　　　　D. Y/Y

226. 三相桥式可控整流电路的自然换流点是相电压过零后的（　　）位置上。

A. 15°　　　　　　　B. 30°　　　　　　　C. 45°　　　　　　　D. 60°

227. 电阻串联电路的总电阻为各电阻（　　）。

A. 倒数之和　　　　　B. 之和　　　　　　　C. 之积　　　　　　　D. 之差

228. 在串联电路中，流过各电阻的电流（　　）。

A. 相同　　　　　　　B. 不同　　　　　　　C. 由电阻值决定　　　D. 无法确定

229. 电池中的 NTC 电阻是（　　）。

A. 负温度系数热敏电阻　　　　　　　　　　B. 正温度系数热敏电阻

C. 普通碳膜电阻　　　　　　　　　　　　　D. 线绕电阻

230. 电池电量单位用（　　）表示。

A. C　　　　　　　　B. Ah　　　　　　　　C. mA　　　　　　　　D. A

231. 电池的能量通常用（　　）表示。

A. A·h　　　　　　　B. W·h　　　　　　　C. V·A　　　　　　　D. N·m

232. 以下电池中发展历史最久的是（　　）。

A. 锂电池　　　　　　B. 铅酸电池　　　　　C. 镍镉电池　　　　　D. 燃料电池

233. 相比铅酸蓄电池，碱性电池的比能量（　　）。

A. 更高　　　　　　　B. 更低　　　　　　　C. 相同　　　　　　　D. 不确定

234. （　　）是取代镍镉电池的理想碱性电池产品。

A. 镍铁电池　　　　　B. 锂离子电池　　　　C. 镍氢电池　　　　　D. 铅酸电池

235. 以下是评价动力电池能否满足电动汽车应用所需的重要指标是（　　）。

A. 能量　　　　　　　B. 比能量　　　　　　C. 功率　　　　　　　D. 比功率

236. 以下是评价电池及电池组是否满足电动汽车加速和爬坡能力的重要指标是（　　）。

A. 能量　　　　　　　B. 比能量　　　　　　C. 功率　　　　　　　D. 比功率

237. 以下属于中倍率放电的是（　　）。

A. 0.1C　　　　　　　B. 2C　　　　　　　　C. 4C　　　　　　　　D. 6C

238. 以下属于高倍率放电的是（　　）。

A. 0.1C　　　　　　　B. 1C　　　　　　　　C. 2C　　　　　　　　D. 4C

239. 电池可接受电流的能力随着充电过程的进行逐渐（　　）。

A. 升高　　　　　　　B. 降低　　　　　　　C. 不变　　　　　　　D. 不确定

240. 充电后期，充电电流多用于（　　）此时电能不能有效转化为化学能。

A. 电解水　　　　　　B. 补充能量　　　　　C. 提高电压　　　　　D. 增大容量

241. 锂离子电池正极材料应用最广泛的是（　　）。

A. 钴酸锂　　　　　　B. 氧化锂　　　　　　C. 尖晶石锰酸锂　　　D. 橄榄石磷酸铁锂

242. 电池外表应标明安全警告不包含（　　）。

A. 仅可使用专用充电器　　　　　　　　　B. 不可靠近火源
C. 严禁短路　　　　　　　　　　　　　　D. 不可在户外使用

243. 电池活性物质的活性随着充电次数的增加会（　　）。

A. 降低　　　　　　　B. 增强　　　　　　　C. 不变　　　　　　　D. 未知

244. 以下设备不属于充放电性能测试设备的为（　　）。

A. 热成像仪　　　　　B. 内阻测试仪　　　　C. 温度冲击试验箱　　D. 充放电机

245. 逆变电路是通过开关器件将（　　）。

A. 直流变压　　　　　B. 交流变压　　　　　C. 交流变直流　　　　D. 直流变交流

246. 铅酸电池正极板活性物质是（　　）。

A. Pb　　　　　　　　B. PbO_2　　　　　　C. H_2SO_4　　　　　D. $PbSO_4$

247. 锂离子电池标称电压一般为（　　）。

A. 3.6V　　　　　　　B. 3.7V　　　　　　　C. 4.2V　　　　　　　D. 4.35V

248. 通过调整充电装置输出电压使充电电流强度保持不变的是（　　）。

A. 恒压充电　　　　　B. 恒流充电　　　　　C. 脉冲充电　　　　　D. 间歇充电

249. 以下电池中不作为电动汽车动力电池的是（　　）。

A. 铅酸电池　　　　　B. 锂离子电池　　　　C. 镍氢电池　　　　　D. 锌银电池

250. 以下电池不属于碱性电池的是（　　）。

A. 镍镉电池　　　　　B. 锂离子电池　　　　C. 镍氢电池　　　　　D. 碱锰电池

251. 以下电池中属于中性电池的是（　　）。

A. 锌锰干电池　　　　B. 镍氢电池　　　　　C. 铅酸电池　　　　　D. 锂离子电池

252. 以下电池属于原电池的是（　　）。

A. 镍镉电池　　　　　B. 燃料电池　　　　　C. 海水激活电池　　　D. 锌锰干电池

253. 以下关于电池的概念中，属于构成电池的最基本单元的是（　　）。

A. 电池　　　　　　　B. 电池单体　　　　　C. 电池包　　　　　　D. 电池系统

254. 随着电池的放电，电池电解液中的硫酸逐渐（　　），水分增加，导致电解液的比重下降。

A. 增多　　　　　　　B. 减少　　　　　　　C. 不变　　　　　　　D. 不确定

255. 随着电池的充电，电池电解液中的硫酸逐渐增多，水分减少，导致电解液的比重（　　）。

A. 下降　　　　　　　B. 上升　　　　　　　C. 不变　　　　　　　D. 不确定

256. 铅酸电池单体的电动势为（　　）。

A. 3.6V　　　　　　　B. 12V　　　　　　　C. 2V　　　　　　　　D. 3.2V

257. 以下电池比能量最低的是（　　）。

A. 铅酸电池　　　　　B. 镍氢电池　　　　　C. 锂离子电池　　　　D. 镍镉电池

258. 世界第一辆以电池为动力的电动汽车是由（　　）打造的。

A. 戴姆勒　　　　　　B. 安德森　　　　　　C. 加斯东　　　　　　D. 凯特林

259. 电动汽车的能量来源是（　　）。

A. 发动机　　　　　　B. 起动机　　　　　　C. 发电机　　　　　　D. 蓄电池

260. 电池的电动势用（　　）表示。

A. E　　　　　　　　B. U　　　　　　　　C. C　　　　　　　　D. V

261. 电池容量以符号（　　）表示。

A. E　　　　　　　　B. U　　　　　　　　C. C　　　　　　　　D. V

262. （　　）也称公称电压或标称电压，是指在规定条件下电池工作的标准电压。

A. 开路电压　　　　B. 额定电压　　　　C. 工作电压　　　　D. 放电电压

263. 为保证正负极活性物质不直接接触而短路，需要在正负极之间设置（　　）。

A. 电解质　　　　　B. 隔膜　　　　　　C. 极板　　　　　　D. 外壳

264. 电池单体化学反应的基本原理是（　　）。

A. 法拉第原理　　　B. 牛顿原理　　　　C. 洛伦兹原理　　　D. 丹尼尔原理

265. 以下关于电池概念中，属于构成电池组的最基本单元的是的（　　）。

A. 电池单体　　　　B. 电池组　　　　　C. 电池模块　　　　D. 电池系统

266. （　　）是指化学电源正负极在电化学反应进行时由于极化所引起的内阻。

A. 欧姆内阻　　　　B. 极化内阻　　　　C. 接触内阻　　　　D. 化学内阻

267. 电池的荷电状态用（　　）表示。

A. DOD　　　　　　B. SOF　　　　　　C. DTC　　　　　　D. SOC

268. 放电电流越大，电池电极极化（　　）。

A. 越大　　　　　　B. 越小　　　　　　C. 相等　　　　　　D. 不确定

269. 在马斯最佳充电曲线中，初始充电电流很大，但是衰减很快，其原因是（　　）。

A. 产生极化　　　　B. 内阻变大　　　　C. 温度增高　　　　D. 反电动势

270. 铅酸电池正极板材料是（　　）。

A. 铅　　　　　　　B. 二氧化铅　　　　C. 硫酸铅　　　　　D. 硫酸

271. 铅酸电池电解液的成分是（　　）。

A. 硫酸　　　　　　B. 水　　　　　　　C. 硫酸溶液　　　　D. 硫酸铅溶液

272. 铅酸电池在放电过程中电解液的密度（　　）。

A. 增大　　　　　　B. 减小　　　　　　C. 不变　　　　　　D. 不确定

273. （　　）被称为电池的"第三电极"。

A. 电解　　　　　　B. 正极　　　　　　C. 负极　　　　　　D. 隔板

274. 铅酸电池放电深度越小，恒流充电时间就（　　）。

A. 越长　　　　　　B. 越短　　　　　　C. 不变　　　　　　D. 不确定

275. 碱性蓄电池是以（　　）等碱性水溶液为电解液的电池。

A. KOH　　　　　　B. H_2SO_4　　　　C. HCl　　　　　　D. K_2SO_4

276. 目前商品化程度最高的混合动力汽车是（　　）。

A. 本田 CIVIC　　　B. 丰田 PRIUS　　　C. 比亚迪 E6　　　D. 通用 SPRINGO

277. 某时刻电池剩余容量为60Ah，已知其额定容量为80Ah，则此刻该电池的SOC是（　　）。

A. 60%　　　　　　B. 80%　　　　　　C. 75%　　　　　　D. 25%

278. 某电池充满电后消耗容量60Ah，已知其额定容量为80Ah，则此刻该电池的DOD是（　　）。

A. 60%　　　　　　B. 40%　　　　　　C. 75%　　　　　　D. 25%

279. 已知电池内阻是0.5Ω，外电路是纯电阻电路，阻值为4.5Ω，电池电动势为12V，则电路中的电流是（　　）。

A. 24A　　　　　　B. 2.67A　　　　　　C. 2.4A　　　　　　D. 3A

280. 某蓄电池电压为12V，采用4个一组并联连接，外接10Ω纯电阻负载则电路中的电流为

(   )。

    A. 0.3A   B. 4.8A   C. 1.2A   D. 3A

281. 蓄电池的（   ）即为蓄电池的内阻。

    A. 容量   B. 电量   C. 阻抗   D. 电阻

282. 常用电池中适合作为动力电池的是（   ）。

    A. 干电池   B. 蓄电池   C. 微型电池   D. 核电池

283. 额定电压也称（   ），指的是规定条件下电池工作的标准电压。

    A. 电动势   B. 工作电压   C. 标称电压   D. 开路电压

284. 下车后关闭车门，关闭（   ）开关。

    A. 高压控制   B. 副压控制   C. 低压控制

285. 比能量和功率是我们选择电池的重要依据，下列电池在这方面具有极强的竞争力的是（   ）。

    A. 铅酸蓄电池   B. 镍氢蓄电池   C. 干电池   D. 锂离子电池

286. 不是电动汽车车用电池的主要性能指标是（   ）。

    A. 电压   B. 内阻   C. 容量和比容量   D. 流量

287. 动力电池组的总电压可以达到（   ）。

    A. 36~88V   B. 420~500V   C. 90~400V   D. 12~35V

288. 动力电池组的英文表示为（   ）。

    A. PACK   B. BATTERY   C. ELECTRIC   D. CAR

289. 下列不属于电池故障级别信息的是（   ）。

    A. 尽快维修   B. 立即维修   C. 电池报废   D. 电池寿命

290. 下列不属于电池成组后出现的问题的是（   ）。

    A. 过充/过放   B. 温度过高   C. 短路或漏电   D. 充电过慢

291. 根据储能机理不同，再生制动能量回收系统回收能量的方法也不同，下列不属于这三种储能方式的是（   ）。

    A. 飞轮储能   B. 液压储能   C. 电化学储能   D. 电子储能

292. 汽车在城市中行驶，制动能量占总驱动能量的比重是（   ）。

    A. 50%   B. 70%   C. 30%   D. 20%

293. 具有再生制动能量回收系统的电动汽车，一次充电续航里程可以增加（   ）。

    A. 5%~15%   B. 10%~30%   C. 30%~40%   D. 40%~50%

294. 纯电动汽车电机的能量直接来源是（   ）。

    A. 发动机   B. 起动机   C. 发电机   D. 蓄电池

295. 电动汽车的核心是（   ），也是区别于内燃机汽车的最大不同点。

    A. 电力驱动及控制系统   B. 驱动力传动

    C. 驱动电动机   D. 电源和电动机的调速控制装置

296. 某混合动力汽车以 25m/s 车速匀速行驶 30min，再生制动时，超级电容器组得到 960kJ 的能量。当超级电容器组得到的所有能量都用于驱动汽车作 30min 的匀速行驶时，其提供的功率为（   ）。

    A. 233.33W   B. 333.33W   C. 433.33W   D. 533.33W

297. 车辆充电时，为了避免对充电设备造成破坏，下列错误的是（   ）。

    A. 不要用力拉或者扭转充电电缆

    B. 不要使充电设备承受撞击

    C. 可以在充电插座塑料扣盖打开的状态下关闭充电口盖板

D. 可以使充电设备远离加热器或者其他热源的地方

298. (　　) 不是电池管理系统主要的功用。

A. 电池包电量计算　　　　　　　　　　B. 电池温度、电压、湿度检测

C. 自行充电　　　　　　　　　　　　　D. 充放电控制、预充控制

299. 电池的体积越大,其能量 (　　)。

A. 越大　　　　B. 越小　　　　C. 固定不变　　　　D. 不确定

300. 对纯电动新能源汽车而言,蓄电池的体积比能量影响的因素是 (　　)。

A. 整车质量　　　B. 续驶里程　　　C. 最大速度　　　D. 电池布置

301. 镍镉电池被镍氢电池取代的主要原因是 (　　)。

A. 性能不如后者　　B. 环保性差　　C. 成本过高　　D. 安全性低

302. (　　) 参数是BMS (电池管理系统) 中用来监测动力电池剩余电量的。

A. SOC　　　　B. SOP　　　　C. SOH　　　　D. DOD

303. (　　) 参数是BMS (电池管理系统) 中用来反映动力电池健康状态的。

A. SOC　　　　B. SOP　　　　C. SOH　　　　D. DOD

304. 为确保电池组的使用安全,常使用电池组中性能 (　　) 的电池单体的SOC来定义电池组的SOC。

A. 最好　　　　B. 最差　　　　C. 平均水平　　　　D. 任一

305. 电池中的NTC电阻是 (　　)。

A. 负温度系数热敏电阻　　　　　　　　B. 正温度系数热敏电阻

C. 普通碳膜电阻　　　　　　　　　　　D. 线绕电阻

306. 电池开路电压与 (　　) 因素无关。

A. 电池正负极材料活性　　　　　　　　B. 电解质

C. 温度条件　　　　　　　　　　　　　D. 电池几何结构与尺寸

307. 动力电池主要是由 (　　) 四部分组成。

A. 动力电池模组、电池管理系统、动力电池箱、辅助元器件

B. 动力电池模块、DC-DC、车载充电机、其他

C. 电池管理系统、电池单体、电池模块、高压电线

D. 高压控制盒、车载充电机、电池单体、DC-DC

308. 动力电池系统由动力电池模组、(　　)、动力电池箱及辅助元器件等四部分组成。

A. 电池管理系统　　B. 电池输入系统　　C. 电池输出系统　　D. 高压保险系统

309. 以下电池中有毒且具有记忆效应的是 (　　)。

A. 镍氢电池　　　B. 锂离子电池　　　C. 镍镉电池　　　D. 铅酸电池

310. 以下电池中不属于碱性电池的是 (　　)。

A. 镍镉电池　　　B. 锂离子电池　　　C. 镍氢电池　　　D. 碱锰电池

311. 以下电池中循环寿命可以达到1000次以上的是 (　　)。

A. 钠硫电池　　　B. 锂电池　　　C. 镍镉电池　　　D. 铅酸电池

312. 铅酸电池单体的额定电压为 (　　)。

A. 3.6V　　　　B. 12V　　　　C. 2V　　　　D. 3.2V

313. 以下电池材料元素中属于国际抗癌联盟认定的致癌物质是 (　　)。

A. 镍　　　　B. 锂　　　　C. 镉　　　　D. 铁

314. 动力电池系统磷酸铁锂的单体电压为 (　　),工作电压范围为2.7~3.7V。

A. 3.1V　　　　B. 3.2V　　　　C. 3.5V　　　　D. 3.7V

315. 当动力电池组具有较高的电量且动力电池组输出功率满足整车行驶功率需求时，串联混合动力电动汽车以（　　）模式工作，此时发动机——发电机组处于关机状态。
A. 再生制动充电　　B. 纯电池组驱动　　C. 混合动力驱动　　D. 混合补充充电

316. 以下电池中属于二次电池的是（　　）。
A. 锂原电池　　B. 镁－氯化银电池　　C. 镍氢电池　　D. 氢氧燃料电池

317. 随着充电循环次数的增加，二次电池的容量将会（　　）。
A. 不变　　B. 增加　　C. 减小　　D. 不确定

318. 当电动汽车动力电池电量接近（　　）时，车辆将限速9km/h。
A. 30%　　B. 20%　　C. 10%　　D. 15%

319. 当车辆电池电量接近10%时，车辆将限速（　　）。
A. 9km/h　　B. 15km/h　　C. 30km/h　　D. 60km/h

320. 电动汽车为了满足动力电池浅充浅放，当电池电量接近（　　）时，请立刻充电。
A. 10%　　B. 30%　　C. 50%　　D. 60%

321. 在纯电动汽车中整车控制器的供电电压一般为（　　）V。
A. 10　　B. 5　　C. 12　　D. 24

322. 高压3kV、6kV电机的定子绕组端部各部位的最小对地绝缘距离，对于A.E级复合式绝缘一般为（　　）mm。
A. 40.15　　B. 35.25　　C. 45.20　　D. 35.15

323. 动力电池绝缘检查时，用额定电压为1000V的绝缘表测试总正、总负继电器对地电阻应不小于（　　）。
A. 200MΩ　　B. 300MΩ　　C. 500MΩ　　D. 1000MΩ

324. 对纯电动汽车而言，动力电池绝缘阻值需要大于（　　）兆欧。
A. 60　　B. 120　　C. 250　　D. 500

325. 动力电池的预充电电阻主要作用是（　　）。
A. 限流　　B. 限压　　C. 导流　　D. 以上都不对

326. 铅酸蓄电池单体工作电压为（　　）
A. 12V　　B. 2V　　C. 1.2V

327. 以下属于低倍率放电的是（　　）。
A. 0.1C　　B. 1C　　C. 2C　　D. 4C

328. 一般技术状况良好的蓄电池，单格电压应在1.5V以上，并保持稳定。若5s下降至（　　）V，说明存电量足。
A. 1.3　　B. 1.5　　C. 1.7　　D. 1.9

329. 电压表应（　　）在被测回路中。
A. 串联　　B. 并联　　C. 串并联均可接　　D. 无法确定

330. 使用砂轮研磨时，要使火星（　　）。
A. 向上　　B. 向下　　C. 向上向下均可　　D. 向左向右均可

331. 电动机试运时，滑动轴承的回油温度不应大于（　　）℃。
A. 65　　B. 75　　C. 85　　D. 95

332. 电动机以1000r/min的速度试运转时，各部分的振动不应超过（　　）mm的双幅振值。
A. 0.05　　B. 0.085　　C. 0.1　　D. 0.12

333. 某电动机的代号为YR，这是一种（　　）。
A. 绕线型异步电动机　　　　　　　　　　B. 鼠笼式异步电动机
C. 高速异步电动机　　　　　　　　　　　D. 低速异步电动机

334. 电感线圈在直流回路中相当于（　　）。
A. 阻抗　　　　B. 短接　　　　C. 开路　　　　D. 电抗

335. 在正弦交流电的一个周期内，随着时间变化而改变的是（　　）。
A. 瞬时值　　　B. 最大值　　　C. 有效值　　　D. 频率

336. 直流电动机转子由（　　）组成。
A. 转子铁心、转子绕组两大部分　　　　　B. 转子铁心、励磁绕组两大部分
C. 电枢铁心、电枢绕组、换向器三大部分　D. 两个独立绕组、一个闭合铁心两大部分

337. 电压互感器严禁（　　）。
A. 开路运行　　B. 短路运行　　C. 带感性负载运行　　D. 带容性负载运行

338. 理论上说，异步电机（　　）。
A. 既能做电动机，又可作发电机　　　　　B. 只能做电动机
C. 只能做发电机　　　　　　　　　　　　D. 只能做调相机

339. 理论上说，直流电机（　　）。
A. 既能做电动机，又可作发电机　　　　　B. 只能做电动机
C. 只能做发电机　　　　　　　　　　　　D. 只能做调相机

340. Y系列异步电机常采用B级绝缘材料，B级绝缘材料的耐热极限温度（　　）℃
A. 95　　　　　B. 105　　　　C. 120　　　　D. 130

341. 电机铁心常采用硅钢片叠装而成，是为了（　　）。
A. 便于运输　　B. 节省材料　　C. 减少铁心损耗　　D. 增加机械强度

342. 三相异步电动机与发电机的电枢磁场都是（　　）。
A. 旋转磁场　　B. 脉振磁场　　C. 波动磁场　　D. 恒定磁场

343. 电动机轴承新安装时，油脂应占轴承内容积的（　　）即可。
A. 1/8　　　　　B. 1/6　　　　C. 1/4　　　　D. 1/3

344. 电机绕组线圈的两个边所跨的距离称为（　　）。
A. 极距　　　　B. 节距　　　　C. 槽距　　　　D. 换向节距

345. 电机用的云母带，为（　　）绝缘材料。
A. A级　　　　B. B级　　　　C. C级　　　　D. E级

346. 并励电动机铭牌上的额定电流是（　　）。
A. 额定电枢电流　　　　　　　　　　　　B. 电源输入电动机的电流
C. 额定励磁电流　　　　　　　　　　　　D. 空载电流

347. 直流电动机的额定功率指（　　）。
A. 转轴上吸收的机械功率　　　　　　　　B. 转轴上输出的机械功率
C. 电枢端口吸收的电功率　　　　　　　　D. 电枢端口输出的电功率

348. 直流发电机的空载转矩是指与（　　）。
A. 电磁功率相对应的转矩　　　　　　　　B. 输出功率相对应的转矩
C. 空载损耗功率相对应的转矩　　　　　　D. 输入功率相对应的转矩

349. 当直流电动机输出机械功率增大时，电动机的电枢电流和所需的电功率也必然随之增大此时转速为（　　）。

A. 上升　　　　　　B. 下降　　　　　　C. 不变　　　　　　D. 等于 0

350. 当负载转矩一定时，若在串励直流电动机的励磁绕组两端并联一定阻值的电阻，那么电动机的转速将会（　　）。

A. 上升　　　　　　B. 下降　　　　　　C. 不变　　　　　　D. 等于 0

351. 同电源的交流电动机，磁极对数多的电动机，其转速（　　）。

A. 恒定　　　　　　B. 波动　　　　　　C. 低　　　　　　　D. 高

352. 发电机绕组最高温度与发电机（　　）的差值称为发电机温升。

A. 绕组最低温度　　B. 绕组平均温度　　C. 入口风温　　　　D. 出风口

353. 电力电缆的截面在（　　）mm^2 以上的线芯，必须用线鼻子或接线管连接。

A. 10　　　　　　　B. 25　　　　　　　C. 50　　　　　　　D. 30

354. 正常运行的发电机，在调整有功负荷时，对发电机无功负荷（　　）。

A. 没有影响　　　　B. 有一定影响　　　C. 影响很大　　　　D. 无法确定

355. 金属导体的电阻与（　　）无关。

A. 导体的几何尺寸　B. 材料的种类　　　C. 外加电压　　　　D. 导体的导电率

356. 下述金属的电导率由大到小依次排列顺序是（　　）。

A. 银、铜、铁、铝　B. 银、铝、铜、铁　C. 银、铜、铝、铁　D. 铁、银、铝、铜

357. 电流表扩大量程，应（　　）。

A. 串联电容　　　　B. 串联电感　　　　C. 并联电阻　　　　D. 串联电阻

358. 直流电机的励磁方法分为（　　）两大类。

A. 自励、复励　　　B. 自励、鼓励　　　C. 他励、自励　　　D. 他励、鼓励

359. 修复电动机时，若无原有的绝缘材料，则（　　）。

A. 无法维修　　　　　　　　　　　　　B. 选用比原有等级低的绝缘材料代替
C. 选等于或高于原绝缘等级的绝缘材料　D. 选用比原有等级高的绝缘材料代替

360. 当异步电动机的负载超重时，其起动转矩将（　　）。

A. 愈大　　　　　　B. 愈小　　　　　　C. 与负载轻重无关　D. 适中

361. 三对极的异步电动机转速（　　）。

A. 小于 1000r/min　B. 大于 1000r/min　C. 等于 1000r/min　D. 大于或等于 1000r/min

362. 电动机铭牌上的"温升"是指（　　）允许温升。

A. 定子绕组　　　　B. 定子铁芯　　　　C. 转子　　　　　　D. 定子

363. 电动机从电源吸收无功功率，产生（　　）。

A. 机械能　　　　　B. 热能　　　　　　C. 磁场　　　　　　D. 动能

364. 电动机定子旋转磁场的转速和转子转速的差数，叫作（　　）。

A. 转差　　　　　　B. 转差率　　　　　C. 滑差　　　　　　D. 滑差率

365. 交流电流表指示的电流值，表示的交流电流的（　　）。

A. 有效值　　　　　B. 最大值　　　　　C. 平均值　　　　　D. 最小值

366. 零序电流只有在（　　）才会出现。

A. 相间故障　　　　　　　　　　　　　B. 接地故障或非全相运行
C. 振荡时　　　　　　　　　　　　　　D. 接地故障

367. 涡流损耗的大小，与铁芯材料的性质（　　）。

A. 没有关系　　　　B. 有关系　　　　　C. 关系不大　　　　D. 无法确定

368. 三支相同阻值的阻抗元件，先以星形接入三相对称交流电源，所消耗的功率与再以三角形接入

同一电源所消耗的功率之比等于（　　　）。

　　A. 1∶1　　　　　　B. 1∶2　　　　　　C. 1∶3　　　　　　D. 1∶4

369. 输电线路在输送容量相同的情况下，线路电压与输送距离（　　　）。

　　A. 成正比　　　　　B. 成反比　　　　　C. 无关　　　　　　D. 成立方

370. 在可控硅整流装置中，自动稳流调整回路常采用直流互感器作为（　　　）。

　　A. 保护用元件　　　B. 测量用元件　　　C. 反馈元件　　　　D. 防电零件

371. 电动车四大电器件中将电能转换成机械能的装置是（　　　）。

　　A. 电机　　　　　　B. 充电器　　　　　C. 控制器　　　　　D. 电池

372. 电动车整车分为车体（铁件）、塑件和（　　　）三大类。

　　A. 电器　　　　　　B. 电缆线　　　　　C. 车轮　　　　　　D. 车架

373. 电动汽车通常使用的都是（　　　）电机。

　　A. 交流　　　　　　B. 直流　　　　　　C. 交流或直流　　　D. 两者都不是

374. 不属于异步电机的优点的是（　　　）。

　　A. 结构简　　　　　B. 坚固耐用　　　　C. 运行可靠　　　　D. 成本高

375. 不属于电动汽车优点的是（　　　）。

　　A. 续航能力强　　　B. 环保　　　　　　C. 噪声小　　　　　D. 能源效率高

376. 在电气设备中，广泛利用电磁铁将电能转变为（　　　）。

　　A. 电能　　　　　　B. 热能　　　　　　C. 机械能　　　　　D. 化学能

377. 高压3kV、6kV电机的定子绕组端部各部位的最小对地绝缘距离，对于A、E级复合式绝缘一般为（　　　）mm。

　　A. 40.15　　　　　　B. 35.25　　　　　　C. 45.20　　　　　　D. 35.15

378. 一般三相电源，通常都联成（　　　）。

　　A. 三角形或星型　　B. V型　　　　　　C. Z型　　　　　　　D. 星型

379. 在额定电压下，开关能可靠切断的最大电流叫作（　　　）。

　　A. 额定开断容量　　B. 额定开断电流　　C. 极限开断电流　　D. 极限电压

380. 弧隙电压决定于（　　　）。

　　A. 灭弧室结构　　　B. 灭弧介质　　　　C. 开断速度　　　　D. 电网参数

381. 关于电流的认识，正确的说法是（　　　）。

　　A. 只有正电荷运动才能形成电流　　　　B. 电流是由于带电质子运动形成的

　　C. 自由电子总是从高电位流向低电位　　D. 正电荷总是从低电位流向高电位

382. 有一内阻为0.15Ω的电流表，最大量程是1A，现给它并联一个0.05Ω的小电阻，则这个电流表的量程可扩大为（　　　）。

　　A. 3A　　　　　　　B. 4A　　　　　　　C. 6A　　　　　　　D. 9A

383. 电压表A内阻为20000Ω，电压表B内阻为4000Ω，量程都是150V，当它们串联在120V的电源上时，电压表B的读数是（　　　）。

　　A. 120V　　　　　　B. 80V　　　　　　　C. 40V　　　　　　　D. 20V

384. 电功率的计算公式P=UI，式中U表示电器两端的电压，I示通过电器的电流强度。此公式适用于（　　　）。

　　A. 计算电风扇的电功率　　　　　　　　B. 计算电灯泡电功率

　　C. 计算电容器电功率　　　　　　　　　D. 计算电动机功率

385. 为改善直流电机的换向性能，换向极绕组应（　　　）。

A. 与电枢绕组串联，并且极性正确　　　　B. 与电枢绕组并联，并且极性正确

C. 与补偿绕组并联，并且极性正确　　　　D. 与励磁绕组串联，并且极性正确

386. 通常，异步电动机额定转差率 SN 的范围是（　　）。

A. 0.02~0.06　　　　B. 0~1　　　　C. 1~2　　　　D. -1~0

387. 硬磁材料的磁滞曲线的形状（　　）。

A. 为不闭合的曲线　　B. 与硬磁材料相同　　C. 宽厚　　D. 狭长且陡

388. 异步电动机的最大电磁转矩与端电压的大小（　　）。

A. 平方成正比　　B. 成正比　　C. 成反比　　D. 无关

389. 在测试发电机定子相间及相对地的绝缘电阻前要进行充分的放电，即预放电，预放电时间一般需经历（　　）min。

A. 1~3　　　　B. 5~10　　　　C. 12~15　　　　D. 15~30

390. 设备改造是为了消除设备的（　　）。

A. 损耗　　B. 无形损耗　　C. 有形损耗　　D. 故障

391. 二氧化碳灭火器不怕冻，但怕高温，所以要求存放二氧化碳灭火器的地点温度不得超过（　　）。

A. 50℃　　B. 38℃　　C. 45℃　　D. 60℃

392. 通常所说的 220V 交流电，其峰值电压是（　　）V。

A. 380　　B. 220　　C. 311　　D. 660

393. 左手定则是用来判断（　　）的。

A. 通电直导线的磁场方向　　　　B. 通电螺旋线圈的磁场方向

C. 电磁感应的电动势方向　　　　D. 磁场中通电导线的受力方向

394. 在附图所示的磁场中，通电导体在磁场中所受的作用方向为（　　）。

A. 左　　　　B. 右

C. 上　　　　D. 下

395. 当条形磁铁插入一个线圈时，在线圈两端会产生感应电动势，感应电动势的大小与（　　）。

A. 与磁通的大小成正比　　　　B. 与磁通的变化率成正比

C. 与线圈子的大小成正比　　　　D. 与磁通的变化成正

396. 电磁学指出，闭合回路中感应电流所产生的磁场，总是阻碍回路中原有磁通量的变化，这个定律称为（　　）。

A. 电磁感应定律　　　　B. 法拉第电磁感应定律

C. 磁路的克希荷夫第一定律　　　　D. 磁路的克希荷夫第二定律

397. 为测量方便起见，使用（　　）仪表测量，可直接带电测量而不必停电拆线。

A. 指针万用表　　B. 欧姆表　　C. 电度表　　D. 钳形电流表

398. 单相桥式整流电路是使用极广泛的一种整流电路，经其整流后的电压平均值，为变压器副边电压有效值的（　　）倍。

A. 0.45　　B. 0.9　　C. 1.17　　D. 2.34

399. 在正弦交流电路中，正弦交流电的三要素是指（　　）。

A. 大小、方向和变化速度　　　　B. 频率、大小和幅值

C. 大小、幅值和初相位　　　　D. 频率、幅值和初相位

400. 在汽车电工学中，物理量符号"Φ"表示（　　）。

A. 磁场　　B. 磁通量　　C. 磁感应强度　　D. 磁场强度

401. 电磁学指出，电场能和磁场能可以互相（　　）。
A. 相加　　　　B. 抵消　　　　C. 转换　　　　D. 感生

402. 电磁学指出，磁感应强度的含义是（　　）。
A. 穿过单位面积的磁力线数　　　　B. 磁力线的总和
C. 单位面积垂直通过的磁力线数，它是标量　　D. 单位面积垂直通过的磁力线数

403. 螺旋线圈通电后，可利用（　　）定则确定其磁场方向。
A. 左手　　　　B. 右手　　　　C. 左拇指　　　　D. 相斥

404. 汽车电气上用的绝缘材料有很多种，下列说法中正确的是（　　）。
A. 只有绝缘纸、橡胶、塑料等固体类绝缘材料
B. 有液体和固体类的绝缘材料
C. 有气体、液体和固体类的绝缘材料
D. 纯净的气体才能起绝缘作用，但很难保持纯净，故不能使用气体作绝缘材料

405. 当一段含有电源的电路在整体电路中断开后，测出其两端的（　　）就等于电源电动势。
A. 电流　　　　B. 电压　　　　C. 电势　　　　D. 电阻

406. 直流无刷电动机中的电子开关线路是用来控制电动机（　　）
A. 转子各相绕组的电流方向　　　　B. 定子各相绕组的电流方向
C. 定子各相绕组的通电顺序和时间的　　D. 转子各相绕组的通电顺序和时间的

407. 直流无刷电动机中的电子开关线路主要由（　　）两部分组成。
A. 功率逻辑开关单元和位置传感器信号处理单元
B. 控制单元和传感器信号处理单元
C. 硬件和软件
D. 电源和电路回路

408. 根据变压器移相原理，有三组、四组整流器并联可以得到（　　）的整流效果。
A. 6相8相　　　B. 9相12相　　　C. 12相16相　　　D. 18相24相

409. 电动汽车中将电能转换成机械能的装置是（　　）。
A. 电机　　　　B. 充电器　　　　C. 控制器　　　　D. 电池

410. 同步发电机的极对数p=1，那么转速n=（　　）。
A. 1000r/min　　B. 1500r/min　　C. 2000r/min　　D. 3000r/min

411. 一个1000W的电炉子，其工作电压为220V，工作2h耗电为（　　）kW/h。
A. 1　　　　B. 2　　　　C. 3　　　　D. 4

412. 电机铁芯常采用硅钢片叠装而成，是为了（　　）。
A. 便于运输　　B. 节省材料　　C. 减少铁芯损耗　　D. 增加机械强度

413. 对于永磁同步电机，依靠内置传感器来提供电机的工作信息，下列属于永磁同步电机使用的传感器是（　　）。
A. 旋转变压器　　B. 液位传感器　　C. 曲轴位置传感器　　D. 应变传感器

414. 下列属于驱动电机控制器所执行功能的是（　　）。
A. 将高压直流电转换为整车低压12V直流电。
B. 将220V交流电转换为动力电池的直流电。
C. 将输入的直流电逆变为电压、频率可调的三相交流电。
D. 完成动力电池电源的输出及分配，实现对支路用电器的保护及切断。

415. 直流电动机反接制动时，电枢电流很大，这是因为（　　）。

A. 电枢反电势大于电源电压 B. 电枢反电势为零
C. 电枢反电势与电源电压同方向 D. 电枢反电势小于电源电压

416. 车辆运行过程中如果驱动电机出现下列异响的，可以暂时不做处理的是（　　）。
A. 咔咔 B. 嗒嗒 C. 突突 D. 滋滋

417. 检测高压线束 DC/DC 4 芯插件绝缘性能是否良好，应使用绝缘表的测试表笔与电缆内芯充分连接，负极表笔与（　　）充分连接，测得正常阻值为 500MΩ。
A. 电缆外金属壳 B. 蓄电池负极 C. 电缆线 D. DC/DC 外壳

418. 北汽纯电动汽车检测 DC/DC 使能信号的方法：在车辆（　　）后，检查 DC/DC 低压控制插件的 A 脚对地电压，应为 12V，如没有电压，则应检查整车控制器，必要时更换。
A. 正常启动 B. 充电 C. 停驶 D. 清洁

419. 对北汽纯电动汽车而言，电机控制器电缆正极绝缘阻值的测量方法为：将绝缘表的（　　）与电机高压电缆正极内芯充分连接，将绝缘表的（　　）与电机控制器高压电缆负极外壳充分连接。
A. 测试表笔；负极表笔 B. 负极表笔；测试表笔
C. 正极表笔；负极表笔 D. 负极表笔；正极表笔

420. 某纯电动汽车，空调压缩机发出异常声响，经检查驱动控制器工作正常，压缩机不工作。针对这种情况，技师甲说可能是电机缺相引起的；乙说可能是冷凝器风机未正常工作，造成系统压差过大，电机负载过大而进行保护模式。上述说法正确的是（　　）
A. 只有甲正确 B. 只有乙正确 C. 甲乙均不正确 D. 甲乙均正确

421. 对纯电动汽车而言，检修慢充系统时，有时需要测量充电线的桩端 N 脚和车辆端的 N 脚之间是否导通，其阻值应小于（　　）Ω，否则应更换充电线总成。
A. 1 B. 2 C. 0.8 D. 0.5

422. 在检修 32A 慢充系统时，如测量充电线桩端充电枪的 CC 脚和 PE 脚之间的阻值，测试值应为（　　）Ω，否则应更换充电线总成。
A. 380 B. 220 C. 450 D. 130

423. 检修 16A 慢充系统时，如测量充电线车辆端充电枪的 CC 脚和 PE 脚之间的阻值，其阻值应为（　　）Ω，否则应更换充电线总成。
A. 380 B. 980 C. 450 D. 680

424. 在通过测量动力电池低压控制插件电压来检查动力电池低压供电时，正确的方法是：用举升机将车辆举起，断开低压控制插件，打开点火开关至 ON 档，随后用万用表测量动力电池低压控制供电电压，应为（　　）V。
A. 10 B. 5 C. 12 D. 14

425. 在串联混合动力电动汽车中，发动机－发电机组输出的直流电与动力电池组输出的直流电经过（　　）的调整后，共同向电机控制器提供电能。
A. 转矩耦合装置 B. 电耦合装置 C. 转速耦合装置 D. 功率耦合装置

426. PTC 的作用是（　　）。
A. 暖风加热 B. 冷风供给 C. 整车控制 D. 水泵控制

427. 某动力电池额定容量为 9Ah，如果以 90A 的最大电流进行充电，且当前 SOC 为 30%，则需要（　　）时间电池的 SOC 可以达到 85%。
A. 2.2min B. 3.3min C. 4.4min D. 5.5min

428. 某纯电动汽车仪表盘上的制动系统故障指示灯点亮，并报整车故障，经诊断怀疑是制动助力系统工作异常。技师甲说可以先查看车辆是否上电，12V 蓄电池是否正常，再检查真空泵保险是否烧毁；

技师乙说可以从真空泵电源端入手，检查电源输入，若无电源输入检查压力传感器信号，最后再看控制器输入输出。上述说法正确的是（　　）。

  A. 只有甲正确 B. 甲乙均正确 C. 只有乙正确 D. 甲乙均不正确

429. 某纯电动汽车出现水温高、车加速无反应等现象，经查看发现水泵不转了，水泵保险也没有损坏，逐怀疑水泵继电器出现故障，以下为某些可供选择的继电器的诊断步骤：①用万用表的二极管测量挡测量87端子对地数值；②测量30端子对地电压；③测量85、86端子之间的电压；④测量85端子对地电阻值。请按照相对合理的操作步骤进行排序，其中最合理的是（　　）。

  A. ①③②④ B. ①④②③ C. ①②③④ D. ①②④③

430. 某纯电动汽车行驶10km后，出现限速9km的现象，仪表盘上显示"电机过热"故障，技师甲说一定是电机过热，整车控制器为保护零部件，限制了功率的输出；技师乙说一定是冷却管道有气阻，导致电机控制器温度过高。上述说法正确的（　　）。

  A. 只有甲正确 B. 只有乙正确 C. 甲乙均不正确 D. 甲乙均正确

431. 某纯电动汽车在使用充电桩充电时，总是出现充电桩跳闸现象，当换用其他充电桩时，依然出现充电桩跳闸现象，技师甲说可能是充电线束的正负极之间有短路，技师乙说可能是动力电池的绝缘值低或者是充电机输入、输出线的绝缘值低。其中说法正确的是（　　）。

  A. 只有甲正确 B. 只有乙正确 C. 甲乙均不正确 D. 甲乙均正确

432. 某纯电动汽车助力转向无助力，经检查供电电源和线束接插件均正常，技师甲说低压蓄电池亏电可导致转向无助力，技师乙说电机损坏也可导致转向无助力，丙说控制器损坏可导致转向无助力。上述说法正确的是（　　）。

  A. 甲乙丙说法均正确   B. 甲只有乙正确
  C. 乙丙说法正确   D. 甲乙丙说法均不正确

433. 某客户购买的新纯电动汽车发现开启功能设置后风仍为凉风，技术人员检查后发现PTC根本不工作，经过查看维修手册，技师甲猜测是PTC控制回路断路或者是PTC内部短路烧毁高压保险；技师乙认为可能是冷暖模式设置不正确。上述说法正确的是（　　）。

  A. 甲正确 B. 甲乙均正确 C. 乙正确 D. 甲乙均不正确

434. 某纯电动汽车在起步时底盘后侧出现异响，同时车辆仪表盘上有故障指示灯显示，技师甲说一定是出现了机械故障，乙说可能是线路故障或者电气故障。上述说法正确的是（　　）。

  A. 只有甲正确 B. 甲乙都正确 C. 只有乙正确 D. 甲乙都不正确

435. 电动汽车助力转向系统的工作特点是：转速越低，助力（　　），转速越高，助力（　　）。

  A. 越小　越小 B. 越大　越大 C. 越小　越大 D. 越大　越小

436. 在保证整车线束正常连接及铅酸蓄电池电压足够的情况下，打开点火开关时，用万用表测量铅酸蓄电池的电压，如果测量值在（　　）之间，就可以判断DC/DC正常工作。

  A. 12.7~13.5V B. 12.4~13.6V C. 13.8~14V D. 13.3~13.8V

437. 动力电池高压母线连接出现故障时，下面操作没必要的是（　　）。

  A. 用万用表测量线束两端的电压降

  B. 检查MSD（手动维修开关）是否松动

  C. 插拔高压线束，看是否存在接触不良问题

  D. 检查动力电池绝缘情况

438. 汽车CAN总线的两个终端均内嵌了一个120Ω的终端电阻，在断开蓄电池负极的情况下，用万用表测量CAN-H、CAN-L之间的电阻，正常值应为（　　）Ω。

  A. 50 B. 55 C. 60 D. 80

439. 线束作为整车用电器电源及信号的传输部件，下面选项不属于线束故障的是（　　）。

A. 断路　　　　　B. 错针　　　　　C. 虚接　　　　　D. 短路

440. 下面选项不是造成电机超速故障原因的是（　　）。

A. 整车负载突然降低，电机扭矩控制失效　　B. 电机低压信号线插头连接松动或退针

C. 控制器损坏　　　　　　　　　　　　　　D. 高压回路非正常断开

441. 连接在车身地板下方的动力电池箱体螺栓的防护等级为（　　）。

A. IP66　　　　　B. IP67　　　　　C. IP68　　　　　D. IP77

442. 以下部件绝缘低时绝缘监测系统不起作用的是（　　）。

A. 高压控制盒　　B. 空调压缩机　　C. 制动真空泵　　D. 车载充电机

443. 制动真空助力系统的组成以下不属于的是（　　）。

A. 电动真空泵　　B. 真空罐　　　　C. 真空助力器　　D. 制动片

444. DC-DC变换工作顺序为为（1整车ON挡上电或充电唤醒上电；2动力电池完成高压预充电流程；3 VCU发给DC-DC变换器使能信号；4 DC-DC变换器开始工作）（　　）。

A. 1234　　　　　B. 1243　　　　　C. 1342　　　　　D. 1324

445. DC-DC是将高压直流电转化成低压（　　）的直流电。

A. 12V　　　　　B. 24V　　　　　C. 36V　　　　　D. 20V

446. 快充继电器是由（　　）控制器控制闭合。

A. 车载充电机　　　　　　　　　　　B. BMS（电池管理系统）

C. VCU　　　　　　　　　　　　　　D. 快充桩

447. 电机控制器正负极端子与车身绝缘电阻值应（　　）。

A. ≥100MΩ　　　B. ≤100MΩ　　　C. =100MΩ　　　D. 无穷大

448. 车载充电系统故障应检查以下内容正确的是（　　）。

A. 动力电池、充电连接情况，充电唤醒　　B. 充电机、电机控制器、充电连接情况

C. DC-DC、充电机、VCU　　　　　　　　D. DC-DC、充电机、动力电池

449. 以下选项中，对计算整车续航里程没有影响的是（　　）。

A. 动力电池电芯温度　　　　　　　　B. 电池总容量

C. 单体电芯压差　　　　　　　　　　D. 大气压强

450. 动力电池系统相当于电动汽车的"心脏"，它除了为整车提供持续稳定的能量，还要承担着其他作用，以下选项中不属于动力电池作用的是（　　）。

A. 整车电量计算和充电提醒

B. 对电池进行温度、电压、湿度的检测

C. 漏电检测和异常情况报警

D. 完成电源的输出及分配，实现对支路用电器的保护及切断

451. 车辆必须能够与故障诊断仪通讯，但凡故障诊断仪无法连接的车辆，应首先（　　）。

A. 使用万用表，检查VCU的供电是否正常，包括ON挡电、常电

B. 需要检查低压电气盒中VCU的各个供电保险是否正常

C. 使用万用表，检查OBD诊断口与VCU的CAN总线线束连接是否牢固、正常

D. 更换全新的整车控制器。

452. 高压线束依据国家标准，高压线束必须采用（　　）颜色体现出来。

A. 绿色　　　　　B. 蓝色　　　　　C. 橙色　　　　　D. 白色

453. 北汽EV160驱动系统主要由（　　）四部分组成。

A. 供能装置、控制装置、传动装置、制动器
B. 控制装置、半轴、车轮、制动器
C. 传动装置、制动器、控制装置、车轮
D. 车轮、变速箱、供能装置、控制装置

454. 电动汽车中，（   ）电机控制器主要功能。
A. 急速控制（爬行）
B. 控制电机正转（前进）
C. 控制电机反转（倒车）
D. 根据驾驶员意图发出各种指令

455. 整车上下电控制由（   ）协调各个控制器，使各控制器按顺序合理地接通或断开低压控制电和高压动力电，使得车辆能够正确完成"启动"和"关闭"动作，并进行信息交互和故障检测。
A. MCU
B. VCU
C. BMS
D. RMS

456. 整车控制器根据车辆的运行情况，包括（   ）来决定电池输出扭矩。
A. 车速，档位，电池温度
B. 车速，档位，电池 SOC 值
C. 车速，加速踏板位置，电池 SOC 值
D. 制动，档位，电池 SOC 值

457. （   ）不是电池管理系统功能。
A. 系统自检
B. 充放电保护
C. 热保护
D. 能量回收

458. 车载充电机上 power 灯是指（   ）。
A. 电源指示灯
B. 充电指示灯
C. 报警指示灯
D. 断电指示灯

459. 用专用万用表电压挡位测量低压蓄电池的电压，这时所测的电压值为（   ）的电压。
A. 车载充电机
B. DC-DC
C. 高压保险盒
D. 电机控制器

460. 下列不属于高压系统的特点是（   ）。
A. 电流大
B. 功率大
C. 控制电路供电
D. 与 12V 系统隔离

461. 高压电触电伤害程度的影响因素没有（   ）。
A. 电流强度
B. 电压
C. 接触部位的电阻和时间
D. 空气湿度

462. 电流的四大效应包括：热效应、（   ）、光电效应以及电流化学效应。
A. 导电效应
B. 磁效应
C. 电功效应
D. 高压效应

463. 电流在其周围的空间产生磁场，这磁场将使载流导体或铁磁物质受到力的作用，这种效应称为（   ）。
A. 热效应
B. 磁效应
C. 电流化学效应
D. 光电效应

464. 通过人体的电流越大危险性越大，根据人体状态，可将通过的电流分为三个逐级提升的级别：（   ）。
A. 感知电流—摆脱电流—室颤电流
B. 摆脱电流—感知电流—室颤电流
C. 室颤电流—摆脱电流—感知电流
D. 感知电流—室颤电流—摆脱电流

465. 关于电流作用人体时间，下列错误的是（   ）。
A. 随着电流作用时间越长，人体电阻减小，点击危险性越大
B. 随着电流作用时间越长，能量增加，伤害程度增高，表现为摆脱电流减小
C. 随着电流作用时间越长，中枢神经反射越强烈，电击危险性越大
D. 人体电阻由于出汗、击穿、电解而下降

466. 由于电流的作用使融化和蒸发了的金属微粒，渗入人体的皮肤，使皮肤坚硬和粗糙而呈现特殊的颜色，这种对人的伤害现象称为（   ）。
A. 电灼伤
B. 点烙印
C. 机械性损伤
D. 皮肤金属化

467. 下列关于电缆绝缘电阻的参考数值表述不正确的是（　　）。
A. 标准 380V 的绝缘电阻应为 0.5M 以下。　　B. 1kV 及以下电缆不小于 0.5MΩ/km。
C. 0kV 电缆要求不小于 100MΩ/km。　　D. 5kV 电缆要求不小于 1000MΩ/km。

468. 纯电动汽车共有 5 段高压线束，以下不是高压线束的是（　　）。
A. 动力电池高压电缆　　B. 快充线束
C. VCU 接线　　D. 电机控制器电缆

469. 下列 DC-DC 所执行的功能正确的是：（　　）。
A. 完成动力电池电源的输出及分配，实现对支路用电器的保护及切断
B. 将高压直流电转换为整车低压 12V 直流电
C. 将 220V 交流电转换为动力电池的直流电
D. 将输入的直流电逆变为电压、频率可调的三相交流电

470. DC-DC 是将动力电池的高压直流电转换为整车低压 12V 直流电，给整车低压用电系统供电及铅酸电池充电，它的低压使能输出范围为（　　）。
A. DC12-16V　　B. AC6-12V　　C. DC9-14V　　D. DC6-14V

471. 下列不属于高压互锁设计的是（　　）。
A. 整车在高压上电前确保整个高压系统处于封闭的环境下工作
B. 防止带电插拔高压连接器给高压端子造成的拉弧损坏
C. 使高压输入范围处在 DC290~420V 之间
D. 在高压系统完整性受到破坏时启动安全防护

472. 以下选项中不属于高压互锁问题的是（　　）。
A. 高压插件互锁端子缺失或退针　　B. 高压插件未装配到位
C. 高压盒盖开关端子损坏　　D. 高压线缆损坏

473. 以下选项中，不属于高压互锁设计的目的是（　　）。
A. 整车在高压上电前确保整个高压系统的完整性，使高压处于一个封闭的环境下工作提高安全性
B. 当整车在运行过程中高压系统回路断开或者完整性受到破坏的时候，需要启动安全防护
C. 某个部件或插件，进水或破损引起绝缘阻值低
D. 防止带电插拔高压连接器给高压端子造成的拉弧损坏

474. 驱动电机系统是纯电动汽车的核心部件之一，一般是由驱动电机和（　　）两部分组成。
A. 高压线束　　B. 电机控制器　　C. 高压控制盒　　D. DC-DC

475. 对于整车控制器 VCU 说法正确的是（　　）。
A. 实现对支路用电器的保护及切断
B. 通过化学反应把化学能直接转变成低压直流电能的装置
C. 使用的是 340V 的直流高压电
D. 使用的是 12V 的直流低压电

476. 以下图标中表示高压动力电池切断警告灯的是（　　）
A. 　　B. 　　C.

477. 启动车辆时仪表报动力电池故障，动力电池高压断开故障，首先应（　　）。
A. 先检查前舱电器盒内动力电池低压供电保险是否熔断。
B. 先使用专用诊断仪读取故障码，再进行下一部检查。
C. 先检查动力电池低压供电

D. 先检测电源线是否有短路、断路现象

478. 此 ▬ 仪表符号的含义为（　　）。
A. 动力电池故障　　B. 蓄电池报警　　C. 系统故障　　D. 动力电池断开故障

479. 此 ◎ 仪表符号的含义为（　　）。
A. 动力电池故障　　B. 蓄电池报警　　C. 系统故障　　D. 跛行指示灯

480. 此 ● 仪表符号的含义为（　　）。
A. 电机冷却液温度过高　　B. 蓄电池报警
C. 系统故障　　D. 跛行指示灯

481. 此 ▬ 仪表符号的含义为（　　）。
A. 动力电池故障　　B. 蓄电池报警　　C. 系统故障　　D. 动力电池断开故障

482. 电流传感器、电压传感器和温度传感器均用来提供驱动电机系统的工作信息，以下选项中，表述不正确的是（　　）。
A. 电流传感器：用以检测电机工作的实际电流（包括母线电流、三相交流电流）
B. 电压传感器：用以检测供给电机控制器工作的实际电压（包括动力电池电压、12V 蓄电池电压）
C. 温度传感器：用以检测电机控制系统的工作温度（包括 IGBT 模块温度、电机控制器板载温度）
D. 旋变传感器主要监测电机转子的转速和转子的位置，并反馈给整车

483. 下列选项中，属于逆变器的是（　　）。
A. DC/DC　　B. DC/AC　　C. AC/AC　　D. AC/DC

484. 下列选项中，属于整流器的是（　　）。
A. DC/DC　　B. DC/AC　　C. AC/AC　　D. AC/DC

485. 知豆 D2 车型的电池管理系统（BMS）通过控制（　　）继电器的开合控制高压回路，从而达到保护电池或高压电器的目的。
A. 总正继电器 KM（线盒内）　　B. 总负继电器 KS（电池包内）
C. 压缩机继电器（机舱保险盒内）　　D. 预充继电器 KP（分线盒内）

486. 一般情况下，电池开路电压要（　　）电动势。
A. 小于　　B. 大于　　C. 等于　　D. 不确定

487. 下列选项中，（　　）不属于电动汽车四大部件。
A. 电池　　B. 电机　　C. 充电器　　D. 助力转向

488. 对于新能源磷酸铁锂动力电池包，以下哪种电量下便于判断电池单体的一致性。（　　）
A. SOC50%　　B. SOC80%　　C. SOC100%　　D. SOC10% 以内

489. 以下对新能源车 DC-DC 的功能描述正确的是（　　）。
A. 纯电模式下，DC 的功能替代了传统燃油车挂接在发动机上的 12V 发电机，和蓄电池并联给各用电器提供低压电源
B. 将电池包的直流电转换为交流电给驱动电机供电
C. 监测电池包状态
D. 将电动机回馈的交流电转换为直流电

490. 高压配电箱内继电器与接触器的诊断主控模块是（　　）。
A. DC/DC　　B. 温度传感器　　C. 电源管理控制器　　D. VCU

491. 能够测量动力电池直流电压的伏特表，其内阻应大于（　　）。
A. 5MΩ　　B. 10MΩ　　C. 50MΩ　　D. 100MΩ

492. 比亚迪 E5 高压电池管理系统模块位于（　　）。

A. 行李舱备胎下方 B. 高压电池组总成内部
C. 前机舱 D. 仪表台下方

493. 高压电缆内部的电阻应该（　　）。
A. 小于1Ω B. 大于10Ω C. 小于10Ω D. 越大越好

494. 单节电池电压过高会导致的故障是（　　）。
A. 无法充电 B. 断电保护 C. 没有影响 D. 都有可能

495. 比亚迪E6整车控制ECU安装在（　　）。
A. 乘客舱前排座椅中间 B. 行李舱
C. 前机舱 D. 底盘左后位置

496. 挡位传感器信号提供给（　　）模块。
A. 整车主控ECU B. 电机控制器 C. 漏电传感器 D. DC/DC转换器

497. 制动踏板位置传感器信号提供给（　　）模块。
A. 整车主控ECU B. 电机控制器 C. 漏电传感器 D. DC/DC转换器

498. 漏电传感器安装位置在（　　）。
A. 电池管理系统模块下方 B. 仪表台下方
C. 副驾驶座椅下方 D. 前机舱靠近电机控制器

499. 加速踏板位置传感器的参考电源是（　　）。
A. 5V B. 12V
C. 与低压蓄电池电压一致 D. 与动力电池电压一致

500. 控制动力电池鼓风机的控制模块是（　　）。
A. 混合控制系统THSECU B. 动力电池ECU
C. ECM D. 网关控制ECU

501. 普锐斯HEV熔断丝的规格是（　　）。
A. 10A B. 20A C. 30A D. 100A

502. 蓄电池ECU根据输入到（　　）的信号来决定HV蓄电池总成的充电和放电。
A. IG B. ST C. IB端子 D. IC

503. 解角传感器是利用（　　）制成的。
A. 电磁感应原理 B. 电涡流原理 C. 霍尔效应原理 D. 光电原理

504. 使用诊断仪读取到驱动电机温度为205℃，表明（　　）。
A. 对电源短路 B. 线路内部存在开路 C. 对搭铁短路 D. 正常情况

505. 如果车轮不转动，并且诊断仪上显示HV变速驱动桥输入故障，则应更换（　　）。
A. 车轮 B. 动力电池
C. 混合动力汽车变速驱动总成 D. 电机

506. PHEV指的是（　　）汽车。
A. 氢燃料 B. 太阳能 C. 非插电式混合动力 D. 插电式混合动力

507. （　　）的发动机转速和车轮转速、汽车速度没有直接关系。
A. 并联式混合动力汽车 B. 串联式混合动力汽车
C. 混联式混合动力汽车 D. 纯电动汽车

508. 电动汽车的快速充电是（　　）充电。
A. 交流 B. 直流 C. 发电机 D. 发动机

509. 北汽EV160汽车利用车载充电器进行交流慢充充电时其220V/50Hz16A的单相三眼插座额定电

流不得少于（　　）A。
A. 8　　　　　　　B. 16　　　　　　　C. 10　　　　　　　D. 6

510. 纯电动汽车和混合动力汽车的电力驱动系统的工作电压，直流电的电压值普遍超过（　　）。
A. 200V　　　　　B. 300V　　　　　C. 400V　　　　　D. 500V

511. 人体接触直流电时，通过电流为50~80mA时，人体感觉为（　　）。
A. 手指感灼热和刺痛
B. 呼吸麻痹
C. 强烈的肌肉痛，手肌肉不自主的强烈收缩，呼吸困难
D. 没有感觉

512. 当电流低于导通限值时，会有相应的电击反应，从而容易因肢体不受控制和失去平衡而导致受伤，此为（　　）。
A. 热效应　　　　B. 电击效应　　　C. 化学效应　　　D. 肌肉刺激效应

513. 事故车辆的专业维修技术人员应每隔（　　）小时到现场目测并用红外测温枪对各高压部件和电池进行测温，记载每次监测温度的数值。
A. 2　　　　　　　B. 3　　　　　　　C. 4　　　　　　　D. 5

514. 新能源汽车维修人员必须具备国家安监局颁发的（　　）。
A. 低压电工证　　B. 电工证　　　　C. 高压电工证　　D. 电焊证

515. 锂离子单体电池的工作电压是（　　）。
A. 1.8~2V　　　　B. 2.75~3.6V　　　C. 1.5~1.8V　　　D. 12~15V

516. SOC是指蓄电池的（　　）。
A. 荷电程度　　　B. 系统芯片　　　C. 呼救信号　　　D. 续航里程

517. （　　）不是电动汽车用电池的主要性能指标。
A. 电压　　　　　B. 内阻　　　　　C. 容量和比容量　D. 流量

518. 能量管理系统是电动汽车的智能核心，其英文表示为（　　）。
A. ABS　　　　　B. BMS　　　　　C. ECU　　　　　D. DOD

519. 铅酸电池，锂电池，镍氢电池的最佳工作温度是（　　）。
A. 25~40℃　　　　B. 0~10℃　　　　C. 45~80℃　　　　D. 88~100℃

520. 电动机的定子和转子之间的气隙过大，将使磁阻（　　）。
A. 增大　　　　　B. 减小　　　　　C. 不变　　　　　D. 变为0

521. 三相异步电机中产生旋转磁场的部件是（　　）。
A. 转子绕组　　　B. 定子绕组　　　C. 铁芯　　　　　D. 气隙

522. 三相异步电机中在磁场作用下产生感应电动势的是的是（　　）。
A. 转子绕组　　　B. 定子绕组　　　C. 铁芯　　　　　D. 气隙

523. （　　）的转子绕组上没有线圈，利用磁引力拉动转子旋转。
A. 直流电机　　　B. 交流异步电机　C. 开关磁阻电机　D. 永磁电机

524. 旋转变压器的主要用途（　　）。
A. 输出电力传送电能　　　　　　　B. 变压变流
C. 调节电机转速　　　　　　　　　D. 作自动控制系统中的随动系统和解算装置

525. 旋转变压器的主要用途（　　）。
A. 输出电力传送电能　　　　　　　B. 变压变流
C. 调节电机转速　　　　　　　　　D. 作自动控制系统中的随动系统和解算装置

526. 为防止数据在 CAN 双绞线终端形成信号反射影响数据传输效果，在数据总线的两个末端各联有一个（　　）。
   A. 电容　　　　　　B. 电阻　　　　　　C. 电感　　　　　　D. 保险器

527. 不同速率的车载局域网总线系统需要用（　　）联通。
   A. 预充接触器　　　B. 继电器　　　　　C. 终端电阻　　　　D. 网关

528. （　　）不属于保障电池安全的三重措施。
   A. 断电系统　　　　B. 人员培训　　　　C. 循环冷却　　　　D. 阻燃抗击

529. 纯电动汽车液压制动系统的真空助力器使用的真空源由（　　）产生。
   A. 发动机进气歧管　B. 整车驱动电机　　C. 电动机真空泵　　D. 空调鼓风电动机

530. 纯电动汽车空调压缩机靠（　　）驱动。
   A. 发动机　　　　　B. 整车驱动电机　　C. 专门电动机　　　D. 空调鼓风电动机

531. 下列说法正确的是（　　）
   A. EV 最常用的驱动电机是直流电机
   B. 电动机只能用于驱动，不可用于发电
   C. 只要断开蓄电池负极，拔下维修开关即可安全操作新能源汽车。
   D. 以上三种说法都不对

532. 用拖车钩或拖车绳拖车时，需要拆掉（　　），用绝缘胶带包好。
   A. 车载充电机　　　B. DC-DC 转换器　　C. 高压分线盒　　　D. 电机三相线

533. 纯电动汽车的电池电压在 300V 或以上，任何维修操作都必须（　　）。
   A. 先上电　　　　　B. 先断电　　　　　C. 先充电　　　　　D. 预充电

534. 高压控制盒相当于一个高压电闸，工作时通过（　　）来控制电流的通断。
   A. 电容器　　　　　　　　　　　　　　　B. 开关
   C. 接触器（大功率继电器）　　　　　　　D. IGBT

535. 下列元器件不属于高压部件的是（　　）。
   A. 驱动电机　　　　B. DC/DC　　　　　 C. 助力转向电机　　D. 车载充电器

536. 下列元器件不属于 EV 高压系统的是（　　）。
   A. HV　　　　　　　B. MCU　　　　　　 C. PTC　　　　　　 D. VCU

537. EV 电动车电池通常采用（　　）。
   A. 锰酸锂电池　　　B. 钴酸锂电池　　　C. 磷酸铁锂电池　　D. 三元锂电池

538. 丰田普锐斯混合动力系统中，由于发电机（MG1）转速范围的限制，如果前进车速需要大于（　　）km 则发动机就必须启动。
   A. 30　　　　　　　B. 40　　　　　　　C. 50　　　　　　　D. 60

539. 车辆以 D 挡减速行驶时，发动机停止工作，动力为零，这时，车轮驱动 MG2，使 MG2 作为发电机运行并为 HV 蓄电池充电，（　　）。
   A. 太阳轮正转，MG1 不发电　　　　　　 B. 太阳轮反转，MG1 发电
   C. 太阳轮正转，MG1 不发电　　　　　　 D. 太阳轮反转，MG1 不发电

540. 车辆从低载荷巡航转换为节气门全开加速时，系统将在保持 MG2 动力的基础上，增加 HV 蓄电池的电动力，此时（　　）给汽车加力以产生加速扭矩。
   A. 发动机　　　　　　　　　　　　　　　B. 发动机和 MG2
   C. MG2　　　　　　　　　　　　　　　　 D. 发动机、MG1 和 MG2 全部

541. 变频器总成有（　　）功能。

A. 升压、逆变、整流　　　　　　　　　B. 升压
C. 逆变　　　　　　　　　　　　　　　D. 升压、逆变

542. 交流 220/16A 对动力电池进行充电时，车载充电机通过整流模块整流成（　　）V 左右的直流电。
A. 220　　　　　B. 280　　　　　C. 300　　　　　D. 380

543. 关于汽车电流表，甲说电流表指示"-"时为蓄电池放电。乙说电流表指示"+"时为发电机向蓄电池充电。你认为以上观点（　　）。
A. 甲正确　　　B. 乙正确　　　C. 甲乙都正确　　　D. 甲乙都不正确

544. 关于电压表检修，甲说车载电压表读数不一定准确；乙说车载电压表的读数仅供参考。你认为以上观点（　　）。
A. 甲正确　　　B. 乙正确　　　C. 甲乙都正确　　　D. 甲乙都不正确

545. 整车续航里程的降低根据充电截至单体最低电压来计算电池总容量，充电末端单体最高电压在 3.7V，当充电末端单体电压低于（　　）V 以下，动力电池总容量为 80%，整车的续航里程将会降低。
A. 3.370V　　　B. 3.5V　　　C. 3.0V　　　D. 3.2V

546. 以下选项中，表述有误的是（　　）。
A. 动力电池系统的额定电压 = 单体电芯额定电压 × 单体电芯串联数
B. 动力电池系统的容量 = 单体电芯容量 × 单体电芯串联数量
C. 动力电池系统总能量 = 动力电池系统的额定电压 × 动力电池系统的容量
D. 动力电池系统重量比能量 = 动力电池系统总能量 ÷ 动力电池系统总重量

547. 动力电池系统三元材料的单体电芯额定电压为（　　），工作电压范围为 3.1~4.1V。
A. 3.2V　　　B. 3.6V　　　C. 3.7V　　　D. 3.8V

548. 当电池电量低于（　　）时，充电指示灯点亮，当电池电量低于（　　）时，屏幕提示请尽快充电。
A. 30%　15%　　　B. 40%　15%　　　C. 30%　5%　　　D. 20%　5%

549. 以下电池中比能量低、耐过充过放性能较差的是（　　）。
A. 锂电池　　　B. 镍氢电池　　　C. 铅酸蓄电池　　　D. 镍镉电池

550. 某纯电动汽车，当点火开关置于 ON 挡后，仪表显示蓄电池故障，整车故障灯点亮，技师甲在点火开关置于 ON 挡时，测量 DC/DC 输出电压为 12.5V，遂得出结论是 DC/DC 不工作；技师乙测量 DC/DC 高压输入端电压为 395V，遂得出结论是 DC/DC 熔断器未熔断。上述说法正确的是（　　）。
A. 只有甲正确　　　B. 甲乙都正确　　　C. 只有乙正确　　　D. 甲乙都不正确

551. 北汽纯电动汽车在车载充电状态下，测量动力电池低压插件 C 脚的唤醒信号对地电压，应为（　　）V。
A. 10　　　　　B. 5　　　　　C. 14　　　　　D. 12

552. 对纯电动汽车而言，当断开（　　），测量 CAN-H、CAN-L 之间的阻值时，阻值应为 60Ω。
A. 充电机　　　B. 整车控制器　　　C. 动力电池低压控制插件　　　D. DC/DC

553. 对纯电动汽车而言，当断开 VCU 测量 CAN-H、CAN-L 之间的阻值时，阻值应该为（　　）欧姆。
A. 60　　　　　B. 120　　　　　C. 80　　　　　D. 50

554. 对纯电动汽车而言，高压线束 DC/DC4 芯插件绝缘的测量方法为：将绝缘表的测试表笔与（　　）充分连接，负极表笔与（　　）充分连接，测得正常阻值应为 500MΩ。（　　）
A. 电缆内芯；电缆外金属壳　　　　　　B. 电缆外金属壳；电缆内芯

C. 电缆正极；电缆负极　　　　　　　　D. 电缆负极；电缆正极

555. 镍氢电池的电解液的 pH 值大约为（　　），具有腐蚀性，损害人体组织。
A. 3.5　　　　B. 6.5　　　　C. 8.5　　　　D. 13.5

556. 采用拖车绳拖车时为防止发生追尾，需要掌握好车距和车速。一般拖车绳的长度为（　　）m。
A. 5~10　　　　B. 8~10　　　　C. 3~8　　　　D. 10~15

557. 安全防范的三种基本防范手段是：人防、物防和（　　）。
A. 心防　　　　B. 预防　　　　C. 艺防　　　　D. 技防

558. 在设备检修、调试过程中最常用的仪表是（　　）。
A. 万用表　　　　B. CAN 分析仪　　　　C. 解码仪　　　　D. 功率计

559. 在高速上发生事故后，若车辆能移动，应将车停在（　　）。
A. 超车道　　　　B. 行车道　　　　C. 应急道　　　　D. 慢车道

560. 比亚迪 e5 车型的电机旋变传感器正弦、余弦和励磁阻值分别是（　　）。
A. 16Ω、16Ω、8Ω　　　　　　　　B. 25Ω、25Ω、16Ω
C. 20Ω、20Ω、18Ω　　　　　　　　D. 以上都不正确

561. e5 车型中，以下不带高压互锁的零部件是（　　）。
A. 高压电控总成　　B. 动力电池包　　C. 电动力总成　　D. PTC

562. 比亚迪 e5 的动力网的速率是（　　）。
A. 125kb/s　　　　B. 250kb/s　　　　C. 500kb/s　　　　D. 100kb/s

563. 新能源车型仪表上的 OK 灯点亮相当于传统燃油车电源处于（　　）。
A. OFF 档　　　　B. ACC 档　　　　C. ON 档　　　　D. ST 档

564. 比亚迪新能源设计有智能充电功能，智能充电是针对（　　）来说的。
A. 动力电池包　　　B. DC-DC　　　　C. 低压铁电池　　　D. VTOG

565. 7 kW 充电盒、对外放电插排的插枪上 CC 对 PE 的阻值分别是（　　）
A. 680Ω、2000Ω　　B. 2000Ω、680Ω　　C. 220Ω、680Ω　　D. 220Ω、2000Ω

566. 对于比亚迪磷酸铁锂动力电池包，以下电量下便于判断电池单体一致性的是（　　）。
A. SOC50%　　　　B. SOC80%　　　　C. SOC100%　　　　D. SOC10% 以内

567. e5 车型的 32A 空调保险（高压）安装在（　　）。
A. 前舱配电盒　　B. 仪表板配电盒　　C. 高压电控总成外侧　　D. 前舱正极保险盒

568. 电动机上安装的旋变传感器用于检测电动机的转速和旋转位置，相当于燃油车上的（　　）。
A. 凸轮轴位置传感器　　　　　　　　B. 氧传感器
C. 曲轴位置传感器　　　　　　　　　D. 进气压力温度传感器

569. e5 车型动力电池管理系统采用的是分布式电池管理系统，它由（　　）BIC 和（　　）BMC 组成。
A. 10 个、1 个　　B. 13 个、1 个　　C. 10 个、2 个　　D. 13 个、2 个

570. 唐是比亚迪"542"战略首款车型，对于 542 说法不正确的是（　　）。
A. 5 代表百公里加速 5s 以内　　　　B. 4 代表四驱
C. 2 代表既可直流充电也可交流充　　D. 2 代表百公里油耗 2L 以内

571. 丰田普锐斯混联式混合动力汽车，其混合动力核心部件为（　　）。
A. 阿特金森发动机　　　　　　　　B. 行星齿轮动力分配装置
C. 高能量利用率的电机　　　　　　D. 高能量密度的电池

572. 蓄电池的（　　）影响电动汽车的电池布置空间。

A. 体积比能量　　　　B. 质量比能量　　　　C. 体积比功率　　　　D. 质量比功率

573. 电池组的比能量一般都（　　）电池的比能量。

A. 大于　　　　B. 小于　　　　C. 等于　　　　D. 不确定

574. 总电压是指（　　）。

A. 动力电池的电压　　　　B. 动力电池的空载电压
C. 动力电池在完全充电状态下的空载电压　　　　D. 动力电池在完全放电状态下的空载电压

575. 下列关于 SOC 描述正确的是（　　）。

A. 是电池的电量　　　　B. 是电池的容量　　　　C. 是电池的剩余电量　　　　D. 是一个比值

576. 最高车速是指（　　）。

A. 车辆所能达到的最高速度　　　　B. 车辆能够持续一定时间所能达到的最高车数
C. 车辆能往返行驶 1km 所能达到的最高车速　　　　D. 车辆在满负载工况下所能达到的最高车速

577. 燃料电池电动汽车、混合动力电动汽车、纯电动汽车都属于（　　）。

A. EV　　　　B. BEV　　　　C. FCEV　　　　D. HEV

578. 前轮定位包括（　　）、主销内倾、车轮外倾和前轮前束4个参数。

A. 主销前倾　　　　B. 主销后倾　　　　C. 主销外倾　　　　D. 主销左倾

579. 国家标准规定共有（　　）个标准公差等级。

A. 15　　　　B. 20　　　　C. 28　　　　D. 30

580. 对于 10pF 以下的小电容器，当用万用表 R×10K 档来测量时，其阻值应（　　）。

A. 零　　　　B. 大于零　　　　C. 小于零　　　　D. 无穷大

581. 对蓄电池安全操作正确的是（　　）。

A. 配制电解液时应将硫酸倒入水中　　　　B. 配制电解液时应将水倒入硫酸中
C. 观看检查电解液用的仪器时应远离电解液注口
D. 蓄电池壳上可以放置较轻的物体

582. 汽车在修理过程中，其维修质量取决于汽车修理的（　　）。

A. 工艺规程　　　　B. 工艺设备
C. 工作人员的工作素质　　　　D. 工艺规程、工艺设备、工作人员的工作素质都对

583. 若电路两端有电压，而电路中没有电流流过可能是（　　）。

A. 通路　　　　B. 断路　　　　C. 负载短路　　　　D. 电流短路

584. 汽车维修质量可通过（　　）来评价。

A. 返修率　　　　B. 合格率　　　　C. 质量指标　　　　D. 质量分析

585. 直线度属于（　　）公差。

A. 尺寸　　　　B. 形状　　　　C. 位置　　　　D. 形位

586. 对形状公差进行标注时，不必考虑的选项是（　　）。

A. 指引线的位置　　　　B. 项目符号　　　　C. 基准代号字母　　　　D. 公差值

587. 高压充气轮胎的胎压是（　　）Mpa。

A. >0.5　　　　B. 0.5~0.7　　　　C. 0.15~0.45　　　　D. >0.15

588. 凡是向放大器提供输入信号的零件或设备称为（　　）。

A. 负载　　　　B. 电源
C. 信号源　　　　D. 负载、电源、信号源均不对

589. 三极管的电流放大系数一般为（　　）。

A. 10~20　　　　B. 20~200　　　　C. 200~400　　　　D. 400~600

590. 对于基本尺寸相同的一批孔和轴，当孔的公差带与轴的公差带相互交叠时，其配合形式为（　　）。
A. 间隙配合　　　　　B. 过盈配合　　　　　C. 过渡配合　　　　　D. 无法配合

591. 如果视图中虚线过多，且尺寸标注也不方便，在这种情况下常采用（　　）来表达零件。
A. 剖视图　　　　　　B. 立体图　　　　　　C. 旋转视图　　　　　D. 局部视图

592. （　　）的作用是保持汽车直线行驶的稳定性，并促使转弯后的前轮自动回正。
A. 主销后倾　　　　　B. 主销内倾　　　　　C. 后桥异响　　　　　D. 前桥异响

593. （　　）的作用是使汽车直线行驶时保持方向稳定，汽车转弯时前轮自动回正。
A. 主销后倾　　　　　B. 主销内倾　　　　　C. 车轮外倾　　　　　D. 前轮前束

594. 用安培定则（即右手螺旋法则）来判断直流电的磁场方向，正确的说法是（　　）。
A. 大拇指的指向为磁场方向　　　　　　B. 弯曲四指的指向为磁场方向
C. 与大拇指指向相反的方向为磁场方向　D. 与弯曲四指指向相反的方向为磁场方向

595. 电容器充电时（　　）。
A. 两个极板都带正电　　　　　　　　　B. 两个极板都带负电
C. 两个极板带相反电荷　　　　　　　　D. 两个极板都不带电

596. 以下属于二级维护内容的是（　　）。
A. 检查、调整转向节　　　　　　　　　B. 更换活塞环
C. 更换活塞销　　　　　　　　　　　　D. 检查曲轴轴向间隙

597. 汽车（　　）的行驶里程为 10000~15000km。
A. 日常维护　　　　　B. 一级维护　　　　　C. 二级维护　　　　　D. 三级维护

598. 在职业活动中一贯地诚实守信会损害企业的利益。（　　）

599. 勤劳是现代市场经济所需要的，而节俭则不宜提倡。（　　）

600. 服务也需要创新。（　　）

601. 合同也是契约，是指平等主体的自然人、法人、其他组织之间设立、变更、终止民事权力义务关系的协议。（　　）

602. 消费包括对生产资料的消费和对生活资料的消费。（　　）

603. 办事公道是指从业人员在进行职业活动时要做到助人为乐，有求必应。（　　）

604. 向企业员工灌输的职业道德太多了，容易使员工产生谨小慎微的观念。（　　）

605. 市场经济条件下，应该树立多转行、多学知识、多长本领的择业观念。（　　）

606. 在公私关系上，符合办事公道的具体要求是公私分开。（　　）

607. 劳动法中所说的权利和义务是相互统一，互为条件的。（　　）

608. 《消费者权益保护法》是在 1998 年通过的。（　　）

609. D 阶段指的是全面质量管理的检查阶段。（　　）

610. 爱岗敬业作为职业道德的内在要求，指的是员工要热爱自己喜欢的工作岗位（　　）

611. 职业纪律中包括群众纪律。（　　）

612. 职业道德是协调企业内部人际关系的法宝，而企业内部人际关系的主体是职工与领导之间的（　　）

613. 纯电动汽车的全寿命周期内，实现了零排放，零污染。（　　）

614. 我国是目前世界上最大的汽车产销国。（　　）

615. 未来智能汽车普及后，驾驶人员不再需要任何的驾驶技能。（　　）

616. 混合动力汽车不属于新能源汽车。（　　）

617. 电动汽车是近二十年才出现的一种新能源汽车。（　　）
618. 目前传统汽车的核心技术都掌握在其他国家的手中。（　　）
619. 电动汽车因为电池的存在，安全性相对传统汽车有所下降。（　　）
620. 我国对石油的需求有一半以上依赖进口。（　　）
621. "十三五"三纵三横技术体系中三纵是指燃料电池汽车、混合动力汽车、纯电动汽车。（　　）
622. 自动泊车技术属于汽车智能化的一种表象。（　　）
623. 燃料电池汽车属于电动汽车的一种。（　　）
624. 日产 LEAF 轿车采用了磷酸铁锂电池。（　　）
625. 电动汽车上的能量流程图只是为了让维修人员方便维修，故不需深入了解。（　　）
626. 插电式混合动力汽车，指只能通过外接充电设施来获得电能补充的车辆。（　　）
627. 燃料电池可以作为汽车的动力来源。（　　）
628. 太阳能电池又称"光伏电池"。（　　）
629. 纯电动汽车可以不需要安装变速箱。（　　）
630. 电力是一种极易获得的能源，可通过煤、风力、核能、水力、光、热等多渠道获得。（　　）
631. 纯电动汽车的四小系统指：电动空调.电动转向、配电系统、再生制动。（　　）
632. 电动汽车根据不同的需要，可采用多种结构布置形式。（　　）
633. 不同厂家生产的电动汽车，充电指示灯的样式也五花八门。（　　）
634. 高压故障指示灯亮起时，代表高压线路可能存在故障。（　　）
635. 电动汽车挂挡后，仪表挡位显示正常，但车辆无法行进，说明档位传感器可能出现问题。（　　）
636. 电动驻车系统和电子手刹系统是同一个东西。（　　）
637. 电动汽车除了有充电接口外，还允许有外接电源输出口，可为外部电器进行供电。（　　）
638. VIN 码上的第十位所代表的年份信息，一定与铭牌上的生产年份相同。（　　）
639. 车辆型号代码与车辆 VIN 码有部分表示内容相同。（　　）
640. 电动汽车铭牌带有电池容量的标注。（　　）
641. 仪表上的充电桩带一个小插头的指示灯亮起时，说明车辆正在充电。（　　）
642. 除了仪表上的指示灯外，部分车型在其他位置也设计有充电指示灯。（　　）
643. 电池的 SOC 是指电池的荷电状态，通常用电池完全充电状态减去剩余电量得出。（　　）
644. 百公里电耗，指电动汽车行驶 100km 所耗电量的多少。（　　）
645. 目前来说，市面上无论是混合动力汽车或是纯电动汽车，车上一定配备有两套以上的电源。（　　）
646. 所谓高压互锁，就是使用电器小信号来检查整个高压产品、导线、连接器及护盖的电器完整性。（　　）
647. 家庭 220V 电压可进行快速充电。（　　）
648. 并联式混合动力在爬坡工况时，为了保护电机不负载过大而过热，所以此时仅由发动机单独工作，提供动力输出。（　　）
649. 一般情况经济模式下，在 SOC 处于正常值以上时，混联式混合动力汽车起步仅由电动机提供动力输出。（　　）
650. 并联式混合动力汽车，当进入制动工况时，发动机会立即停止工作，以保证经济性。（　　）
651. 串联式混合动力汽车，在加速工况时，发动机与电动机将同时输出动力。（　　）
652. 增程式混合动力汽车发动机全程不参与驱动力输出。（　　）
653. 混联式混合动力汽车，当车辆处于静止状态时，发动机一定不会工作。（　　）

654. 并联式混合动力汽车,电机无法单独驱动车辆行进。（　　）
655. 串联式混合动机汽车,当处于大负荷工况时,发动机与电动机同时输出动力。（　　）
656. 串联式混合动力驱动系统,有多种基本控制模式。（　　）
657. 混合动力汽车指至少能在燃料或可再生电能/储能装置中获得动力的汽车。（　　）
658. 电动汽车的总质量越大,消耗的功率和能量越小,他们之间呈线性关系。（　　）
659. 生产电动汽车只可以采用改装这种办法。（　　）
660. 无论混合动力汽车还是纯电动汽车,踩下刹车就相当于给蓄电池充电。（　　）
661. 新能源汽车的电动机要求在低速时有小扭矩。（　　）
662. 直流电动机最早发明,所以现在新能源汽车厂广泛采用直流电动机。（　　）
663. 直流电动机因为没有机械摩擦,所以寿命较长,不需要经常维护。（　　）
664. 应该将性能差异不大的电池组成动力电池组。（　　）
665. 为了充分利用电池电量,应当尽可能地让电池多放电,保持较深的放电深度,对电池很有利。（　　）
666. A阶段是全面质量管理的基本工作方法的计划阶段。（　　）
667. 碳素结构钢常用于制造受力不大、不重要也不复杂的零件。（　　）
668. 电动汽车没有电磁辐射。（　　）
669. 人体电阻一般为500Ω。（　　）
670. 电动汽车上是双电源。（　　）
671. 电动汽车的高压与电力高压的定义基本相同。（　　）
672. 电动汽车的高压线束统一为橘黄色波纹管。（　　）
673. 电池燃烧不一定会爆炸。（　　）
674. 电动汽车发生火灾时,黄金逃生时间为2min。（　　）
675. 普通干粉式灭火器能够扑灭电动汽车火灾。（　　）
676. 电池很容易着火,所以电动汽车不安全。（　　）
677. 电池燃烧一定是遭遇到撞击。（　　）
678. 频率越高的电击造成伤害越严重。（　　）
679. 电压越高的电击造成伤害越严重。（　　）
680. 触电时间越长,造成的伤害越严重。（　　）
681. 人体触电的形式有接触式触电和感应式触电。（　　）
682. 电动汽车的高压与电力高压的定义基本相同。（　　）
683. 由于佩带了个人防护设备,故在不下电的情况下一样可以进行维修操作。（　　）
684. 绝缘手套的使用寿命只有六个月。（　　）
685. 绝缘手套有电压等级。（　　）
686. 在电动汽车生产操作中要坚持单手作业的原则。（　　）
687. 绝缘手套属于车间防护设备。（　　）
688. 绝缘手套的检查方法,可将绝缘手套内注满自来水,观察有无泄漏。（　　）
689. 由于电动汽车高压与电力高压标准低很多,故只要是绝缘工具便不必考虑耐压等级,可直接使用。（　　）
690. 绝缘垫的使用,由于电动汽车高压相对电力行业较低,故电动汽车维修不必使用绝缘垫。（　　）
691. 电动汽车事故车,如无发现特殊损伤,可与传统汽车事故车统一停放。（　　）
692. 可以通过用纯净水冷却电池的方法来抑制电池火灾。（　　）

693. 将电池丢在纯净水里就不会燃烧。（　　）
694. 电动汽车进行下电操作后，需等待5min后方可进行作业。（　　）
695. 高压接头断开后，只需确保不带剩余电荷，便可放置一旁，进行下一步作业。（　　）
696. 电动汽车不能推车运行。（　　）
697. 关闭点火开关就可以切断低压电源。（　　）
698. 水淹车被打捞上岸时没有着火代表24h内不会再起火。（　　）
699. 电液一旦泄露用干布等材料吸附。（　　）
700. 电动汽车不允许洗车。（　　）
701. 进行过心脏搭桥手术的人员不允许驾驶电动汽车。（　　）
702. 纯电动汽车无论什么情况下都不允许推车。（　　）
703. 电动汽车的拖车方法与传统汽车无异。（　　）
704. 电动车水淹车可以停放在车间内，但需与其他车辆保持距离。（　　）
705. 电动汽车进行钣金喷漆作业时，需断开维修开关进行下电操作。（　　）
706. 对于当日无法完成维修的电池，需将其锁如车间的保存柜内，防止他人接触。（　　）
707. 各类电动汽车维修厂应将高低压维修区隔离开来。（　　）
708. 在转鼓试验台上运行时，电动汽车电机会发出高压电。（　　）
709. 拔下维修开关后一般放在工具箱上容易看到的地方。（　　）
710. 带有心脏支架的人不可靠近电动机。（　　）
711. 电池包存放必须盖好盖子。（　　）
712. 维修开关只是在车辆维修的时候才能打开。（　　）
713. 电动汽车警告指示灯亮起应立即停止车辆。（　　）
714. 只能戴手表不能戴首饰作业。（　　）
715. 对于电动汽车维修厂，需将高低压区域进行区分开。（　　）
716. 维修厂需定期对员工进行安全培训。（　　）
717. 可以将维修拆卸下来的电池包直接放置在地板上。（　　）
718. 带智能钥匙的车辆与普通钥匙车辆由于点火开关形式不同，故钥匙的保管方式亦不同。（　　）
719. 将电动汽车维修开关拔下后，需随身保管或锁于保管柜内，不可随意置放。（　　）
720. 要判断电池的好坏，可以对电池进行正负极短路实验。（　　）
721. 拆卸高压元器件接插头的时候，需要对高压插接头进行绝缘包扎。（　　）
722. 对电动车辆进行维修时，应先检查车身带电情况。（　　）
723. 电动汽车下电的方法有四种。（　　）
724. 电动汽车刚拆卸的元器件一定进行残余电荷检测。（　　）
725. 库克变换电路与升降压变换电路本质上是一样的。（　　）
726. 库克变换电路与升降压变换电路输出输入关系式相同，但本质上是不一样的。（　　）
727. 库克变换电路属于升降压型直流变换电路。（　　）
728. 全桥直流变换电路根据控制方式的不同可分为双极型PWM控制方式和单极型PWM控制方式。（　　）
729. 升压直流变换电路是一种输出电流的平均值高于输入直流电流的变换电路。（　　）
730. 升降压直流变换电路的输出电压平均值可以大于或小于输入直流电压。（　　）
731. 把交流电变成直流电的过程称为逆变。（　　）
732. 应急电源中将直流电变为交流电供灯照明，其电路中发生的"逆变"称有源逆变。（　　）

733. 晶闸管变流可逆装置中出现的"环流"是一种有害的不经过电动机的电流，必须想办法减少或将它去掉。（ ）

734. 晶闸管变流装置会对电网电压波形产生畸变。（ ）

735. 导体中的电流与导体两端的电压成正比，与导体的电阻成反比。（ ）

736. 导体在磁场中做切割磁力线运动或导体周围磁场发生变化时，导体上就会产生感应电动势。（ ）

737. 磁场的强弱与导体通过的电流的大小无关，电流越大，磁场越强。（ ）

738. 笼型转子是交流感应电动机的一个部件。（ ）

739. PWM 是脉冲宽度调制技术的英文缩写。（ ）

740. 循环寿命是评价蓄电池使用技术经济性的重要参数。（ ）

741. 某电池循环寿命在 100%DOD 时是 400 次，那么在 50%DOD 时就是 200 次。（ ）

742. 随着充点电循环次数的增加，二次电池容量衰减是个必然的过程。（ ）

743. 电池的不一致性对于成组使用的动力电池才有意义。（ ）

744. 高倍率放电时所需的时间小于低倍率放电时间。（ ）

745. 电池间的连接采用螺栓连接。（ ）

746. 同一电池荷电状态和放电深度之和为 1。（ ）

747. 电池应当不对周围环境造成污染或腐蚀，使用安全。（ ）

748. 高能量对电动车辆而言意味着更长的续航里程。（ ）

749. 电安全是电动汽车区别于传统内燃机汽车的重要特点之一。（ ）

750. 镍镉电池被镍氢电池逐渐取代的主要原因是存在环境污染。（ ）

751. 镍镉电池过充电或者过放电易在电池内部留下痕迹，这种现象称为电池的记忆效应。（ ）

752. 镍镉电池是混合动力电动汽车动力电池市场的主流产品。（ ）

753. 镍镉电池是镍氢电池的换代产品，电性能基本一致。（ ）

754. 在高倍率即大电流放电条件下，电池的实际容量一般都低于额定容量。（ ）

755. 首个可用的锂离子石墨电极是由贝尔实验室研制成功的。（ ）

756. 相对于铅酸及镍镉电池，锂离子电池是真正意义上的绿色电池。（ ）

757. 太阳能电池又称"光伏电池"。（ ）

758. 燃料电池可以作为汽车的动力来源。（ ）

759. 电动汽车的充电设置必须采用车载方式，安装于车辆上。（ ）

760. 电池是早期电动汽车唯一的能量存储装置。（ ）

761. 世界上第一辆电动汽车比汽油发动机汽车早了数十年。（ ）

762. 蓄电池按电解液的性质分酸性电池和碱性电池两种。（ ）

763. 电池结构的要求为外形尺寸越小，而容量要求越高。（ ）

764. 电池内阻与电芯电压高低无关。（ ）

765. 一定放电条件下电池所能放出的电量称为电池能量。（ ）

766. 开路电压是指开路状态下电池两极之间的电势差。（ ）

767. 同等容量电池的电动势越高，理论上能输出的能量就越大。（ ）

768. 对于所有二次电池，放电电压都是必须严格规定的重要指标。（ ）

769. 一般而言，在低温或者是大电流放电时，终止电压规定的高些。（ ）

770. 锂离子电池是常用的电动汽车用动力电池。（ ）

771. 镍氢电池的缺点在于有毒、价高、高温充电性差。（ ）

772. 铅酸蓄电池的比能量要比锂电池高很多。（　　）
773. 电池的开路电压取决于电池的结构和尺寸大小。（　　）
774. 电池是一种把化学反应所释放的能量直接转变成交流电能的装置。（　　）
775. 正极活性物质具有较高的电极电位，在电池工作时进行氧化反应或阳极过程。（　　）
776. 通过调换任意两相电枢绕组电源线的方法，既可以改变三相鼠笼式电动机的转向。（　　）
777. 当电动机绕组节距正好等于极距时，绕组被称为整距绕组。（　　）
778. 低压电动机的绝缘电阻不小于 0.5MΩ。（　　）
779. 三相异步电动机的磁极对数越多，其转速越快。（　　）
780. 同步电机因其转子转速与定子磁场转速相同，而称为同步。（　　）
781. 直流发电机的功率等于电压和电流之和。（　　）
782. 导线越长，电阻越大，它的导电率也就越大。（　　）
783. 在直流电路中应用的欧姆定律，对交流电路中也可以应用。（　　）
784. 交流电动机的容量越大，频率越高；容量越小，频率越低。（　　）
785. 电动机线圈电感一定时，频率越高，阻抗越小。（　　）
786. 直流发电机的电枢是由原动机拖动旋转，在电枢绕组中产生感应电动势，将机械能转换成电能。（　　）
787. 三相异步电动机负载和空载下起动，其起动电流大小相等。（　　）
788. 电动机定子槽数与转子槽数一定相等的。（　　）
789. 极距是指每极每相所占的宽度，通常用槽数来表示。（　　）
790. 直流电机的电刷下无火花，其等级为零级火花。（　　）
791. 串励式直流电机是励磁绕组和电枢绕组串联，并励式直流电机是励磁和电枢绕组并联。（　　）
792. 有一台异步电动机，如果把转子卡住不动，定子通入额定电压，其电流将与该电机额定电流相同。（　　）
793. 如果异步电动机轴上负载增加，其定子电流会减小。（　　）
794. 交流电机常用的绕组形式，可分为单叠绕组和复叠绕组两大类。（　　）
795. 在装拆电机时，往往由于过重的敲打，使端盖产生裂纹，小的裂纹不必修理，有条件可用焊接法修补裂纹。（　　）
796. 不论异步电动机转速如何，其定子磁场与转子磁场总是相对静止的。（　　）
797. 装设接地线的顺序是先装接地端。（　　）
798. 低压电气设备是指设备对地电压在 250V 以下者。（　　）
799. 对称的三相正弦交流电的瞬时值之和等于零。（　　）
800. 中性点直接接地系统发生单相接地时，非故障相电压升高。（　　）
801. 三相异步电动机单相运行时指该电动机定子回路两相断开。（　　）
802. 发现有人触电应立即对触电人进行抢救，如高空作业，抢救时必须注意防止高空坠落。（　　）
803. 改善异步电动机的启动特性，主要指降低启动时的功率因数，增加启动转矩。（　　）
804. 绝缘体的绝缘电阻可以用绝缘摇表（兆欧表）来测量。（　　）
805. 直流电机的电刷放置位置，在静态时按几何中性线放置。（　　）
806. 三相异步电动机定子绕组按每槽中线圈的层数不同，其种类可分为两种，即单叠绕组和复叠绕组。（　　）
807. 加速电器设备老化的原因是运行中温度过高。（　　）
808. 我们所说的绝缘体，就是指那些不导电的物体。（　　）

809. 测量电流时，应将电流表并联在被测电路中。（　　）

810. 在额定状态下，异步电动机的转差率一般为 2%~5%。（　　）

811. 电池的实际容量与放电电流密切相关，大电流放电时电池实际放出的电量常高于额定容量。（　　）

812. 对于电动汽车的电池而言其内阻是一个固定不变的数值。（　　）

813. 电池的容量越大，其能量就越大。（　　）

814. 电池能量大不能说明其能量密度一定大。（　　）

815. 由于活性物质不可能完全被利用，电池的工作电压总是小于电动势，所以电池的理论能量总是小于实际能量。（　　）

816. 电动机的热继电器是切断短路电流的装置，熔断器是切断过负荷电流的装置。（　　）

817. 右手定则又称为电动机定则，左手定则又称为发电机定则。（　　）

818. 三相异步电动机按转子构造可分为鼠笼式和绕线式两种。（　　）

819. 交流电流的大小和方向都不随时间变化。（　　）

820. 三相电路总功率等于任意两相功率之和。（　　）

821. 直流电机的绕组是电磁能量与机械能量转换的主要部件。（　　）

822. 交流电 10mA 和直流电 50mA 为人体的安全电流。（　　）

823. 电动机检修时，禁止用手锤对电动机的端盖等物件进行敲打。（　　）

824. 电动机是将机械能转化为电能的设备。（　　）

825. 三相交流异步电动机的旋转方向是由电源的相序决定的。（　　）

826. 三相交流异步电动机的温升随负载变化而变化。（　　）

827. 位置传感器是直流无刷电动机的主要组成部分之一。（　　）

828. 电源总是向外输出功率的。（　　）

829. 纯电动汽车没有发动机，因此，新车期间不需要磨合。（　　）

830. 新能源汽车的动力电池在新车期间应该对电池的适度放电和充电。（　　）

831. 纯电动汽车排挡杆比其他传统汽车设计复杂得多。（　　）

832. 动力系统故障灯点亮时，电力系统将被关闭，需要到维修站进行维修。（　　）

833. 混合动力汽车使用的润滑油，和普通车辆一样即可。（　　）

834. 交流调压电路是既改变频率，又改变输出电压的幅值的电路。（　　）

835. 交流调压电路是维持频率不变，只改变输出电压的幅值的电路。（　　）

836. 在蓄电池和蓄电池混合动力中，一种蓄电池具有高比能量，另一种蓄电池具有高比功率。（　　）

837. 燃料电池虽然被公认为市目前电动汽车最重要的能源之一，但是它依然不能从根本上解决电动汽车续驶里程短的问题。（　　）

838. 燃油汽车与电动汽车的主要区别在于它们的转向系统不同。（　　）

839. 电动汽车系统可分为电力驱动子系统和辅助控制子系统这两个子系统。（　　）

840. 当电动汽车制动时，再生制动的动能被电源吸收，此时功率流的方向是正向的。（　　）

841. 25V 以上的交流电、60V 以上的直流电都具有危险性。（　　）

842. 直流电压比交流电压更危险。（　　）

843. 援救电气事故中受伤人员时，自身的安全是第一位的。（　　）

844. 使用万用表测量高压时，需注意选择正确量程，检测用万用表精度不低于0.5级。（　　）

845. 经过人体的电流到达大约 100mA 时，被认为是"致命值"。（　　）

846. 直流输出侧检测量程选择需要大于被测车型动力电池总电压 DC 档位。（　　）

847. 充电设备交流输入检测需要选择交流量程大于220VAC。（　　）
848. 更换高压元器件及线束插接件需对断开插接件进行绝缘密封防护。（　　）
849. 动力电池抬上、抬下必须采用称重等级高于动力电池总重1倍的叉车。（　　）
850. 车载充电器应该尽可能做得体积小、质量轻，以减小充电器对续驶里程的不良影响（　　）
851. 物体按照导电的能力可分为固体、液体和气体三种。（　　）
852. 对于新能源车，动力电池包内如果出现单节电池电压过低会导致能量无法回馈。（　　）
853. 漏电故障，系统无法检测具体哪个模块或负载引起的漏电。（　　）
854. 高压配电箱内部含有各接触器，通过这些接触器的吸合和断开可实现动力电池包是否与负载接通，其中接触器的吸合与断开主要由电池管理控制器控制。（　　）
855. 车辆报漏电故障时，若可以继续行驶，可不用必须到店检修。（　　）
856. 高压配电箱既是一个高压零部件，同时还是高压系统的一个控制单元。（　　）
857. 北方冬季早上凉车时回馈功率小甚至没有回馈，主要是由于电池温度低导致限制回馈。（　　）
858. 车辆发生碰撞事故时，气囊ECU发出碰撞信号给BMS，控制整车高压断电。（　　）
859. 知豆D2\D2S车型中，当智能钥匙电池亏电时将无法启动车辆（　　）
860. 知豆D2\D2S车型中，使用机械钥匙开锁或上锁后车内人员机械解锁会触发车身控制模块（BCM）防盗报警，此时警示灯以较快频率闪烁，使用智能钥匙解锁或上锁一次即可解除报警。（　　）
861. 知豆D2\D2S车型中，PEPS控制ACC继电器吸合，上电至ACC档后ESCL才会解锁成功。（　　）
862. 知豆D2\D2S车型中，为保证车辆安全，使用一把智能钥匙上锁后，系统会将遗落在车内的另外一把智能钥匙禁用，此时必须使用未被禁用的智能钥匙将车辆解锁后才能将车内的智能钥匙解禁。（　　）
863. 2017款知豆D2\D2S后窗除霜开关集成到空调控制器上且由BCM控制其功率输出。（　　）
864. 2017款知豆D2\D2S车型更换车身控制模块（BCM）需要重新匹配。（　　）
865. 2017款知豆D2\D2S车型更换EPS控制器需要重新做方向盘零位标定。（　　）
866. 2017款知豆D2\D2S车型EPS控制器需要从总线上获取钥匙位置及当前车速信息后才驱动助力电机功率输出。（　　）
867. 2017款知豆D2\D2S车型EPS控制器需要从总线上获取钥匙位置及当前车速信息后才驱动助力电机功率输出。（　　）
868. 高压（144V）负极与低压（12V）负极都是通过车身搭铁。（　　）
869. 由于纯电动汽车是靠电机驱动，所以不需要机油、三滤、皮带等常规维护。（　　）
870. 纯电动汽车冷却系统维护时，应使用水枪对散热器散热片喷施清洗。（　　）
871. 维护计划表的维护间隔，按里程表的读数或时间间隔而定，以先到者为准。（　　）
872. 在新变速器磨合完成后，应放掉箱体内的润滑油，更换新的润滑油。（　　）
873. 新能源汽车的冷却液，与普通汽车一样。（　　）
874. 新能源汽车的基本诊断策略，第一步是理解并确认客户报修问题。（　　）
875. 如果控制系统记忆当前故障码，则按照指定的故障码诊断以进行有效的诊断和维修。（　　）
876. 间歇性故障在检修中是最简单的。（　　）
877. 仪表灯闪烁或变暗，说明仪表坏了，需要更换。（　　）
878. 对新能源汽车进行诊断、维修等工作时，必须首先禁用高电压系统。（　　）
879. 如果控制模块记忆了传感器故障码，那就更换传感器。（　　）
880. 除了必须注意高压安全外，新能源汽车检测仪器和普通车辆的检测仪器操作基本相同。（　　）
881. 混合动力汽车都没有安装发电机。（　　）

882. 当整车处于停车断电状态，EPS 不工作。（   ）
883. 电动真空泵的电源是来自动力电池的高压电。（   ）
884. 纯电动汽车空调系统不需要加注冷媒。（   ）
885. 如果出现其他 DTC 外还出现 CAN 通信系统 DTC，则先进行 CAN 通信相关故障的排除。（   ）
886. 如果在主动测试中运行正常，则可以判断从 ECU 至执行器的电路正常。（   ）
887. 电源管理控制器是高压配电箱内继电器与接触器的诊断主控模块。（   ）
888. 电源管理控制器存在故障时，会使车辆失去动力并点亮故障灯。（   ）
889. 电源管理控制器电路发生故障，不会产生 DTC。（   ）
890. 制动信号丢失情况下，车辆可以正常起动。（   ）
891. 为了在纯电行驶的时候保持发动机静止，因此需要通过发电机（MG1）和电动机（MG2）分别呈相同方向旋转。（   ）
892. 为了在纯电行驶的时候保持发动机静止，因此需要通过发电机（MG1）和电动机（MG2）分别呈相同方向旋转。（   ）
893. 制动踏板位置传感器的信号输入到电机控制器。（   ）
894. 高电压车辆安全的首要条件就是防止高电压系统与车身存在漏电。（   ）
895. 动力电池温度过高的其中原因之一是鼓风机不能正常工作。（   ）
896. 可使用诊断仪读取普锐斯动力电池模块内的数据流。（   ）
897. 蓄电池温度越低传感器热敏电阻阻值越高。（   ）
898. 蓄电池温度传感器可以单独更换。（   ）
899. 驱动系统的数据流主要在 HVECU 内。（   ）
900. 电机温度越高，热敏电阻的阻值越大。（   ）
901. 变频器高压越高，输出电压越高，高压越低，输出电压越低。（   ）
902. 电机驱动系统的控制核心组件是 HVECU。（   ）
903. 混合动力驱动系统故障可能导致车辆不能正常行驶。（   ）
904. 整车动力控制系统故障可能造成高速运行的车辆降低运行功率。（   ）
905. 丰田普锐斯曲轴位置传感器 2 号针脚与车身搭铁之间的电阻应该为 0。（   ）
906. 测量线束和连接器间的开路电阻，阻值应小于 1Ω。（   ）
907. 测量线束和连接器间的短路电阻，阻值应大于 10kΩ 或无穷大。（   ）
908. 串联式混合动力汽车，发动机直接提供动力，能单独带动车轮。（   ）
909. 北汽 EV160 的充电时，其中连接车辆端的充电枪颜色为蓝色，并贴有车辆图案标识，连接充电桩供电端的充电枪颜色为黑色，并贴有充电桩图案标识。（   ）
910. 人体直接与电动汽车 B 级电压电路中的带电部分接触可能会对人体造成一定的伤害。（   ）
911. 电击方式只有直接接触电击一种方式。（   ）
912. 绝缘手套的长度至少应超过手腕 50mm，作业时应将衣袖口套入筒口内，以防发生意外。（   ）
913. 电动汽车一般安装了手动维修开关，将此开关拔下，整车的高压电就被切断。（   ）
914. 如果出现车速异常等紧急情况，应先切断低压电源总开关，切断低压电源，再将后舱的手动维修开关拔下，切断高压电，最后检查故障原因。（   ）
915. 动力电池组应该与汽车驾乘空间紧密靠近，以利于汽车紧凑性设计。（   ）
916. 特斯拉电动汽车采用镍氢蓄电池作为动力源，其续航里程长达 600km。（   ）
917. 为了充分利用电池电量，应当尽可能地让电池多放电，保持较深的放电深度。（   ）
918. 铅酸电池的电解液是由纯净的硫酸与蒸馏水按一定的比例配制而成的，电解液的密度一般为

1.24~1.30g/cm³。（   ）

919. 将三相电源的相序改变时，三相感应电动机旋转磁场立即反向旋转。（   ）
920. 由定子绕组形成的旋转磁场与转子绕组中感应电流的磁场相互作用而产生电磁转矩驱动转子旋转的交流电动机是感应电动机。（   ）
921. 交流异步电机中的异步指的是转子和定子的旋转磁场转速不同。（   ）
922. 开关磁阻电动机转子既没有绕组又没有永磁体。（   ）
923. 由于采用动力电池供电，纯电动汽车的仪表、控制系统也使用高压电源。（   ）
924. CAN 总线采用双绞线结构是为了传输信号免受外界电磁场干扰。（   ）
925. 对纯电动汽车电气系统维修作业前必须佩带高压绝缘手套。（   ）
926. SOC 是各单体电池剩余电量之和。（   ）
927. 北汽 EV200 采用永磁直流无刷式电动机。（   ）
928. 北汽 EC180 采用交流异步式电动机。（   ）
929. "预充电"的作用是防止高压系统中的电容器被高电流击穿。（   ）
930. 北汽 EV200 集成式控制器将车载充电机、DC/DC、车载充电器和电机控制器集成在一起。（   ）
931. 电动机（MG2）由来自发电机（MG1）和 HV 蓄电池的电能驱动，产生车辆行驶动力。（   ）
932. 车辆以 D 挡减速行驶时，发动机停止工作，动力为零，这时，车轮驱动 MG1，作为发电机运行并为 HV 蓄电池充电。（   ）
933. 车辆从较高速度开始减速时，发动机停止工作，转速为零，保护行星齿轮组，防止行星轮转速过高烧毁行星轮轴承。（   ）
934. HV 电池组都配备电池散热系统，采用循环冷却水和散热片的形式辅助电池冷却。（   ）
935. 电动汽车铭牌带有电池容量的标注。（   ）
936. 仪表上的充电桩带一个小插头的指示灯亮起时，说明车辆正在充电。（   ）
937. 除了仪表上的指示灯外，部分车型在其他位置也设计有充电指示灯。（   ）
938. 车身钣金校正过程中不需将动力电池或高压元件拆掉安全存储再进行校正。（   ）
939. 常规情况当人体不慎接触泄露电池漏液时，应立即用大量水冲洗 10~15min。（   ）
940. 绝缘设备及安全防护设备每次使用前都需检测有无破损、金属穿刺等受损情况。（   ）
941. 新能源车型维修技师可以不具备国家认可的《特种作业操作证（电工）》。（   ）
942. 带电检修时严禁负载带电工作时断高压插接件，否则可能导致人员受到伤害及损伤车辆。（   ）
943. DC/DC 是电动汽车上用来直接控制驱动电机的装置。（   ）
944. 动力电池一级故障为轻微故障。（   ）
945. 动力电池管理系统在"下电模式"时，所有高压接触器均处于断开状态。（   ）
946. 在直流电路中应用的欧姆定律，对交流电路中也可以应用。（   ）
947. 交流电动机的容量越大，频率越高；容量越小，频率越低。（   ）
948. 电动机线圈电感一定时，频率越高，阻抗越小。（   ）
949. 直流发电机的电枢是由原动机拖动旋转，在电枢绕组中产生感应电动势，将机械能转换成电能。（   ）
950. 电解液的温度在 10~35℃ 范围内每升高或降低 10℃ 时，蓄电池的容量相应增加或减少 8%~10%。（   ）
951. 导体的内阻与电流的大小有关。（   ）
952. 电解液的浓度、温度和量对蓄电池的使用寿命的不受影响。（   ）

953. 蓄电池在使用中每 50 次充放循环要进行一次恢复容量充电，然后按 5h 放电率进行放电。（　　）
954. 通电导体与磁场平行时，导体电磁力最大。（　　）
955. 交流电的有效值是最大值的 21/2 倍。（　　）
956. 进行空调系统检修时，抽真空之前，应进行泄漏检查。（　　）
957. 场效应管的 S 极是指栅极。（　　）
958. 每次接通汽车启动机时间不得超过 5s。（　　）
959. 百分表的工作原理是将测杆的角度位移转变为指针的直线位移。（　　）
960. 蓄电池的极板有正极板和负极板两种，正、负极板均由极桩和活性物质组成。（　　）
961. 制动总泵、制动踏板行程调整不当就是气压制动系统制动不良的原因。（　　）
962. 浮动钳型盘式制动器的制动间隙由轮缸活塞上的橡胶密封圈实现。（　　）
963. 一般技术状况良好的蓄电池，单格电压应在 1.5V 以上，并在 5s 内保持稳定。若 5s 内下降至 1.7V，说明存电量足。（　　）
964. 有无权力的义务，也有无义务的权力。（　　）
965. 喇叭声响不正常故障的原因可能喇叭支架松动。（　　）
966. 如制动鼓过热，说明制动蹄与制动鼓之间的间隙过大。（　　）
967. ECU 包括硬件和软件两部分。（　　）
968. 左侧电动后视镜电机故障能导致所有电动后视镜都不能动。（　　）
969. 真空助力式液压制动传动装置，制动时真空加力气室产生的推力，同踏板力一样直接在制动主缸的活塞推杆上。（　　）
970. 前排乘客侧门锁开关导线断路导致前排乘客侧电动门锁不能锁定。（　　）
971. HFD 类制冷剂包括 R23、R32、R41、Rl25、R134、R143、R152。（　　）
972. 用脚施加于驻车制动装置操纵装置上的力，对于座位数小于 9 的载客汽车应不大于 600N。（　　）
973. 一级维护由维修企业进行，以清洁、紧固、润滑为中心内容。（　　）
974. 转向器摇臂与衬套间隙过小就是转向沉重的原因。（　　）
975. 发动机曲轴转速与分电器的转速比为 2∶1。（　　）
976. 百分表不仅能用作比较测量，也能用作绝对测量。（　　）
977. 步进电动机每个定子各有 6 个爪极。（　　）
978. 电动门锁熔断器故障能导致所有电动门锁都不能工作。（　　）
979. 辨别晶体管好坏可用万用表的 R×1 档。（　　）
980. 国家标准规定了基孔制和基轴制两种配合基准制。（　　）
981. 点火开关故障导致不能用驾驶员侧车门锁按钮开启两扇车门。（　　）
982. 车门锁启动器故障导致不能用驾驶员侧车门锁按钮锁定一扇车门。（　　）
983. 车门锁启动器故障导致不能用驾驶员侧车门锁按钮开启一扇车门。（　　）
984. 白铜是一种铜合金材料。（　　）
985. 行车制动器的功用是使汽车停放可靠，防止汽车滑溜。（　　）
986. 表面粗糙度属于宏观形状误差。（　　）
987. 起源于电子设备故障的火灾属于 C 级火灾。（　　）
988. 板牙是加工外螺纹的工具，由切削部分、校准部分和排屑部分组成。（　　）
989. ECU 由输入回路、A/D 转换器、微型计算机和输出回路四部分组成。（　　）
990. 转向器是转向系统的重要组成部分。（　　）
991. 真空荧光管的英文缩写是工 VFD。（　　）

992. 当蓄电池为塑料外壳时，呈半透明状，电解液液面应在厂方标明的上刻线之上。（　　）

993. 硅二极管具有单向导电性。（　　）

994. 如果溢水孔被堵死，泄漏的冷却液就会进入水泵轴承内，导致轴承的损坏。（　　）

995. 千斤顶、C 型夹钳和各种垫铁可作画线的辅助工具。（　　）

996. 场效应管 G 极指的是源极。（　　）

997. 场效应管门极指的是栅极。（　　）

参考文献

1. 甄先通. 自动驾驶汽车环境感知［M］. 北京：清华大学出版社，2020
2. 李卫. 自动驾驶汽车技术.［M］. 上海：同济大学出版社，2020
3. 李卫. 智能网联汽车概论.［M］. 上海：同济大学出版社，2020
4. 工匠小猪猪的技术世界：行人检测算法
5. 耕智能：算法集锦（11）| 自动驾驶 | 基于 HOG 和 SVM 的车辆识别算法
6. 四维图新 NavInfo：新·知 | 深度学习之车道线识别

学习重点：

学习难点：

必考点：

记录：

学习重点

学习难点

必考点

记录

学习重点：

学习难点：

必考点：

记录：

学习重点

学习难点

必考点

记录